Schriftenreihe
der Juristischen Schulung

Band 170

Fälle zum Sozialrecht

von

Prof. Dr. Ulrich Becker, LL. M. (EHI)

Direktor des Max-Planck-Instituts
für ausländisches und internationales Sozialrecht
Honorarprofessor an der Ludwig-Maximilians-Universität München

Prof. Dr. Otfried Seewald

Ordinarius für Staats- und Verwaltungsrecht,
insbesondere Sozialrecht
an der Universität Passau

Verlag C.H. Beck München 2004

Verlag C. H. Beck im Internet:
beck.de

ISBN 3 406 51326 3

© 2004 Verlag C. H. Beck oHG
Wilhelmstraße 9, 80801 München
Druck und Bindung: Nomos Verlagsgesellschaft
In den Lissen 12, 76547 Sinzheim

Satz: Fotosatz Otto Gutfreund GmbH, Darmstadt

Gedruckt auf säurefreiem, alterungsbeständigem Papier
(hergestellt aus chlorfrei gebleichtem Zellstoff)

Vorwort

Bei den vorliegenden Sozialrechtsfällen handelt es sich um Klausuren, die von uns für das Erste Juristische Staatsexamen in Bayern entworfen und zum Teil auch in anderen deutschen Ländern für die Staatsprüfung verwendet worden sind. Sie wurden für den Abdruck aktualisiert und an einigen Stellen geringfügig erweitert.

Wir hoffen, mit der kleinen Sammlung in erster Linie eine Lücke in der Wahlfachausbildung schließen zu helfen. Das Buch wendet sich aber nicht nur an Studierende, die sich auf das Erste Juristische Staatsexamen vorbereiten, sondern ebenso an Rechtsreferendare oder Praktiker, die sich einen fallbezogenen Überblick über das Sozialrecht verschaffen wollen. Denn die Fallösung nimmt sowohl einen wichtigen Platz in den juristischen Prüfungen als auch in der juristischen Praxis ein. Dennoch sind nur wenige sozialrechtliche Fälle mit ausführlichen Lösungen auf aktuellem Stand veröffentlicht. Insbesondere die juristischen Ausbildungszeitschriften drucken kaum Examensfälle aus den Wahlfachgruppen ab. Deshalb ist es bis jetzt für viele Studierende nicht einfach, Beispielsfälle zu finden, anhand derer die Umsetzung des Gelernten erprobt und die im Examen zu bewältigenden Anforderungen eingeschätzt werden können.

Für die Mithilfe an der Aufarbeitung der Fälle danken wir Frau Assessorin *Jutta Kaempfe* und Herrn wissenschaftlichem Mitarbeiter *Vitus Gamperl*. Kritik und Verbesserungsvorschläge sind herzlich willkommen.

München und Passau, im November 2003
Ulrich Becker
Otfried Seewald

Inhaltsverzeichnis

Abkürzungsverzeichnis

a. A. . . . . andere(r) Ansicht
AA . . . . Arbeitsamt
Abs. . . . . Absatz
a. E. . . . . am Ende
a. F. . . . . alte Fassung
AFG . . . . Arbeitsförderungsgesetz
AlG . . . . Arbeitslosengeld
allg. . . . . allgemein
Alt. . . . . Alternative
Anl. . . . . Anlage
ArbG . . . . Arbeitsgericht
Aufl. . . . . Auflage
ausf. . . . . ausführlich
BA . . . . Bundesanstalt für Arbeit
BAFöG . . . . Bundesausbildungsförderungsgesetz
Bay, bay . . . . . . Bayern, bayerisch
BayAGSGG . . . . Gesetz zur Ausführung des Sozialgerichtsgesetzes in Bayern
BG . . . . Berufsgenossenschaft
BGB . . . . Bürgerliches Gesetzbuch
Breith. . . . . Breithaupt, Sammlung von Entscheidungen aus dem Sozialrecht
BSG . . . . Bundessozialgericht
BSGE . . . . Entscheidungen des Bundessozialgerichts
BSHG . . . . Bundessozialhilfegesetz
BT-Drs. . . . . . . Bundestagsdrucksache
BU . . . . Berufsunfähigkeit
BVerwG . . . . . . Bundesverwaltungsgericht
BVerwGE . . . . . Bundesverwaltungsgerichtsentscheidungen
bzw. . . . . beziehungsweise
DB . . . . Der Betrieb
ders. . . . . derselbe
d. h. . . . . das heißt
DVO . . . . Durchführungsverordnung
EM . . . . Erwerbsminderung
ErsK . . . . Ersatzkasse
EU . . . . Erwerbsunfähigkeit
evtl. . . . . eventuell
f. . . . . folgende (Seite), folgender (Paragraph)
ff. . . . . folgende (Seiten), folgende (Paragraphen)
Fn. . . . . Fußnote
fr. . . . . frühere
G . . . . Gesetz
gem. . . . . gemäß
GG . . . . Grundgesetz
GKV . . . . Gesetzliche Krankenversicherung
GmbH . . . . Gesellschaft mit beschränkter Haftung
GrS . . . . Großer Senat
GUV . . . . Gesetzliche Unfallversicherung

SV . . . . Sachverhalt
u. a. . . . . unter anderem
u. ä. . . . . und ähnliche(s)
überw. M. . . . . . . überwiegende Meinung
u. U. . . . . unter Umständen
UV . . . . Unfallversicherung
v. . . . . von, vom
v. A. w. . . . . von Amts wegen
VA . . . . Verwaltungsakt
VG . . . . Verwaltungsgericht
vgl. . . . . vergleiche
VO . . . . Verordnung
VwGO . . . . Verwaltungsgerichtsordnung
VwVfG . . . . Verwaltungsverfahrensgesetz
z. B. . . . . zum Beispiel
ZPO . . . . Zivilprozeßordnung
z. T. . . . . zum Teil

Einführung

I. Zum Inhalt der Fallsammlung

1. Gegenstand des Wahlfachs Sozialrecht

a) Sozialrecht

Denjenigen, die dieses Buch zur Hand nehmen, muß das Sozialrecht **1** wohl nicht mehr in den Einzelheiten vorgestellt werden.[1] Es genügt eine kurze Wiederholung: Sozialrecht (in einem formellen Sinn) umfaßt **die im SGB I genannten Materien** (§§ 3 ff. SGB I), die in den verschiedenen Büchern des SGB und einigen Einzelgesetzen geregelt sind (vgl. § 68 SGB I). Diese lassen sich, je nach Systematisierung, in drei oder **vier verschiedene Kategorien** trennen,[2] wobei für die Unterscheidung die Funktion und Anlage der jeweiligen Sicherungssysteme ausschlaggebend sind:[3]

– die **Vorsorgesysteme**, die vor allem der Risikoabsicherung dienen: **2** Leistungen sind hier für Personen bestimmt, bei denen sich das abgesicherte Risiko realisiert hat und die für diesen Fall (in der Regel durch Zahlung von Beiträgen) Vorsorge betrieben haben; in Deutschland zäh-

---

[1] Zur Vorstellung des Wahlfachs *Becker*, JuS 1998, 90 ff.

[2] Vgl. zur Binnensystematisierung *Schulin/Igl*, Sozialrecht, Rn. 73 ff.; *Bley/Kreikebohm/Marschner*, Sozialrecht, Rn. 11.

[3] Zu einem weitergehenden Ansatz vor allem *Zacher*, FS für Zeidler, 1987, S. 571 ff.

len dazu als wichtigste Systeme die **fünf Sozialversicherungszweige**: Kranken-, Pflege-, Unfall-, Renten- und Arbeitslosenversicherung (vgl. zur Bedeutung der Systemstrukturen für die Fallbearbeitung unten, Rn. 30 ff.). Unfall- und Arbeitslosenversicherung weichen von den übrigen Zweigen teilweise ab: Die Unfallversicherung hat mehr oder weniger stark ausgeprägten Entschädigungscharakter (insbesondere bei der sog. unechten Unfallversicherung, für die keine Beiträge bezahlt werden, sondern die wegen besonderer Verantwortungsübernahme aus Steuermitteln finanziert wird); die Arbeitslosenversicherung besitzt zum Teil Hilfecharakter, wobei durch das SGB III aber die systematischen Zusammenhänge zu den übrigen Sozialversicherungszweigen gestärkt worden sind;

3   – die **Entschädigungssysteme**, die dem Ausgleich von Schäden dienen und deshalb eine Nähe zum Staatshaftungsrecht aufweisen; erforderlich ist, daß das zu einem Schaden führende Verhalten oder Handeln von Personen, das Schadensereignis, einem Tatbestand unterfällt, für den der Staat die Verantwortung übernimmt, und daß zwischen dem Schadensereignis und dem Schaden ein Ursachenzusammenhang besteht; zu diesen Systemen zählen die Kriegsopfer- und Soldatenversorgung ebenso wie etwa die Entschädigung von Verbrechensopfern u. ä.;

4   – die **Förderungssysteme**, die an bestimmte Situationen eines typischerweise erhöhten Bedarfs anknüpfen, dessen Ausgleich oder Verminderung im öffentlichen Interesse liegt; die Situationen selbst können vielfältig sein, die Leistungen auch vom Einkommen abhängen. Allerdings sind Förderungsleistungen grundsätzlich, anders als Hilfeleistungen (dazu nachfolgend), nicht subsidiär; dazu gehören in Deutschland Kindergeld (und Kinderfreibetrag), Erziehungsgeld, Wohngeld und Ausbildungsförderung;

5   – die **Hilfssysteme**, die in erster Linie das allgemeine Existenzminimum sichern sollen, aber auch in bestimmten Bedarfslagen Leistungen bereitstellen, wobei jeweils vorausgesetzt ist, daß sich die Betroffenen nicht (oder nur eingeschränkt) selbst helfen können und damit in diesem Sinne bedürftig sind; das wichtigste deutsche System dieser Art ist die Sozialhilfe (als Hilfe zum Lebensunterhalt = HLU und Hilfe in besonderen Lebenslagen = HbL).

6   Nicht genau in die vorstehende Kategorisierung passen die Jugendhilfe (SGB VIII) und das Rehabilitationsrecht (SGB IX). Beide Bücher enthalten in erster Linie Leistungen der sozialen Förderung und Hilfe; das Rehabilitationsrecht hat aber zugleich Querschnittsfunktion und dient auch der Abstimmung von Vorsorgeleistungen.[4]

7   Hervorzuheben sind daneben die **besonderen Verfahrensvorschriften**, die für das Sozialrecht gelten. Das **Verwaltungsverfahren** richtet sich

---

[4] Vgl. *Fall* 8.

grundsätzlich für alle Sozialleistungssysteme nach dem **SGB X**, wobei die meisten der Vorschriften denen der VwVfGe inhaltlich entsprechen. Die gerichtlichen Streitigkeiten sind allerdings nur zum Teil den **Sozialgerichten** (die einen besonderen Zweig der Verwaltungsgerichtsbarkeit bilden) zugewiesen. § 51 SGG ergänzt insofern die Generalklausel des § 40 VwGO als abdrängende Sonderzuweisung. Vgl. etwas näher zum Verfahrensrecht, insbesondere im Zusammenhang mit der Fallösung, unten Rn. 38 ff. und 44 ff.

b) Begrenzung durch die Prüfungsordnungen

In den meisten Ländern umfaßt das Wahlfach Sozialrecht nicht alle vor- **8** stehend genannten Sozialleistungssysteme. Vielmehr wird durch die Prüfungsordnungen der Prüfungsstoff begrenzt. Für das **Erste Juristische Staatsexamen** gelten zur Zeit die folgenden Bestimmungen:[5]

Baden-Württemberg: § 5 Abs. 4 Nr. 9 JAPrO: Sozialrecht (allgemeine Lehren, Sozialversicherung und Sozialhilfe, Arbeitsförderung), im Überblick: Sozialverfahren und sozialgerichtliches Verfahren; ab 2006 universitäre Schwerpunktbereichsprüfung (durch universitäre Satzungen geregelt, § 26 Abs. 2 JAPrO);

Bayern: § 5 Abs. 3 Nr. 12 JAPO: Allgemeine Lehren des Sozialrechts, Sozialversicherungsrecht, Sozialhilferecht, Recht der Arbeitsförderung; Sozialverfahrensrecht, Grundzüge des sozialgerichtlichen Verfahrens;

Berlin: § 6 Abs. 1 Nr. 10 JAO: allgemeine Lehren des Sozialrechts, Sozialversicherungsrecht, Recht der Arbeitsförderung, Grundzüge des sozialgerichtlichen Verfahrens und des Privatversicherungsrechts;

Brandenburg: § 18 Abs. 2 Nr. 2 (d) JAO: Wahlfachgruppe Arbeit und Soziales: Kollektives Arbeitsrecht, Betriebsverfassungsrecht, Mitbestimmungsrecht einschließlich des zugehörigen Gesellschaftsrechts; Recht der Arbeitsförderung, Sozialversicherungsrecht, die letzteren Gebiete jeweils im Überblick;

Bremen: § 13 Abs. 4 1d JAPG i. V. m. § 5 SBV: Arbeits- und Sozialrecht: Arbeitsmarkt, Beschäftigung und industrielle Beziehungen einschließlich der sozialrechtlichen Bezüge, des zugehörigen Prozessrechts und der sozialwissenschaftlichen Grundlagen; Soziale Sicherheit einschließlich des Sozialverwaltungsverfahrens- und Sozialgerichtsverfahrensrechts und der sozialwissenschaftlichen Grundlagen;

Hamburg: § 5 JAO i. V. m. § 2 Nr. 1 Prüfungsgegenstände VO: Arbeits- und Sozialrecht: Arbeitsrecht, das arbeitsgerichtliche Verfahrensrecht; der Allgemeine Teil des Sozialgesetzbuches, Sozialversicherungs- und Sozialhilferecht, Sozialverwaltungsverfahrensrecht und sozialgerichtliches Verfahrensrecht, für die gesamten Rechtsmaterien erhebliche Erkenntnisse der Wirtschaftswissenschaft, der Verwaltungswissenschaft und der Soziologie;

Hessen: Anlage zu § 1 JAO III. 15: Sozialrecht, sozialgerichtliches Verfahren;

Mecklenburg-Vorpommern: § 10 Abs. 1 Nr. 14 JAPO: Recht der sozialen Sicherung (Sozialversicherungsrecht, Sozialhilferecht, sozialrechtliches Verfahren und Grundzüge des sozialgerichtlichen Verfahrens);

Niedersachsen: § 17 Abs. 1 Nr. 16 JAVO: Allgemeine Lehren des Rechts der sozialen Sicherung, Recht der Sozialversicherung und der Arbeitsförderung, Sozialhilferecht sowie das sozialgerichtliche Verfahren im Überblick;

---

[5] Änderungen werden sich durch Einführung der Schwerpunktbereiche ergeben; die meisten Prüfungsordnungen waren aber bis zur Drucklegung noch nicht neu gefaßt, zudem wird die Gestaltung der einzelnen Schwerpunktbereiche wesentlich durch die Fakultäten vorgenommen werden.

Nordrhein-Westfalen: § 3 Abs. 3 Nr. 7 JAG: Sozialrecht;
Rheinland-Pfalz: Sozialrecht in keiner Wahlfachgruppe;
Saarland: § 4 Abs. 2 Nr. 3 JAO: Deutsches und europäisches Arbeits- und Sozialrecht: Individualarbeitsrecht, kollektives Arbeitsrecht, Europäisches Arbeitsrecht, Vertragsgestaltung im Arbeitsrecht, Unternehmensmitbestimmung, Grundzüge des Arbeitsförderungsrechts und des Sozialversicherungsrechts sowie das arbeitsgerichtliche Verfahren;
Sachsen: § 17 Abs. 3 Nr. 9 JAPO Kollektives Arbeitsrecht, Grundzüge des arbeitsgerichtlichen Verfahrens, Grundzüge des Sozialversicherungsrechts;
Sachsen-Anhalt: § 14 Abs. 2 Nr. 6 JAPrVO: Arbeits-, Personalvertretungs- und Sozialrecht;
Schleswig-Holstein: § 3 Abs. 8 Nr. 8 JAO: Allgemeine Lehren des Sozialrechts, Sozialversicherungsrecht, Recht der Arbeitsförderung, Sozialhilferecht sowie Grundzüge des sozialgerichtlichen Verfahrens;
Thüringen: § 15 JAPO: Recht der Sozialen Sicherung (Sozialhilferecht, Jugendhilferecht, Grundzüge des Sozialversicherungsrechts, des Rechts der Arbeitsförderung und des sozialgerichtlichen Verfahrens).

9 Wichtig ist, daß auch im **Zweiten Juristischen Staatsexamen** das Sozialrecht zu den Wahlfachgebieten gehört, und zwar zumeist gemeinsam mit dem Arbeitsrecht. Vgl. im einzelnen:

Baden-Württemberg: § 40 Abs. 2 Nr. 5 JaPrO (später § 51 Abs. 2 Nr. 6 JAPrO): Schwerpunkt Soziale Sicherung: Sozialversicherungsrecht einschließlich Arbeitslosenversicherung; im Überblick: Verwaltungsverfahren und Sozialgerichtsgesetz;
Bayern: § 44 Abs. 3 Nr. 4 JAPO: Arbeits- und Sozialrecht: Zusätzlicher Prüfungsstoff sind: Grundzüge des Betriebsverfassungs- und Mitbestimmungsrechts, arbeitsgerichtliches Verfahren ohne Beschränkung auf die Grundzüge, Grundzüge des Sozialversicherungsrechts, des Rechts der Arbeitsförderung und des sozialgerichtlichen Verfahrens;
Berlin: § 38 Abs. 2 Nr. 4 JAO: im Schwerpunkt Arbeit und soziale Sicherung: Individuelles und kollektives Arbeitsrecht einschließlich des Betriebsverfassungs- und Mitbestimmungsrechts; Recht der sozialen Sicherung;
Brandenburg: § 51 Abs. 3 a. E. i. V. m. § 40 Abs. 3 Nr. 3 JAO: Schwerpunktgebiet Arbeit und Soziales;
Bremen: § 16 Abs. 4 Länderübereinkunft Bremen/Hamburg/Schleswig-Holstein i. V. m. § 36 Abs. 1 Nr. 6 JAPG: Schwerpunktbereich: Arbeit und Soziales;
Hamburg: § 16 Abs. 4 Länderübereinkunft Bremen/Hamburg/Schleswig-Holstein i. V. m. § 35 Abs. 1 Nr. 4 JAO: Schwerpunktbereich: Soziale Sicherung;
Hessen: § 32 Abs. 1 JAO i. V. m. § 25 Abs. 3 Nr. 7 JAG: Schwerpunkt Sozialwesen;
Mecklenburg-Vorpommern: § 47 Nr. 6 JAPO: Sozialrecht: Recht der Renten- und Arbeitslosenversicherung;
Niedersachsen: § 39 Abs. 2 Nr. 4 JAVO: Schwerpunkt Arbeitsrecht und Sozialrecht;
Nordrhein-Westfalen: § 30 Abs. 2 a. E. i. V. m. § 23 Abs. 2 Nr. 6 JAG: Schwerpunktgebiet Soziales;
Rheinland-Pfalz: § 47 Abs. 2 Nr. 4 JAPO Schwerpunktbereich Sozialrecht: Recht der Sozialen Sicherung, sozialgerichtliches Verfahren;
Saarland: § 32 a Abs. 2 Nr. 4 JAO: Schwerpunktbereich Arbeit und Soziale Sicherung: das individuelle und kollektive Arbeitsrecht, aus dem Sozialrecht die Allgemeinen Lehren, das Sozialhilferecht, das Sozialversicherungsrecht und das Arbeitsförderungsrecht sowie die entsprechenden Verfahrens- und Prozessrechte;
Sachsen: § 47 Abs. 3 Nr. 4 JAPO: Arbeits- und Sozialrecht: kollektives Arbeitsrecht, arbeitsgerichtliches Verfahren, Grundzüge des Sozialversicherungsrechts, des sozialgerichtlichen Verfahrens und des Sozialhilferechts;
Sachsen-Anhalt: § 50 Abs. 1 1 i. V. m. § 38 Abs. 1 Nr. 4 JAPrVO: Schwerpunktbereich Sozialrecht;

Schleswig-Holstein: § 16 Abs. 4 Länderübereinkunft Bremen/Hamburg/Schleswig-Holstein i.V. m. § 38 Abs. 3 Nr. 5 JAO: Schwerpunktbereich Arbeit und Soziales;
Thüringen: § 47 Abs. 3 Nr. 5 c JAPO: Arbeit und Soziales: Grundzüge des Sozialversicherungsrechts und des sozialgerichtlichen Verfahrens.

2. Gegenstand der Fälle und Arbeiten mit dem Buch

Inhaltlich befassen sich die nachfolgend abgedruckten neun Sozial- 10 rechtsfälle mit den **Kerngebieten des Wahlfachs Sozialrecht:** Vor allem mit dem Sozialversicherungsrecht, wobei ein gewisser Schwerpunkt auf dem Unfallversicherungsrecht liegt, aber auch mit allen anderen Zweigen der Sozialversicherung, soweit sich diese für das Stellen von Klausuren eignen. Materiell wird zudem das Sozialhilferecht einbezogen. In einfacher Form, d. h. ohne praktische Kenntnisse vorauszusetzen, wurden dabei unterschiedliche Aufgabentypen gewählt: Getrennte Fragen zur materiellen Rechtslage und zur Durchsetzung von Rechten; die Prüfung der Erfolgsaussichten von Klagen aus der Sicht des Gerichts; die Vorbereitung eines Gutachtens aus der Sicht eines Anwalts oder auch einer Behörde.

Die Fälle wurden ursprünglich im **Umfang von Examensklausuren** kon- 11 zipiert, sind also für eine Bearbeitungszeit von fünf Zeitstunden gedacht. Teils aus Gründen der Aktualisierung und Anpassung an Reformen, teils um den Stoff besser abdecken zu können, mußten sie mehr oder weniger stark geändert werden. Einige Fälle haben dadurch an Umfang leicht zugenommen.

Die Fälle wurden in der Reihenfolge abgedruckt, in der sie entstanden 12 sind. Sie können grundsätzlich **eigenständig** gelöst werden, bauen also nicht aufeinander auf. Der größte Lerneffekt wird erzielt, wenn die Bearbeiter zunächst versuchen, die Fälle nur mit den im Examen zugelassenen Hilfsmitteln (Gesetzestext) zu lösen. Erst im Anschluß sollte die Lösung durchgearbeitet und vor allem durch Lektüre der angegebenen Entscheidungen vertieft werden.

Viele der Klausuren sind an aktuelle Entscheidungen angelehnt, die 13 zum Teil schon geraume Zeit vor der Aufgabenerstellung ergangen waren. Zudem beziehen sich einige Fälle auf Normen, die nicht allen Studierenden bekannt sein müssen, zumindest nicht in Einzelheiten. Durch beide Umstände sollte sich niemand abschrecken lassen. Eine **gute Lösung** zeichnet sich weder durch das „Lernen" von Urteilen noch durch das „Beherrschen" aller Sozialrechtsnormen aus. Vielmehr geht es in allen Fällen darum, mit einem sozialrechtlichen und methodischen Grundlagenwissen und juristischem Verständnis die Probleme herauszuarbeiten und sie vertretbar zu lösen (vgl. näher die folgenden Hinweise). Spezialistenwissen ist hingegen nicht entscheidend.

Hinweise zu abweichenden Lösungsmöglichkeiten oder weiterführende Aspekte werden in 14 den Lösungen in Kleindruck gesetzt. Dennoch geht auch der normal gesetzte Lösungstext teilweise über das hinaus, was in einer Musterlösung zu erwarten wäre. Im übrigen wurden zuweilen längere Passagen aus relevanten Entscheidungen abgedruckt, soweit dies für das Verständnis und als Beleg für die Rechtsprechungspraxis sinnvoll erschien.

II. Zur Fallösungstechnik

1. Einführender Hinweis

15   Im folgenden sollen **einige wichtige Hinweise** für die Fallösung **in Erinnerung gerufen werden.** Dies geschieht in der festen Überzeugung, daß deren Wiederholung sinnvoll ist und helfen kann, die Lösungstechnik zu verbessern. Vollständigkeit wird dabei von uns nicht angestrebt. Zum einen kann insofern auf andere Darstellungen verwiesen werden.[6] Zum anderen zeigt sich bei der Korrektur von Klausuren, daß auch fortgeschrittene Studenten immer wieder gerade die grundlegenden, die juristische Arbeitstechnik betreffenden Anforderungen nicht beachten. Das kann aus Nachlässigkeit geschehen, aber auch, weil zuviel Einzelwissen den Blick verstellt. Insofern kann schon eine grobe Wegbeschreibung helfen, den Überblick zu bewahren.

2. Allgemeines

a) Grundsätze

16   Eine gute Klausurlösung zeichnet sich nicht dadurch aus, daß alle im Sachverhalt enthaltenen Probleme bekannt sind und in der Bearbeitung „abgespult" werden, sondern durch klare Herausarbeitung dieser Probleme sowie eine verständliche, in sich geschlossene und methodisch korrekte Begründung der vertretenen Ergebnisse. Das Sozialrecht besteht aus einer Vielzahl von Normen; kein Aufgabensteller kann erwarten, daß alle diese Normen mitsamt ihren Anwendungsschwierigkeiten „gelernt" worden sind. Vielmehr kommt es darauf an, den Überblick zu bewahren, die systematischen Zusammenhänge zu erkennen, die einschlägigen Normen zu finden und den Versuch zu unternehmen, den Sachverhalt der rechtsdogmatischen Methodik entsprechend unter diese Normen zu subsumieren. Gerade bei der Anwendung unbekannter Rechtsvorschriften zeigt sich, ob ausreichende Grundlagenkenntnisse vorhanden sind. Schon deshalb sollten sich die Leser **nicht vor Unbekanntem fürchten,** sondern vielmehr versuchen, neue Fallgestaltungen und Rechtsvorschriften auf typische Problemkonstellationen und Argumentationsmuster zurückzuführen.

17   Empfehlenswert ist, diesen Grundsätzen **schon beim Lernen** Rechnung zu tragen:
– So sollte Wert darauf gelegt werden, die methodischen Grundlagen zu erfassen sowie die Zusammenhänge zwischen verschiedenen Teilgebieten und Einzelproblemen zu erkennen; diese „Vernetzung" hilft, ge-

---

[6] Vgl. etwa die lesenswerte Einführung von *Schoch*, Übungen im Öffentlichen Recht II, 1992, oder etwa die geschlossenen Darstellungen von *Butzer/Epping*, Arbeitstechnik im Öffentlichen Recht, 2. Aufl. 2001; *Schwerdtfeger*, Öffentliches Recht in der Fallbearbeitung, 11. Aufl. 2003.

meinsame Argumentationsmuster zu finden und die Basis des rechtswissenschaftlichen Arbeitens besser zu verstehen;
– Fallbeispiele sollten genutzt werden, um Probleme greifbar zu machen, wobei aber die Lösungen wiederum auf die dahinter stehenden methodischen und systematischen Fragestellungen zurückgeführt werden müssen; bei jeder Lösung sollte eine Antwort auf die Frage gegeben werden, warum ein bestimmtes Ergebnis vertreten wird;
– die Lektüre von Urteilen hilft, sich an juristische Argumentation zu gewöhnen; passives Lernen genügt jedoch nicht, vielmehr bedarf es der aktiven Beherrschung des Stoffs und der Argumentationstechnik, was z. B. in privaten Arbeitsgemeinschaften, aber auch in Vorlesungen und Seminaren geübt werden kann.

Das Ringen um **Verständnis des Rechts** wird sich am Ende lohnen: 18 Denn nur wenn die Grundlagen beherrscht werden, verfügen die Studierenden über eine dauerhafte Wissensbasis, die durch das Lernen von (nur kurzzeitig zu speicherndem) Einzelwissen ausgebaut werden kann, und die unerläßlich ist, um alle neu auftretenden Probleme vertretbar und überzeugend zu lösen.

b) Aufgabenstellung und Gliederung

Aus dem Vorstehenden folgt zugleich, daß in jeder Fallbearbeitung 19 **Schwerpunkte** zu setzen sind. Dazu braucht man zuweilen auch ein bißchen Mut. Unproblematisches soll kurz behandelt werden. Bei den Problemschwerpunkten ist hingegen eine nähere Auseinandersetzung und Erörterung erforderlich. Dieser einfache Grundsatz kann dazu führen, daß von bekannten Prüfungsschemata abgewichen und den Besonderheiten des zu lösenden Falls auch durch eine **angemessene Gliederung** Rechnung getragen wird. Die Schemata behalten ihren Sinn vor allem als Merkposten für Einzelaspekte, die auf ihre Relevanz hin kurz geprüft werden sollten.

Hinweis: Zumeist wird es sich als sinnvoll erweisen, vor der Niederschrift eine Gliederung mit den zu behandelnden Problemen, den relevanten Normen und den wichtigsten Argumenten anzufertigen. Überschriften oder zumindest Gliederungszeichen lassen die Niederschrift selbst als übersichtlich erscheinen, wofür der Leser (= Korrektor) dankbar sein wird (auch wenn das auf die Benotung selbst keinen Einfluß hat).

Am Anfang jeder Lösung steht die **aufmerksame Lektüre von Sach-** 20 **verhalt und Bearbeitervermerk.** So einfach das klingt und sooft es in der Ausbildung wiederholt wird: Viele und vor allem schwerwiegende Fehler lassen sich damit vermeiden:
– Die **Fragestellung** steuert die Lösung; zu beantworten ist nur, wonach gefragt worden ist. Der Bearbeitervermerk wird zudem vielfach Hinweise auf einschlägige Rechtsnormen enthalten oder bestimmte Aspekte einer Lösung ausschließen.
– Mit welchen Problemen sich die Bearbeiter auseinandersetzen sollen, ist dem **Sachverhalt** zu entnehmen. Manchmal werden diese nur ange-

deutet, oft aber näher umschrieben. Wichtig ist insofern, alle im Sachverhalt enthaltenen Argumente aufzugreifen und sich mit dem Vorbringen der Beteiligten argumentativ auseinanderzusetzen, wobei die mitgeteilten **Fakten** als richtig, die eventuell geäußerten **Rechtsansichten** aber als überprüfungsbedürftig zu behandeln sind.

c) Argumentation

21   Die Aufgabe des Juristen besteht regelmäßig darin, juristisch begründete Entscheidungen zu treffen und zu klären, welche **rechtlichen Folgen** ein bestimmter Sachverhalt hat. Nichts anderes ist gemeint, wenn zum Beispiel ein Bekannter fragt, ob er von seiner Krankenkasse verlangen kann, daß diese die Kosten für eine neue Brille übernimmt. Bei solchen oder ähnlichen Problemen geht es um die **Anwendung von Rechtsnormen.** Das setzt zunächst voraus, daß erstens die Normen, die der Regelung entsprechender Sachverhalte dienen, gefunden und zweitens die sich aus diesen Normen abzuleitenden Folgen herausgestellt werden. Allerdings genügt nie die Behauptung des Ergebnisses. Es bedarf vielmehr einer **Begründung**, und zwar einer Begründung, die der juristischen Methodologie entspricht.

Selbst bei einfachen Fragen sollte sich die Lösung auf den konkreten Sachverhalt beziehen und das Ergebnis begründen. Angenommen, ein Antrag auf die Gewährung von Krankengeld sei abgelehnt worden und der Betroffene will dagegen vorgehen. Hier genügt nicht eine bloße Behauptung in der Art von: „Die Ablehnung des Antrags stellt zweifellos einen Verwaltungsakt dar." Zwar sind Behördenqualität, Einzelfallentscheidung und Außenwirkung unproblematisch; jedoch kann zumindest die konkret getroffene Regelung genannt werden, ohne daß es dafür umständlicher Formulierungen im Gutachtensstil bedürfte. So könnte etwa geschrieben werden: „Die Ablehnung des Antrags auf Krankengeld enthält die verbindliche Feststellung, daß die Leistungsvoraussetzungen im konkreten Fall nicht vorliegen. Sie (ist damit auf das Setzen einer Rechtsfolge im Einzelfall gerichtet und) besitzt insofern die für einen Verwaltungsakt i. S. v. § 31 S. 1 SGB X vorausgesetzte Regelungswirkung."

22   In der Regel wird die anwendbare Norm festlegen, was bei Vorliegen bestimmter Bedingungen gelten soll. Die Bedingungen sind dann die **Tatbestandsvoraussetzungen**, das was gelten soll, ist die **Rechtsfolge.** Sind die Voraussetzungen erfüllt, ordnet die Norm eine bestimmte Rechtsfolge an. Der Kaufpreis muß gezahlt, ein Täter bestraft werden, auf das Sozialrecht bezogen etwa die Krankenkasse Leistungen erbringen oder einem anderen Träger Kosten erstatten. Sind die Voraussetzungen nicht erfüllt, scheidet die Rechtsfolge aus.[7]

---

[7] Komplexer ist die Prüfung von Normen, die keine Regeln im obenstehenden Sinn enthalten, sondern Prinzipiencharakter besitzen wie die Grundrechte (dazu *Alexy*, Theorie der Grundrechte, 4. Aufl. 2001) oder etwa auch die Grundfreiheiten des EGV. Auch hier beginnt die Prüfung mit einer Subsumtion (zur „Eröffnung" des persönlichen und sachlichen Anwendungsbereichs), jedoch steht die Rechtsfolge nicht fest, sondern

Will man entsprechende Normen anwenden, genügt es zu begründen, 23
daß der Sachverhalt, der beurteilt werden soll, die Tatbestandsvoraussetzungen der Norm erfüllt. Denn wenn die Voraussetzungen erfüllt sind, ergibt sich aus der Norm zwangsläufig die Rechtsfolge. Der Vorgang der Prüfung, ob der Sachverhalt unter die Voraussetzungen „paßt", nennt sich bekanntlich **Subsumtion**. Er ist in jeder juristischen Aufgabenstellung unerläßlich. Der Schluß von den Tatbestandsvoraussetzungen auf die Rechtsfolge entspricht einem **Syllogismus**.

Ein Syllogismus besteht aus einem Obersatz, einem Untersatz und einem Schluß. Als formales analytisches Instrument ist er unabhängig von dem Inhalt der Begriffe, auf den er bezogen ist. In diesem Sinne läßt sich etwa sagen: entspricht A B, und entspricht B C, so entspricht C auch A.[8] Bezogen auf die Regeln bedeutet das: der Obersatz wird durch die Norm festgelegt in dem Sinne: für T (Tatbestandsvoraussetzungen) gilt R (Rechtsfolge); wenn S (Sachverhalt) T entspricht, so folgt daraus, daß für S R gilt.

Wichtig ist, daß formale Logik und Subsumtion für die Anwendung 24
von Rechtsnormen nicht genügen können. Denn der aus der Norm zu gewinnende Obersatz ist zu abstrakt formuliert, um eine Subsumtion ohne weiteres (quasi mechanisch) vornehmen zu können. Es bedarf einer Konkretisierung der Voraussetzungen durch Aufstellung von Prämissen. Die **Begründung** eines Ergebnisses ist nicht vollständig, wenn nicht alle Prämissen genannt werden, aus denen das Ergebnis durch Deduktion gewonnen wird.[9]

Angenommen, es ist zu klären, ob der durch einen Straßenverkehrsunfall verursachte Körperschaden einen Arbeitsunfall i. S. des SGB VII darstellt, wenn der geschädigte Fahrer A mit seinem Pkw reflexartig dem auf die Fahrbahn geratenen Fußgänger B ausgewichen und deshalb mit einem anderen Pkw zusammengestoßen ist.
Erster Schritt: Herausarbeitung der Fragestellung: Stellt das reflexmäßige Ausweichen eine unfallversicherte Tätigkeit dar?
Zweiter Schritt: Auffinden der einschlägigen Rechtsnorm: § 2 Abs. 1 Nr. 13 lit. a SGB VII (andere Normen kommen offensichtlich nicht in Betracht, so daß sich deren „Anprüfung" erübrigt).
Dritter Schritt: Begründung durch Deduktion unter Bildung von Prämissen:
(1) Die Rettung eines anderen aus erheblicher gegenwärtiger Gesundheitsgefahr ist unfallversichert.[10]
(2) Andere sind alle Personen außer dem zur Rettung Handelnden.
(3) B ist ein anderer.
(4) Eine erhebliche gegenwärtige Gefahr für die Gesundheit besteht in Situationen, in denen nach dem wahrscheinlichen Geschehensablauf unmittelbar mit einer nicht nur geringfügigen Verletzung des Körpers gerechnet werden muß.

---

ist abhängig von den zulässigerweise (im Rahmen der Schrankenbestimmungen) für einen Eingriff vorgebrachten Rechtsgütern (Rechtfertigung).
[8] Vgl. *Aristoteles*, Lehre vom Schluß, I, 4.
[9] Vgl. zu Interpretation und Deduktion *Alexy*, Juristische Interpretation, in *ders.*, Recht, Vernunft, Diskurs, 1995, S. 71, 79 ff.
[10] Es könnte durchaus daran gedacht werden, auch die erste Alternative der Norm (Hilfeleistung) zu prüfen, weil sich die jeweiligen Tatbestandsmerkmale überschneiden und eine Abgrenzung der Alternativen deshalb schwierig (und entbehrlich) ist.

(5) B befand sich bei Betreten der Fahrbahn in erheblicher gegenwärtiger Gesundheitsgefahr.

(6) Alle Handlungen, die der Verhütung der Gefahrenrealisierung dienen, sind Rettungshandlungen.

(7) Das reflexartige Ausweichen war eine Rettungshandlung (ohne daß es auf deren Erfolg ankäme).

(8) A stand bei seinem Unfall unter dem Schutz der gesetzlichen Unfallversicherung.

Die Begründung ist in sich geschlossen. Schritt 1 ist nur eine Umformulierung der Norm. Die Schritte 2, 4 und 6 stellen Prämissen dar, mit denen die drei Tatbestandsvoraussetzungen des Obersatzes präzisiert werden. Bei den Schritten 3, 5 und 7 handelt es sich jeweils um die Subsumtion des Sachverhalts unter die im Obersatz genannten Voraussetzungen. Schritt 8 enthält den unter den genannten Prämissen zu ziehenden Schluß.

25   Während bei einer vollständigen Begründung der aus den Prämissen gezogene Schluß einleuchten muß, bleibt die Ableitung der Prämissen fraglich. Denn mit formalen Argumenten läßt sich z. B. nicht erklären, daß jede Handlung, die eine Realisierung der erheblichen gegenwärtigen Gesundheitsgefahr verhindert, eine Rettungshandlung ist. Diese Prämisse, insbesondere die damit im Zusammenhang stehende Irrelevanz eines bewußten Verhaltens, kann nur gewonnen werden, indem der in § 2 Abs. 1 Nr. 13 lit. a SGB VII verwendete Begriff ausgelegt wird. Von der **Auslegung** hängt also das gesamte Ergebnis ab. Erforderlich ist, herauszustellen, was unter einer bestimmten Voraussetzung der anzuwendenden Norm verstanden werden soll. Dabei geht es in der Fallösung nicht um einen abstrakten Vorgang, sondern die Auslegung wird gerade zu dem Zweck vorgenommen, den konkreten Sachverhalt beurteilen zu können; sie bezieht sich dementsprechend auf die **Richtigkeit** der für die Subsumtion erforderlichen Prämissen.

An dem Beispiel wird klar, daß manche Teile der Begründung allenfalls kurz angesprochen werden müssen, weil sie ohne weiteres einleuchtend sind, andere hingegen einer näheren Darlegung bedürfen. Insbesondere wäre zu klären, ob bei fehlender bewußter Steuerung des Verhaltens immer davon ausgegangen werden kann, daß dieses Verhalten zugleich der Verhinderung eines Schadens für einen anderen dient: § 2 Abs. 1 Nr. 13 lit. a SGB VII soll das Handeln eines Unfallverursachers nur dann schützen (und somit im Gemeininteresse privilegieren), wenn dieses nicht (oder nicht ausschließlich) einen Selbstschutz bezweckt.[11]

26   Was genau das Auslegungsziel ist (der Wille des Gesetzgebers zum Zeitpunkt des Normerlasses = sog. subjektive Theorie, oder der objektive Gehalt der Norm zum Zeitpunkt ihrer Anwendung = sog. objektive Theorie), muß regelmäßig in der Fallösung nicht losgelöst von anderen Auslegungsfragen geklärt werden. Die „klassischen" Methoden der Auslegung weisen ihrerseits in unterschiedlichem Maße und durchaus unterschiedlicher Ausrichtung einen Zielbezug auf. **Auslegungsmethoden** sind folgendermaßen zu unterscheiden (und grundsätzlich in dieser Reihenfolge zu befolgen):

– *Wortlautinterpretation*: Bedeutung der Begriffe (Umgangssprache/Fachsprache) und der grammatischen Struktur;

– *Genetische Interpretation*: Wille des Gesetzgebers, erkundbar aus den Gesetzesmaterialien; auch im Sinne eines Anknüpfens an historische Vorbilder, wobei die eigent-

---

[11] Weshalb der Grad der Eigengefährdung eine Rolle spielt, vgl. dazu *Fall* 9.

liche historische Interpretation (also ohne Bezug auf den gesetzgeberischen Willen) eher ein systematisches Argument ist;

– *Systematische Interpretation*: Stellung im Gesetz, Verhältnis zu anderen Normen (mit den Argumenten der Einheit und Vollständigkeit). Dazu gehört auch die Analogie; einfließen kann hier außerdem die Rechtsvergleichung.

– *Teleologische Interpretation*: Sinn und Zweck der Norm, in der Regel relativ unbestimmt; entsprechende Argumente können der Gruppe der sog. allgemeinen praktischen Argumente zugeordnet werden, bei denen es – in besonderem Maße wertend – um die inhaltliche Richtigkeit geht und die etwa zur Auslegung über den Wortlaut hinaus oder zur Reduktion (Nichtanwendung entgegen dem Wortlaut) führen können.

Bei der **Darstellung** sollten Bearbeiter auch Unproblematisches kurz erwähnen, soweit das für den Gedankengang erforderlich ist. Begründungsteile sind nicht schon deshalb wegzulassen, weil diese als bekannt erscheinen. Sachargumente sind nicht durch Hinweise auf die „h. M." oder eine (mehr oder weniger richtig gelernte) Rechtsprechung bzw. sonstige Autoritäten zu ersetzen. **27**

3. Die sozialrechtliche Fallösung

a) Vorbemerkung

Zumeist wird in sozialrechtlichen Fällen die Frage gestellt, ob jemand einen **Anspruch**, d. h. ein subjektives Recht, auf Sozialleistungen hat. Zu deren Beantwortung genügt gemäß den vorangestellten allgemeinen Grundsätzen, die einschlägige Rechtsnorm zu finden und deren Voraussetzungen zu prüfen. Die meisten Sozialrechtsnormen sind, was die Verleihung der subjektiven Rechtsposition angeht, eindeutig formuliert. In den Fällen, in denen der Verwaltung ein Entscheidungsspielraum verbleibt, sie Ermessen auszuüben hat (erkennbar an den Formulierungen „kann", „darf" u.ä.), bedarf es für die Annahme des subjektiven Rechts keiner ausführlichen Prüfung. Anders als im allgemeinen Verwaltungsrecht, wo die sog. Schutznormtheorie heranzuziehen ist, existiert eine gesetzliche Klarstellung: § 39 Abs. 1 S. 2 SGB I. **28**

Regelmäßig wird es für eine Klausurlösung genügen, die Ansprüche **dem Grunde nach** zu prüfen. Keine Rolle spielt hingegen die genaue Berechnung der **Höhe** einzelner Leistungen, weil von den Bearbeitern juristische Kenntnisse erwartet werden, nicht aber die Bewältigung fehlerfreier Rechenvorgänge. **29**

b) Prüfung sozialversicherungsrechtlicher Ansprüche

aa) Schema einzelner Ansprüche. Wie sich aus den einleitenden Bemerkungen zu den verschiedenen Sozialleistungstypen ergibt, setzen Ansprüche aus der Sozialversicherung eine Vorsorge voraus, d. h. es muß ein Versicherungsverhältnis bestehen oder zumindest bestanden haben. Für einige Zweige der Sozialversicherung empfiehlt sich deshalb, die Prüfung grundsätzlich dreistufig aufzubauen: **30**

– **Persönliche Voraussetzungen:** Bestehen einer Pflichtversicherung oder einer freiwilligen Versicherung (= Einbeziehung in den geschützten Personenkreis);[12] zu beachten ist, daß in der Kranken- und Pflegeversicherung zusätzlich im Anschluß[13] das **Mitgliedschaftsverhältnis** zu prüfen ist, weil ein Ende der Mitgliedschaft zum Erlöschen des Leistungsanspruchs führt;[14]

– **Eintreten des Versicherungsfalls,** d. h. Realisierung des Risikos, vor dessen Folgen die Sozialversicherung schützt (also z. B. Prüfung des Vorliegens einer Krankheit[15] oder eines Arbeitsunfalls[16]);

– **Vorliegen der allgemeinen Leistungsvoraussetzungen** (etwa versicherungsrechtlicher Art[17]) und der **besonderen Leistungsvoraussetzungen** nach Maßgabe der die einzelnen Ansprüche regelnden Normen.[18] Ein Antrag ist, unbeschadet der allgemeinen Bestimmung in § 19 SGB IV, nur dann Leistungsvoraussetzung, wenn sich dies aus den einschlägigen Normen ergibt.[19]

31 **Wenig hilfreich** ist allerdings die dreistufige Prüfung im Rentenversicherungsrecht. Denn dort kommt es nicht auf die aktuell bestehende Versicherung, sondern das Zurücklegen versicherungsrechtlicher (anwartschaftsbegründender) Zeiten an;[20] ähnliches gilt für Ansprüche aus der Arbeitslosenversicherung.[21] Im Unfallversicherungsrecht erweist sich die Unterscheidung von persönlichen Voraussetzungen und Eintritt des Versicherungsfalls dort als schwer durchführbar und nicht unbedingt erforderlich, wo nur bestimmte Tätigkeiten geschützt werden (etwa bei Hilfeleistungen, ehrenamtlichen oder arbeitnehmerähnlichen Tätigkeiten).[22]

32 Die letzte Bemerkung leitet über zu einer für die Fallprüfung sehr bedeutsamen **Eigenart des Unfallversicherungsrechts.** Denn in diesem Zweig der Sozialversicherung wird nur dann geleistet, wenn ein Schaden (Gesundheitsschaden oder Tod) durch bestimmte Ursachen herbeigeführt worden

---

[12] Häufigstes Problem ist hier das Vorliegen eines Beschäftigungsverhältnisses i. S. v. § 7 SGB IV (i. V. m. den Vorschriften über die Pflichtversicherung in den einzelnen Versicherungszweigen, etwa § 5 Abs. 1 Nr. 1 SGB V oder § 2 Abs. 1 Nr. 1 SGB VII), weil deutsche Sozialversicherung nach wie vor in erster Linie die Sicherung von Arbeitnehmern bezweckt; vgl. etwa *Fälle* 2, 3 und 6.

[13] Die Reihenfolge ist wegen § 7 Abs. 3 SGB IV wichtig.

[14] Vgl. § 19 SGB V und § 35 SGB XI, wobei vor allem §§ 192 f. SGB V, 49 Abs. 2 SGB XI zu beachten sind.

[15] Hier ist auf die allgemein anerkannte und von der Rspr. verwendete Definition abzustellen, wobei ein Anspruch zudem Behandlungsbedürftigkeit (dazu § 27 Abs. 1 S. 1 SGB V) oder Arbeitsunfähigkeit voraussetzt.

[16] Jetzt legal definiert in § 8 Abs. 1 S. 2 SGB VII.

[17] Vgl. für die Pflegeversicherung § 33 II SGB XI.

[18] Z. B. Voraussetzungen für ein Hilfsmittel gem. § 33 SGB V.

[19] Vgl. etwa § 33 Abs. 1 SGB XI; vgl. zum AlG § 323 Abs. 1 S. 2 i. V. m. §§ 122, 309 SGB III, wonach die Meldung zugleich den Antrag enthält; vgl. auch *Fall* 2.

[20] Sog. Wartezeiten, vgl. § 50 SGB VI.

[21] Vgl. dazu *Fälle* 2 und 4.

[22] Vgl. dazu *Fälle* 3 und 6.

ist (vgl. zur Systematik oben, Rn. 2): Im Mittelpunkt steht häufig die Frage der Zurechnung der unfallverursachenden Handlung zu einer versicherten Tätigkeit. Daran schließt sich eine deliktsrechtsähnliche (aus dem Schadensersatzrecht bekannte) Prüfung an. Dementsprechend sind bereits auf Tatbestandsseite immer mehrere Prüfungsschritte erforderlich. So müssen folgende äußere Umstände vorliegen:[23]

(1) Versicherteneigenschaft des Betroffenen;
(2) Verrichtung einer versicherten Tätigkeit;
(3) Unfallgeschehen, d. h. ein kurzzeitig wirkendes äußeres Ereignis (unfallbringendes Verhalten bzw. Schadensereignis, z. B. Sturz);
(4) Gesundheitsschaden oder Tod (Schaden) einschließlich des
(5) Schadensumfangs.

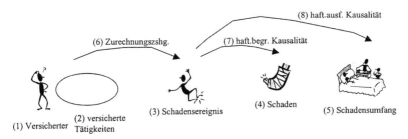

Diese Umstände müssen in einer bestimmten Beziehung zueinander stehen:

(6) Zurechnung des Schadensereignisses (3) zur versicherten Tätigkeit (2) (sog. innerer rechtlicher Zusammenhang, volle Nachweislast des Versicherten);
(7) Kausalität zwischen Schadensereignis (3) und Schadenseintritt (4) (haftungsbegründende Kausalität nach der sog. Theorie der wesentlichen Bedingung, wobei hinreichende Wahrscheinlichkeit genügt);
(8) Kausalität zwischen Schadensereignis (3) und Schadensumfang (4) (haftungsausfüllende Kausalität, Theorie der wesentlichen Bedingung nach dem Maßstab hinreichender Wahrscheinlichkeit).

Gerade der (wertend zu ermittelnde) Zurechnungszusammenhang (6) wird in der Praxis durch eine reichhaltige Kasuistik konkretisiert. Deshalb und wegen der Parallelen zum Deliktsrecht erfreut sich das Unfallversicherungsrecht besonderer Beliebtheit als Prüfungsmaterie.[24]

bb) Mehrere Sozialversicherungszweige. Vielfach wird im Bearbeitungsvermerk allgemein nach sozialversicherungsrechtlichen Ansprüchen gefragt **33**

---

[23] Guter und terminologisch genauer Überblick bei *Schulin*, in: HS-UV, § 28 Rn. 1 ff. und § 29 Rn. 3 ff.

[24] Dem wird durch die Häufigkeit unfallversicherungsrechtlicher Fragen in den folgenden Fällen Rechnung getragen.

werden, womit in einem Fall u. U. verschiedene Sozialleistungszweige in die Prüfung einzubeziehen sind. Grundsätzlich gilt, daß sich Ansprüche aus verschiedenen Versicherungszweigen nicht gegenseitig ausschließen, es besteht also – anders als im Verhältnis zwischen Sozialversicherung und Sozialhilfe[25] (vgl. auch die Systematik, oben Rn. 5) – **keine sog. System-subsidiarität**. In der Regel wird es sich empfehlen, mit der Prüfung der kurzfristigen Ansprüche zu beginnen, also etwa solche aus der Krankenversicherung vor jenen aus der Rentenversicherung zu prüfen.

34   Allerdings existieren **wichtige Ausnahmen** von dem vorstehenden Grundsatz. Zunächst ist natürlich immer zu beachten, daß sich aus den tatbestandlichen Voraussetzungen bereits Abgrenzungen zwischen den Sozialversicherungszweigen ergeben können: So erfüllen etwa Hilfsmittel in der Kranken- und in der Pflegeversicherung unterschiedliche Funktionen.[26] Überschneidungen auch funktioneller Art sind damit nicht ausgeschlossen; hier sind zumeist besondere Kollisionsnormen vorgesehen.[27] Andere Vorschriften regeln im Falle des Zusammentreffens verschiedener Leistungen, daß eine Anrechnung zu erfolgen hat,[28] oder ordnen unter bestimmten Voraussetzungen das Ruhen des Leistungsanspruchs an.[29] Wichtig ist § 11 IV SGB V: Danach besteht auf Leistungen aus der Krankenversicherung kein Anspruch, wenn sie als Folge eines Arbeitsunfalls oder einer Berufskrankheit i. S. der Unfallversicherung zu erbringen sind; zwischen Kranken- und Unfallversicherung besteht also eine Abgrenzung der Zuständigkeiten.[30]

35   *Hinweis:* In der Fallösung wird es oftmals erforderlich sein, die verschiedenen Anspruchsgrundlagen „anzuprüfen", eventuell auch durchzuprüfen, um dann das Verhältnis der Ansprüche zueinander zu klären.

c) *Prüfung sozialhilferechtlicher Ansprüche*

36   Wie schon erwähnt, wird Sozialhilfe als HLU und HbL gewährt (vgl. Rn. 5). Alle Leistungen sind **bedarfs- und bedürftigkeitsabhängig**.[31] Letzteres bedeutet, daß von Hilfeempfängern der Einsatz von Einkommen und Vermögen erwartet wird, allerdings in unterschiedlichem Maße, wie sich bereits aus den jeweils grundlegenden Normen in § 11 BSHG einerseits und § 28 BSHG andererseits ergibt. Denn bei den HbL gelten Einkom-

---

[25] Hierzu § 2 BSHG einerseits und etwa § 13 Abs. 3 SGB XI andererseits.

[26] Vgl. §§ 40 SGB XI und 33 SGB V.

[27] Das gilt vor allem für Rehabilitationsleistungen: vgl. etwa zur medizinischen Rehabilitation §§ 40 Abs. 4 SGB V, 15 SGB VI, i.ü. §§ 10 ff., 26 SGB XI. Zu den Schwierigkeiten im Verhältnis zwischen Leistungen der KV und der PflV vgl. *Fall 7.*

[28] Vgl. zu Renten aus der UV und der RV § 93 SGB VI; zum Krankengeld § 50 SGB V; vgl. auch *Fall 7.*

[29] Vgl. etwa zum Krankengeld § 49 SGB V, vgl. auch unten, Rn. 59.

[30] Vgl. dazu *Fall 3.*

[31] Vgl. zu den in §§ 2 ff. BSHG enthaltenen Prinzipien des Sozialhilferechts *Rothkegel*, Die Strukturprinzipien des Sozialhilferechts, 2000.

mensgrenzen (§§ 79 ff. BSHG),[32] womit eine gewisse Privilegierung der Bezieher verbunden ist. Der Grundsatz ist der, daß in besonderen Bedarfslagen nicht das gesamte Einkommen und Vermögen einzusetzen ist. Dennoch ist daraus für die Fallösung nicht abzuleiten, daß Ansprüche auf HbL vor jenem auf HLU geprüft werden müssen, weil die Leistungsvoraussetzungen unabhängig voneinander sind, ein Rangverhältnis insofern nicht besteht. Auch mehrere HbL können nebeneinander bezogen werden.

Die **Prüfung** der einzelnen Ansprüche erfolgt grundsätzlich **dreistufig:**[33]   37

	HLU, § 11	HbL, § 28
1. Antragsberechtigung (neg. Voraussetzungen)	§ 11 I 1 §§ 26, 120	§ 28 I 1 § 120
2. Bedarf	laufend: – Regelsatz, § 22 – Mehrbedarf, § 23 – § 3 DVO 22 – Sonderbedarf; einmalig: § 21 I a, II stationär: §§ 93 II, 21 III	§ 30 §§ 36 ff. §§ 39 ff. § 67 §§ 68 ff. §§ 70 f. § 72 § 75
3. Einsatz von Einkommen und Vermögen	§§ 18 ff. §§ 76–78 mit DVO §§ 88, 89 mit DVO Einsatz- bzw. Bedarfsgemeinschaften: – §§ 11 I 2, 122 S. 1 – §§ 16, 122 S. 2	§ 76, §§ 79–87 mit DVO §§ 88, 89 mit DVO Einsatz- bzw. Bedarfsgemeinschaften: – §§ 28 I, 122 S. 1

d) Verwaltungsverfahrensrechtliche Besonderheiten

aa) Eine weitgehende Vereinheitlichung des Verfahrensrechts im Bereich   38 der Sozialverwaltung wurde durch das **SGB X** geschaffen. Dessen grundsätzlicher Anwendungsbereich ist die öffentlich-rechtliche Verwaltungstätigkeit, die von Behörden auf der Grundlage des SGB ausgeübt wird (vgl. näher § 1 SGB X). Die Bezugnahme gilt für die in §§ 18–29 SGB I aufgezählten Sozialleistungsbereiche, so daß etwa auch die Anwendung des BSHG und des BAföG nach den im Zehnten Buch enthaltenen Verfahrensvorschriften zu erfolgen hat. Weitgehend lehnt sich das SGB X an die Verwaltungsverfahrensgesetze von Bund und Ländern an, enthält aber eine Reihe von Modifikationen und Ergänzungen, um den Besonderheiten des Sozialleistungsrechts Rechnung zu tragen. Zudem muß berücksichtigt werden, daß einige Sozialleistungsgesetze bzw. besondere Teile des SGB **verfahrensrechtliche Spezial-**

---

[32] Vgl. zur Privilegierung beim Einsatz des Vermögens § 1 DVO zu § 88 Abs. 2 Nr. 8 BSHG.

[33] Vgl. auch den Überblick bei *Kruse/Reinhard/Winkler,* Bundessozialhilfegesetz (BSHG), 2002, Vor § 1 BSHG Rn. 6.

vorschriften enthalten, die den allgemeinen Verfahrensvorschriften vorgehen (vgl. etwa für die Aufhebung von Verwaltungsakten § 330 SGB III).

39　*bb)* Als zentrale Handlungsform der Sozialverwaltung erscheint – zumindest im Verhältnis zum Bürger – der **Verwaltungsakt** (VA), der in § 31 SGB X definiert wird. Er ist insbesondere auch von Bedeutung als Rechtsgrund für das Behaltendürfen von Sozialleistungen, weshalb darauf hinzuweisen ist, daß nicht nur in der förmlichen Bewilligung, sondern auch in der alleinigen tatsächlichen Auszahlung von Leistungen ein VA zu sehen ist.[34] Die Beurteilung von Verfahrens- und Formfehlern erfolgt nach §§ 40–43 SGB X. Diese Vorschriften entsprechen weitgehend den §§ 44–47 VwVfG; hinzuweisen ist nur auf § 42 S. 2 SGB X, nach dem eine unterbliebene oder nicht nach § 41 SGB X wirksam nachgeholte Anhörung (§ 24 SGB X) zur Aufhebung des VAes führt. Eine Sonderform des VAes stellt die vorläufige Leistung nach § 43 SGB I dar.[35]

40　*cc)* Für die Fallösung von besonderer Bedeutung sind die Vorschriften über die **Aufhebung von Verwaltungsakten**, §§ 44–48 SGB X.[36] Sie unterscheiden in zweifacher Hinsicht: einmal danach, ob ein nicht begünstigender oder ein begünstigender VA vorliegt; zum anderen nach der Frage, ob der VA rechtswidrig oder rechtmäßig ist, bzw. ob in den bei Erlaß eines DauerVA gegebenen Verhältnissen eine wesentliche Änderung eingetreten ist.

	rechtswidriger VA (Rücknahme)	*rechtmäßiger VA (Widerruf)*	*Änderung Dauer VA*
nicht begünst.	§ 44 SGB X	§ 46 SGB X	§ 48 SGB X
begünstigend	§ 45 SGB X	§ 47 SGB X	§ 48 SGB X

41　(1) Eine **Rücknahme** kommt nur in Betracht, wenn ein VA bei seinem Erlaß rechtswidrig war.[37] Die Rücknahme **nicht begünstigender VAe** regelt § 44 SGB X; die Vorschrift unterscheidet zwischen Akten, die zur Versagung von Sozialleistungen oder zur Erhebung unrechtmäßiger Beiträge geführt haben und für die Abs. 1 gilt (mit dem Erfordernis der Kausalität zwischen der Rechtswidrigkeit und dem Vorenthalten von Leistungen bzw. der Erhebung zu hoher Beiträge), und anderen VAen, auf die

---

[34] In Abweichung von der verwaltungsgerichtlichen Rechtsprechung behandeln die Sozialgerichte auch die Aufrechnung (§ 51 SGB I) und die Verrechnung (§ 52 SGB I = Aufrechnung im Dreiecksverhältnis) als VAe.

[35] Dazu und zu den Vorschüssen näher *Fall 9*.

[36] Vgl. etwa *Fälle 2* und *5*.

[37] Die Rechtswidrigkeit kann sich aus tatsächlichen oder rechtlichen Umständen ergeben; wandelt sich die höchstrichterliche Rechtsprechung, so ist im einzelnen zu untersuchen, ob die Änderung rückwirken soll, etwa wenn dadurch eine frühere, nun als „unrichtig" erkannte Rechtsprechung korrigiert wird, vgl. KassKomm/*Steinwedel*, § 44 SGB X, Rn. 29.

Abs. 2 Anwendung findet. Zu beachten sind die unterschiedlichen Zeitpunkte, für die jeweils die Rücknahme wirkt; ein Ermessen der Behörde (vgl. Abs. 3) besteht nur hinsichtlich der Rückwirkung im Rahmen des Abs. 2. Die Folgen der Rücknahme bei vorenthaltenen Leistungen ergeben sich aus § 44 Abs. 4 SGB X,[38] bei zu Unrecht erhobenen Beiträgen hingegen aus § 26 Abs. 4 SGB IV.

Die Rücknahme **begünstigender VAe** ist nur unter Einschränkungen zulässig und steht im Ermessen der Verwaltung (§ 45 Abs. 4 SGB X). Durch § 45 SGB X sollen die Grundsätze des Vertrauensschutzes und der Gesetzmäßigkeit der Verwaltung zum Ausgleich gebracht werden. Für alle begünstigenden VAe gilt Abs. 2; für VAe mit Dauerwirkung sind zusätzlich die Befristungen der Rücknahmemöglichkeiten des Abs. 3 zu beachten. Grundsätzlich wirkt die Rücknahme nur ex nunc; eine Wirkung für die Vergangenheit ist allerdings in den in Abs. 4 genannten Fällen auszusprechen.[39]   42

(2) Während die §§ 46 und 47 SGB X, die den Widerruf betreffen, keine besonderen Rechtsprobleme aufwerfen, enthält § 48 SGB X eine Sonderbestimmung für die **Aufhebung von DauerVAen** bei nachträglicher wesentlicher Änderung[40] der Verhältnisse. §§ 44–47 SGB X stellen auf die Beurteilung des VA im Zeitpunkt seines Erlasses ab. Ändern sich die tatsächlichen oder rechtlichen Verhältnisse, die dem Erlaß eines VA zugrunde lagen, erst nachträglich, so richtet sich die Aufhebung des VA ausschließlich nach § 48 SGB X.[41] Diese Sonderbestimmung ist natürlich nur erforderlich, wenn es sich um einen VA mit Dauerwirkung handelt, also der VA in rechtlicher Hinsicht über den Zeitpunkt seiner Bekanntgabe hinaus Wirkungen entfaltet[42] und die Wirkungen im Zeitpunkt der Änderung der Verhältnisse andauern. Die Vorschrift differenziert zwischen der Aufhebung   43

---

[38] Bei dieser Frist handelt es sich um eine Ausschlußfrist, die grundsätzlich auch Anwendung findet bei Verschulden des Sozialleistungsträgers; vgl. zu dem Verhältnis zum Herstellungsanspruch und zu einem Schadensersatzanspruch nach § 839 BGB i.V.m. Art. 34 GG *Siebert*, SGb 1990, S. 248.

[39] Die Einschränkungen des § 45 Abs. 4 für eine rückwirkende Rücknahme gelten im Hinblick auf den Schutzzweck, der auf das Verhältnis zwischen Bürger und Verwaltung abstellt, nicht, wenn die Rücknahme im Verhältnis zwischen zwei Sozialleistungsträgern erfolgt, vgl. *BSGE* 64, 24; zu der Frist des § 45 Abs. 4 2 SGB X *BSGE* 65, 221.

[40] Eine wesentliche Änderung liegt vor, wenn die Änderung dazu führt, daß der VA nicht mehr so erlassen würde, vgl. *Gagel*, SGb 1990, 252.

[41] Die objektiv bei Erlaß vorliegenden Verhältnisse sind mit den nunmehr eingetretenen Verhältnissen zu vergleichen, vgl. dazu *BSG* SozR 1300 § 48 Nr. 11, wonach nicht § 48 SGB X, sondern § 44 SGB X zur Anwendung kommt, wenn eine zu niedrig angesetzte MdE (40 % statt tatsächlich gegebenen 50 %) nach erneuter Überprüfung unverändert (immer noch 50 %) geblieben ist; ebenso wenig gelangt § 48 SGB X zur Anwendung, wenn einem zum Erlaßzeitpunkt nicht berechtigten Antragsteller eine Leistung gewährt wurde und sich zwischenzeitlich durch Gesetzesänderung ergibt, daß der Antragsteller aus anderen rechtlichen Gründen ebenfalls (bzw. immer noch nicht!) zum berechtigten Personenkreis gehört, vgl. *BSGE* 65, 301.

[42] Vgl. dazu *BSGE* 56, 165, 169 ff.; vgl. auch die Definition bei *Manssen*, ZfSH/SGB 1991, 225.

mit Wirkung für die Zukunft (Abs. 1 S. 1) und derjenigen mit Wirkung für die Vergangenheit, die nur unter den Voraussetzungen des Abs. 1 S. 2 vorzunehmen ist.[43] Hinzuweisen ist auf die in Abs. 2 geregelte Bedeutung einer Änderung der höchstrichterlichen Rechtsprechung. Durch Abs. 3 soll ausgeschlossen werden, daß die nachträgliche Änderung der Verhältnisse zu einer zusätzlichen Begünstigung für diejenigen Personen, die ihre bisherige Rechtsposition lediglich der Bestandkraft eines VA, nicht aber der materiellen Rechtslage verdanken, führt.[44] Auch hier ist zu beachten, daß nach der Aufhebung eine rückwirkende Leistungsgewährung nur für einen begrenzten Zeitraum möglich ist (§ 48 Abs. 4 i. V. m. § 44 Abs. 4 SGB X).

e) Besonderheiten im Rechtsschutzverfahren

44 *aa) Sozialgerichtsverfahren.* Das Sozialgerichtsverfahren ist ein **besonderes Verwaltungsgerichtsverfahren** auf der Grundlage des SGG. Zuständig sind die Sozialgerichte für die in § 51 SGG genannten öffentlich-rechtlichen Streitigkeiten. Diese Norm enthält eine Rechtswegzuweisung, insbesondere für öffentlich-rechtliche Streitigkeiten in Angelegenheiten der Sozialversicherung und der Arbeitsförderung (§ 51 Abs. 1 Nr. 1 bis 5 SGG). Dabei ist zu beachten, daß auch einige privatrechtliche Streitigkeiten vor den Sozialgerichten auszutragen sind (so für die private Pflegeversicherung und im Leistungserbringungsrecht der Kranken- und Pflegeversicherung, § 51 Abs. 1 Nr. 2, Abs. 2 SGG).[45] Subsidiär gilt für alle sonstigen öffentlich-rechtlichen Streitigkeiten die Generalklausel des § 40 Abs. 1 VwGO. Deshalb entscheiden die Verwaltungsgerichte über solche Streitigkeiten, wenn sie nicht den Sozialgerichten zugewiesen sind, insbesondere also über öffentlich-rechtliche Streitigkeiten aus dem Sozialhilferecht[46] und der Ausbildungsförderung.

45 Das **Schema für die Prüfung** einer Klage vor den Sozialgerichten entspricht dem bekannten Schema für verwaltungsgerichtliche Streitigkeiten.

---

[43] Nach der Rechtsprechung besteht auch im letztgenannten Fall kein Ermessen der Verwaltung insofern, als die Frage, ob ein atypischer Fall vorliegt, der gerichtlichen Nachprüfung unterliegt, vgl. aus jüngerer Zeit *BSG* SozR 3–4100 § 63 Nr. 2.

[44] Im einzelnen ist die Anwendung der sog. „Aussparung" oder „Abschmelzung" schwierig. Sie gilt in jedem Fall, wenn lediglich die Höhe des Anspruchs betroffen ist: wenn z. B. die bestandskräftig falsch berechnete Rente 1500,– Euro beträgt und durch Änderung der Verhältnisse die richtig berechnete Rente von 1200,– Euro auf 1300,– Euro steigt, dann bleibt es bei der Rente von 1500,– Euro. Durch § 48 Abs. 3 SGB X kann auch eine zu hoch angesetzte MdE ausgeglichen werden, wenn sich die zwischenzeitliche Rentensteigerung lediglich durch Anpassung des Jahresarbeitsverdienstes ergibt, vgl. *BSG* SozR 1300 § 48 Nr. 54 (Vereinheitlichung der Rspr. im Renten- und Unfallversicherungsrecht). Sehr str. ist aber der Fall, in dem zu Unrecht überhaupt eine MdE angenommen worden ist.

[45] Wobei wegen der ausdrücklichen Zuweisung nicht geklärt werden muß, welche Rechtsverhältnisse im Leistungserbringungsrecht öffentlich-rechtlicher und welche privatrechtlicher Natur sind.

[46] Vgl. dazu *Fall 5.*

Auch hier kommt es, wie bei allen Schemata, weniger auf die genaue Bezeichnung der einzelnen Prüfungspunkte und deren Gliederung an. Wichtig ist nur, keine relevanten Punkte zu vergessen und diese in eine folge-
richtige Reihenfolge zu bringen. Zu beachten sind dann einige **Besonderheiten des sozialgerichtlichen Verfahrens:**

– bei der **Eröffnung des Rechtswegs** § 51 SGG, vgl. vorstehend; zur sach- 46
lichen Zuständigkeit der Sozialgerichte § 8 SGG, zur örtlichen Zuständigkeit § 57 SGG i. V. m. den Ausführungsgesetzen der Länder;[47]

– bei den **Klagearten** ist zunächst, wie im Verwaltungsprozeß, zwischen 47
der Anfechtungs-, der Verpflichtungsklage (§ 54 Abs. 1 SGG), der Leistungsklage einschließlich der Unterlassungsklage (vgl. die insoweit unvoll-
ständige Regelung in § 54 V SGG) sowie der Feststellungsklage
(§ 55 SGG) zu unterscheiden. Während im Sozialgerichtsverfahren unter
entsprechenden Voraussetzungen auch eine Fortsetzungsfeststellungsklage
in Betracht kommt (§ 131 Abs. 1 S. 3 SGG), kennt das SGG kein Verfahren
für eine abstrakte Normenkontrolle; vgl. auch die Aufsichtsklage in § 54
Abs. 3 SGG. Eine sozialrechtliche Besonderheit stellt die **kombinierte An-
fechtungs- und Leistungsklage** nach § 54 Abs. 2 SGG dar. Sie ist die häu-
figste Klageart in der Sozialgerichtsbarkeit und kommt in Betracht, wenn
eine Leistung, auf die ein Rechtsanspruch besteht, durch VA verweigert
wurde.[48] Die isolierte Anfechtungsklage und eine kombinierte Anfech-
tungs- und Verpflichtungsklage sind in diesen Fällen unzulässig.[49] Außerdem ist hier § 130 SGG von Bedeutung, der in Abweichung allgemeiner
prozessualer Grundsätze gestattet, daß der Kläger bei einer sozialrechtlichen Leistungsklage die Bezifferung des Klageantrags unterläßt.[50] Zum
einstweiligen Rechtsschutz vgl. die neue Regelung in § 86 b SGG;

– bezüglich der **Beschwer** als Zulässigkeitsvoraussetzung der Anfech- 48
tungs- und Verpflichtungsklage genügt es, wenn der Kläger behauptet,
in seinen Rechten durch die Rechtswidrigkeit des VA verletzt zu sein
und aufgrund einer substantiierten Darlegung die Verletzung als möglich erscheint; trotz abweichender Formulierung in § 54 Abs. 1 S. 2,
Abs. 2 SGG kann insoweit auf die Auslegung des § 42 Abs. 2 VwGO
verwiesen werden, wobei es nach der Rspr. des BSG allerdings genügt,
wenn die Existenz eines Leistungsrechts (Anspruchs) möglich erscheint; für Ermessensverwaltungsakte muß nicht auf die Schutznormtheorie zurückgegriffen werden, vgl. § 39 Abs. 1 S. 2 SGB I;

---

[47] Etwa das Gesetz zur Ausführung des Sozialgerichtsgesetzes in Bayern (AGSGG),
Ziegler/Tremel, Nr. 720.

[48] Dazu näher *Krasney/Udsching*, Handbuch des sozialgerichtlichen Verfahrens,
3. Aufl. 2002, S. 150 ff., insbesondere auch zur Anwendbarkeit in den Fällen, in denen
eine Rücknahme des bestandskräftigen Bescheides nach § 44 SGB X abgelehnt worden
ist.

[49] Wobei das Gericht aber den Antrag i. S. des objektiv erkennbaren klägerischen
Begehrens auszulegen hat, vgl. die Sollvorschrift in § 92 SGG und § 123 SGG.

[50] Vgl. dazu *Fall 7*.

49   – zum Widerspruchsverfahren als Vorverfahren vgl. nachfolgend Rn. 51 ff.; zum **Streitgegenstand** § 95 SGG und zur Einbeziehung ändernder Verwaltungsakte § 96 SGG;

50   – **Klagefrist und Förmlichkeiten der Klageerhebung** regeln §§ 87–93 SGG, wobei die Vorschriften keine besonders strengen Anforderungen auferlegen (vgl. insbesondere § 91 SGG zur Fristwahrung und § 92 SGG für den Inhalt der Klageschrift[51]).

51   *bb) Widerspruchsverfahren.* Die auf das Widerspruchsverfahren anwendbaren Vorschriften folgen jeweils den einschlägigen Vorschriften über das Gerichtsverfahren, § 62 SGB X. Das bedeutet: Ist für eine Streitigkeit der Verwaltungsrechtsweg eröffnet, wie z. B. im Sozialhilferecht, dann richtet sich das Widerspruchsverfahren nach der VwGO; besteht hingegen eine **Zuständigkeit der Sozialgerichte**, so sind die Bestimmungen des SGG einschlägig.

52   Das Widerspruchsverfahren ist in §§ 77 ff. SGG geregelt. Es ist, ebenso wie das entsprechende Verfahren nach der VwGO, ein **Verwaltungsverfahren mit Rechtsschutzfunktion**, und es muß grundsätzlich vor Erhebung einer Anfechtungs- und Verpflichtungsklage durchgeführt werden, § 78 SGG.[52] Seine Durchführung ist Prozeßvoraussetzung;[53] sein Fehlen führt, wenn der Fehler nicht rechtzeitig geheilt wird, zur Unzulässigkeit einer Klage.[54]

53   Das **Verfahren beginnt** mit der Erhebung des Widerspruchs (§ 83 SGG), die innerhalb der Monatsfrist[55] und formgerecht erfolgen muß (§ 84 SGG). Der Widerspruch hat nach der Reform des SGG, außer in den im Gesetz geregelten Fällen, aufschiebende Wirkung (§ 86 a SGG). Auch im sozialrechtlichen Widerspruchsverfahren, das nach einer Sonderbestimmung Abänderungsbescheide mitumfaßt (§ 86 Abs. 1 SGG), ist zu unterscheiden: Vorgeschaltet ist das Abhilfeverfahren, das gegebenenfalls durch die Abhilfeentscheidung beendet wird (§ 85 Abs. 1 SGG); daran schließt sich das eigentliche Verfahren an, das von der zuständigen Widerspruchsbehörde (§ 85 Abs. 2 SGG)[56] durch einen **Widerspruchsbescheid** (§ 85 Abs. 3 SGG) entschieden wird. Die Erstattung der Kosten des Widerspruchsführers richtet sich nach § 63 SGB X.

54   Was den **Aufbau einer „Widerspruchsklausur"** angeht, so können die Bearbeiter auf das aus dem Verwaltungsrecht bekannte Schema zurück-

---

[51] Dazu auch *Fall 2.*
[52] Die früher existierende Wahlmöglichkeit in bestimmten Fällen (§ 78 Abs. 2 SGG a. F.) wurde durch den Einigungsvertrag (vgl. dazu oben I., 2.) beseitigt.
[53] *Meyer-Ladewig,* SGG, vor § 77, Rn. 4.
[54] Vgl. aber auch § 88 II SGG zur Untätigkeit der Widerspruchsbehörde; dabei ist fraglich, ob die Untätigkeitsklage eine eigene Klageart darstellt, vgl. *Fall 3.*
[55] Vgl. bei fehlender Rechtsbehelfsbelehrung § 84 Abs. 2 S. 3 i. V. m. § 66 SGG.
[56] Für den Bereich der Sozialversicherung ist Nr. 2 als Ausfluß des Selbstverwaltungsrechts zu beachten; zur Einsetzung von Widerspruchsausschüssen § 36 a SGB IV.

greifen, müssen also nicht neue Schemata lernen (die ohnehin in erster
Linie der Orientierung dienen), sondern können sich auf die Beachtung
der von der VwGO abweichenden Bestimmungen konzentrieren.[57]

f) Kombination mehrerer Ansprüche

aa) Erstattungsansprüche. Während § 50 SGB X Erstattungsansprüche im   55
zweiseitigen Verhältnis betrifft, regeln die §§ 102–105 SGB X Ansprüche
im dreiseitigen Verhältnis. Diese Ansprüche, die einen Rückgriff auf den
allgemeinen öffentlich-rechtlichen Erstattungsanspruch[58] ausschließen,[59]
sollen dafür sorgen, daß letztendlich der zur Leistung verpflichtete Träger
für die Gewährung von Sozialleistungen aufkommt: Der Bürger darf das
Geleistete behalten (vgl. die Erfüllungsfiktion in § 107 SGB X), die Träger
haben unter sich die Erstattung auszumachen.

Dabei sind **verschiedene Konstellationen** voneinander zu unterschei-   56
den: vorläufige Leistungserbringung: § 102 SGB X; nachträglicher Wegfall
der Leistungsverpflichtung: § 103 SGB X; Nachrangigkeit der Leistungsverpflichtung: § 104 SGB X; Unzuständigkeit des leistenden Trägers: § 105
SGB X. § 102 SGB X ist an sich ein Aufwendungsersatzanspruch und unterscheidet sich insofern von den §§ 103–105 SGB X, als hier der zahlende
Träger nicht nur versehentlich leistet; daraus ergeben sich Besonderheiten
für die Rechtsfolgen (vgl. § 102 Abs. 2 SGB X einerseits und §§ 103 Abs. 2,
104 Abs. 3, 105 Abs. 2 SGB X andererseits für den Umfang des Anspruchs
und § 114 SGB X für den Rechtsweg).[60]

Erstattungsansprüche sind deshalb bei Aufgabenstellern beliebt, weil   57
sie dazu führen, daß **zwei Sozialleistungsansprüche geprüft werden müssen:** Der Anspruch gegenüber dem Träger, der tatsächlich geleistet hat,
und der Anspruch gegenüber dem Träger, der letztendlich leisten soll. Grob
gesprochen ergibt sich daraus folgender **Prüfungsaufbau:**[61]
(1) Suche der Rechtsgrundlage durch Prüfung der abgrenzenden Tatbe-
    standsmerkmale (z. B. Nachrangigkeit bei § 103 SGB X);
(2) Anspruch gegen den leistenden Träger;
(3) Anspruch gegen den verpflichteten Träger;
(4) Höhe des Anspruchs (soweit nicht schon geprüft, einschließlich zeit-
    licher und sachlicher Übereinstimmung).

bb) Anspruchsübergänge. Ebenfalls beliebte Prüfungsgegenstände sind   58
Sachverhalte, in denen Ansprüche übergehen. Auch hier sind nämlich
mehrere Ansprüche zu untersuchen. Die **wichtigsten Bestimmungen** in
diesem Zusammenhang sind:

---

[57] Vgl. zum Aufbau auch *Fall* 4.
[58] Vgl. dazu nur *Maurer*, Allgemeines Verwaltungsrecht, 14. Aufl. 2002, § 28 IV.
[59] Soweit es sich um Sozialleistungen handelt; in diesem Sinne *BSGE* 61, 19, 21.
[60] Zur Systematik des Erstattungsrechts *Eichenhofer*, SGb 1989, S. 177 ff.
[61] Vgl. *Fall* 5.

59	– **§ 115 SGB X**, der Ansprüche gegen den Arbeitgeber auf Arbeitsentgelt betrifft (relevant etwa, wenn Krankengeld gezahlt worden ist, obwohl ein Entgeltfortzahlungsanspruch bestand, vgl. § 49 Abs. 1 Nr. 1 SGB V);[62] der Übergang setzt voraus, daß Sozialleistungen tatsächlich erbracht worden sind;

60	– **§ 116 SGB X** für andere Ansprüche, insbesondere deliktische Ansprüche, wobei der Übergang bereits erfolgt, wenn nur ein Anspruch auf Sozialleistungen besteht; zu beachten sind hier die Sonderbestimmungen in den Abs. 2–7 (insbesondere: absolutes Quotenvorrecht bei Begrenzung, Abs. 2; Mitverschulden, Abs. 3; Befriedigungsvorrecht des Geschädigten bei Unterdeckung, Abs. 4; Privilegierung der Familienangehörigen, Abs. 6).

61	§ 116 SGB X findet **keine Anwendung** im Falle von Haftungsbeschränkungen nach §§ 104 und 105 SGB VII. In diesen Fällen kann sich aber der Träger der Unfallversicherung wegen seiner Aufwendungen an den Schädiger halten, wenn dieser den Unfall vorsätzlich oder grob fahrlässig herbeigeführt hat: **§ 110 SGB VII** sieht insofern einen Regreßanspruch vor.

III. Literaturhinweise (Auswahl)

1. Fallsammlungen

62	*Eichenhofer, Eberhard*, Klausurenkurs im Sozialrecht, 4. Aufl. 2003.
Henke, Norbert, Grundzüge des Sozialrechts (erläutert durch Fälle), 1977.
Kunze, Thomas/Steinmeyer, Heinz-Dietrich, Die Sozialrechtsklausur, 3. Aufl. 1996.
Schnapp, Friedrich E./Schmitt, Jochem, Übungen im Sozialrecht, 1992.
Schulin, Bertram, Fälle zum Sozialrecht, 1987.
Zacher, Hans F. (Hrsg.), Wahlfach Sozialrecht, Examinatorium, 2. Aufl. 1981.

2. Lehrbücher

63	*Bley, Helmar/Kreikebohm, Ralf*, Sozialrecht, 8. Aufl. 2001.
Eichenhofer, Eberhard, Sozialrecht, 4. Aufl. 2003.
Erlenkämper, Arnold/Fichte, Wolfgang, Sozialrecht, 5. Aufl. 2003.
Gitter, Wolfgang/Schmitt, Jochem, Sozialrecht, 5. Aufl. 2001.
Kreßel, Eckhard/Wollenschläger, Michael, Leitfaden zum Sozialversicherungsrecht, 2. Aufl. 1996.
Muckel, Stefan, Sozialrecht, 2003.
Ost, Wolfgang/Mohr, Gerhard/Estelmann, Martin, Grundzüge des Sozialrechts, 2. Aufl. 2001.

---

[62] Zu einer anderen Konstellation *Fall 2*.

Rüfner, Wolfgang, Einführung in das Sozialrecht, 2. Aufl. 1991.

Ruland, Franz, Sozialrecht, in: *Münch, Ingo von/Schmidt-Aßmann, Eberhard* (Hrsg.), Besonderes Verwaltungsrecht, 12. Aufl. 2003, S. 779 ff.

Schnapp, Friedrich E., Sozialversicherungsrecht; *Schulin, Bertram*, Soziales Entschädigungsrecht; *Rüfner, Wolfgang*, Sozialhilferecht; *ders.*, Kinder- und Jugendhilferecht; alle in: *Achterberg, Norbert/Püttner, Günter/Würtenberger, Thomas* (Hrsg.), Besonderes Verwaltungsrecht, Bd. II, 2. Aufl. 2000, S. 798 ff.; 880 ff.; 926 ff.; 986 ff.

Schulin, Bertram/Igl, Gerhard, Sozialrecht, 7. Aufl. 2002.

Waltermann, Raimund, Sozialrecht, 2. Aufl. 2001.

3. Rechtsprechungssammlungen und Zeitschriften

Breith.	Breithaupt, Sammlung von Entscheidungen aus dem Sozialrecht	**64**
BSGE	Entscheidungssammlung des Bundessozialgerichts	
FEVS	Fürsorgerechtliche Entscheidungen der Verwaltungs- und Sozialgerichte	
NZS	Neue Zeitschrift für Sozialrecht	
SGb	Die Sozialgerichtsbarkeit	
SozR	Sozialrecht, Entscheidungssammlung, bearb. von den Richtern des BSG; Zitierweise (Beisp.): 1. Folge (1955--1973): *BSG* SozR Nr. 1 zu § 165 RVO; 2. Folge (1974--1989): *BSG* SozR 2200 § 165 Nr. 1; 3. Folge (ab 1990): *BSG* SozR 3--2200 § 165 Nr. 1	
VSSR	Vierteljahresschrift für Sozialrecht	
ZIAS	Zeitschrift für internationales Arbeits- und Sozialrecht	
Weitere wichtige Quellen:	zur **Rechtsprechung**: Internetseite des BSG (**www.bundessozialgericht.de**), juris (hier finden sich auch viele nicht anders veröffentlichte Entscheidungen der SGe, der LSGe und des BSG) zu **Gesetzesvorhaben**: Internetseiten der Ministerien (etwa: **www.bmgs.de**).	

Fall 1. Drogenabhängig und ohne sichere Hilfe

Sachverhalt

Teil I: Peter Platt (*P*), der bei der K-Krankenkasse (KK) gesetzlich versichert ist, leidet seit einiger Zeit an einer Angststörung mit episodisch und anfallsartig auftretenden Angstattacken (psychische Störung, bei der elementare Angst im Vordergrund steht, mit psychischen und physischen Begleiterscheinungen wie – z.T. panikartiger – Erregung, Bewusstseins- und Wahrnehmungsstörungen). Im April 2003 wird Platt heroinsüchtig. Er begibt sich in die Behandlung von Dr. Anton Aller (*A*), der als praktischer Arzt zur vertragsärztlichen Versorgung zugelassen ist und außerdem die allgemeine Genehmigung zur Durchführung von Substitutionsbehandlungen nach § 2 der „Richtlinien des Bundesausschusses der Ärzte und Krankenkassen zur substitutionsgestützten Behandlung Opiatabhängiger" (Nr. 2 – sog. „Methadon-Richtlinien" – der Anlage A zu den „Richtlinien über die Bewertung ärztlicher Untersuchungs- und Behandlungsmethoden" [BUB-Richtlinien]) besitzt. Ein psychiatrisches Gutachten einer Hochschulklinik kommt zu dem Ergebnis, daß bei Platt eine Indikation nach § 3 Abs. 1 Nr. 2 der „Methadon-Richtlinien" („neben der Opiatabhängigkeit bestehende schwere Erkrankung") vorliegt. Daraufhin beginnt Dr. Aller Anfang Juli 2003 mit einer Methadon-Substitution. Sechs Wochen später zeigt er bei seiner Kassenärztlichen Vereinigung (KÄV) die Substitutionsbehandlung an (§ 7 Abs. 2 der Richtlinien). Diese ordnet – nachdem die Kommission der Kassenärztlichen Vereinigung nach einer Stichprobe (vgl. § 9 Abs. 1 und 3 der Richtlinien) zu der Auffassung gekommen ist, daß die Indikation gemäß § 3 Abs. 1 Nr. 2 nicht vorliege – aufgrund von § 8 Nr. 5 die Beendigung der Behandlung an. Platt und die Krankenkasse wurden in diesem Verfahren nicht beteiligt.

Teil II: Platt ist aus verschiedenen Gründen auch in großen finanziellen Schwierigkeiten. Nachdem das Behandlungsvorhaben des Dr. Aller bei der Kassenärztlichen Vereinigung abschlägig beschieden worden ist, fragt er sich, ob nicht die kreisfreie Stadt Erlangen, in der Platt wohnt (und Dr. Aller praktiziert), ihm – zumindest einstweilen – helfen muß. Auf diesen Gedanken hat ihn die Begründung der ablehnenden Entscheidung der Kassenärztlichen Vereinigung gebracht, in der es unter anderem heißt, daß es sich nach Ansicht der Kassenärztlichen Vereinigung bei der Substitutionsbehandlung um eine „Leistung der Integrationshilfe" handele, die mit einer Verpflichtung der gesetzlichen Krankenversicherung rechtlich nichts zu tun habe. Deshalb stellt Platt einen entsprechenden Antrag bei der Stadt Erlangen und schildert dieser den ganzen Vorgang.

Bearbeitervermerk: Beide Teile der Aufgabe sind in der vorgegebenen Reihenfolge zu bearbeiten. Dabei sind in einem Gutachten folgende Fragen zu beantworten:

Zu Teil I:
1. Ist das Vorgehen bei der Kassenärztlichen Vereinigung insoweit rechtmäßig, als weder Platt noch die Krankenkasse im Verfahren beteiligt worden sind?
2. Welche Rechtswirkungen entfalten die BUB-Richtlinien gegenüber der Krankenkasse und gegenüber Dr. Aller?
3. Inwieweit werden allgemein durch Richtlinien die Leistungsansprüche der Versicherten konkretisiert?
4. Welche verfassungsrechtlichen Bedenken können gegen die Richtlinien allgemein (und somit auch gegen die BUB-Richtlinien) geltend gemacht werden?
5. Hat Platt im vorliegenden Fall einen Anspruch auf Krankenbehandlung (Substitutionstherapie mit Methadon)?

Zu Teil II:
1. Ist die Stadt Erlangen zur Übernahme der Kosten für die Methadon-Substitution im Wege der Sozialhilfe verpflichtet?
2. Angenommen, die Stadt Erlangen hat Leistungen aus eigener Zuständigkeit erbracht, kann sie diese von der Krankenkasse erstattet verlangen? Welche Möglichkeiten der gerichtlichen Durchsetzung der Erstattungsansprüche hätte sie insoweit?

Hinweis: Auszug aus den „Richtlinien zur substitutionsgestützten Behandlung Opiatabhängiger" (Nr. 2 der Anlage A zu den „BUB-Richtlinien"; Stand: 1.1. 2003):

Präambel
Krankenbehandlung im Sinne des § 27 SGB V umfaßt auch die Behandlung von Suchterkrankungen. Das alleinige Auswechseln des Opiats durch ein Substitutionsmittel stellt jedoch keine geeignete Behandlungsmethode dar und ist von der Leistungspflicht der Gesetzlichen Krankenversicherung (GKV) nicht umfaßt.
Oberstes Ziel der Behandlung ist die Suchtmittelfreiheit. Ist dieses Ziel nicht unmittelbar und zeitnah erreichbar, so ist im Rahmen eines umfassenden Therapiekonzeptes, das auch, soweit erforderlich, begleitende psychiatrische und/oder psychotherapeutische Behandlungs- oder psychosoziale Betreuungs-Maßnahmen mit einbezieht, eine Substitution zulässig. Eine Leistungspflicht der Krankenkassen für die begleitende psychiatrische und/oder psychotherapeutische Betreuung besteht nur insoweit, als diese zur Krankenbehandlung erforderlich ist. Die nach der Betäubungsmittel-Verschreibungsverordnung (BtMVV) vorgesehene psychosoziale Betreuung fällt nicht unter die Leistungspflicht der GKV.

§ 2 Genehmigungspflicht für die substituierenden Ärzte
In der vertragsärztlichen Versorgung dürfen Substitutionen nur von solchen Ärzten durchgeführt werden, die gegenüber der Kassenärztlichen Vereinigung (KV) ihre fachliche Befähigung gemäß § 5 Abs. 2 Satz 1 Nr. 6 BtMVV nachgewiesen haben und denen die KV eine Genehmigung zur Substitution erteilt hat.

§ 3 Indikation
(1) Die Substitution kann nur als Bestandteil eines umfassenden Therapiekonzeptes durchgeführt werden zur
1. Behandlung einer manifesten Opiatabhängigkeit mit dem Ziel der schrittweisen Wiederherstellung der Betäubungsmittelabstinenz einschließlich der Besserung und Stabilisierung des Gesundheitszustandes,
2. Unterstützung der Behandlung einer neben der Opiatabhängigkeit bestehenden schweren Erkrankung oder
3. Verringerung der Risiken einer Opiatabhängigkeit während einer Schwangerschaft und nach der Geburt.

§ 7 Dokumentation, Anzeigeverfahren
(1)...
(2) Beginn und Beendigung einer Substitution hat der Arzt unverzüglich der zuständigen KV und der leistungspflichtigen Krankenkasse anzuzeigen. Hierzu hat der Arzt zu Beginn der Behandlung eine schriftliche Einverständniserklärung des Patienten einzuholen.

§ 8 Abbruchkriterien zur Substitution
Bei Vorliegen folgender Voraussetzungen ist die Substitution zu beenden:
1. gleichzeitige Substitution durch einen anderen Arzt, sofern die Mehrfachsubstitution nicht nach § 7 Abs. 3 einvernehmlich eingestellt wird,
2. nicht bestimmungsgemäße Verwendung des Substitutionsmittels,
3. Ausweitung oder Verfestigung des Gebrauchs von Suchtstoffen neben der Substitution,

4. dauerhafte Nicht-Teilnahme des Substituierten an ggf. erforderlichen psychosozialen Betreuungsmaßnahmen.

5. Feststellung der Kommission nach § 9, dass die Voraussetzungen des § 3 nicht oder nicht mehr vorliegen.

§ 9 Qualitätssicherung

(1) Die KVen richten fachkundige Kommissionen zur Beratung bei der Erteilung von Genehmigungen für Substitutionsbehandlungen nach § 2 sowie für die Qualitätssicherung und die Überprüfung der Indikation nach § 3 durch Stichproben im Einzelfall (Qualitätssicherungskommissionen) ein.

...

(3) Die Kommissionen nach Abs. 1 haben die Qualität der vertragsärztlichen Substitution und das Vorliegen der Voraussetzungen des § 3 durch Stichproben im Einzelfall zu überprüfen. ...

Lösung

Die Fragen zum Sachverhalt lassen sich mit Grundkenntnissen des Krankenversicherungsrechts sowie des Sozialhilferechts beantworten. Soweit spezielle Kenntnisse des Krankenversicherungsrechts erforderlich sind, wird auf die einschlägigen Bestimmungen hingewiesen, aus deren Wortlaut sich insoweit die wesentlichen Informationen zur Beantwortung der gestellten Fragen entnehmen lassen.

Teil I

Frage 1: Zur fehlenden Beteiligung des *P* und der KK in dem Verfahren gem. § 8 Nr. 5 der Richtlinien

I. § 12 SGB X

Ausgangspunkt der Überlegungen ist § 12 SGB X, der abschließend[1] die Beteiligten an einem (Sozial-)Verwaltungsverfahren aufführt. Damit diese Norm anwendbar ist, muß ein Verwaltungsverfahren eröffnet sein. Das ist nach § 8 SGB X die nach außen wirkende Tätigkeit einer Behörde mit dem Ziel, einen VA zu erlassen (oder einen öffentlich-rechtlichen Vertrag zu schließen – hier nicht einschlägig). Behörde i. S. d. Gesetzes ist gem. § 1 Abs. 2 SGB X jede Stelle, die Aufgaben der öffentlichen Verwaltung wahrnimmt, also auch die KÄV. Die Entscheidung der KÄV gegenüber *A* ist auch unproblematisch ein VA (§ 31 S. 1 SGB X), der gegenüber der KK und *P* „nach außen" wirkt. Sie berührt deren Rechtspositionen insofern, als eine wesentliche Voraussetzung für die Leistungspflicht der KK (und des Leistungsanspruchs des *P*) betroffen ist. Es liegt also ein Verwaltungsverfahren nach dem SGB X vor.

---

[1] KassKomm/*Krasney*, § 12 SGB X Rn. 2.

Beteiligt sind zunächst *A* (§ 12 Abs. 1 Nr. 2 SGB X) und die KÄV als handelnde Behörde. Gem. § 12 Abs. 1 Nr. 4, Abs. 2 S. 1 SGB X kommt jedoch eine Beteiligung auch dann in Frage, wenn „rechtliche Interessen… berührt" sind („einfache Hinzuziehung"[2]). Dies ist hier der Fall: Der Bescheid der KÄV entscheidet nicht nur für *A* über seine Befugnis zur entsprechenden Krankenbehandlung (§§ 72 Abs. 2, 12 Abs. 1, 92 Abs. 1, 135 Abs. 1, 2 SGB V, präventives Verbot mit Erlaubnisvorbehalt), sondern es wird damit zugleich der Anspruch des *P* auf Leistungen gegenüber der KK und somit deren Verpflichtung (gem. §§ 11 Abs. 1 S. 1 Nr. 4, 27 Abs. 1 i. V. m. 12 Abs. 1 und 92 Abs. 1 SGB V) konkretisiert. Die KÄV hat damit im Rahmen des § 12 Abs. 2 SGB X die ihr zustehenden, aber auch aufgegebenen Ermessenserwägungen anzustellen. Eine Verdichtung der Ermessensbindung auf „Null"[3] ist zu erwägen und mit entsprechender Begründung gut vertretbar. Das Vorgehen der KÄV wäre insoweit rechtswidrig.

Es ist denkbar, daß *P* und die KK nach § 12 Abs. 2 S. 2 Hs. 1 SGB X notwendig hätten hinzugezogen − und nach S. 2 Hs. 2 benachrichtigt − werden müssen. Nach Ansicht des *BSG* ist dafür immer, d. h. auch wenn die Behörde von sich aus eine Person hinzuziehen möchte, ein Antrag erforderlich.[4] Einen solchen hätte *P* nach erfolgter Benachrichtigung aber stellen können. Weitere Voraussetzung ist jeweils, daß der Ausgang des Verfahrens rechtsgestaltende Wirkung − hier für *P* und KK − hat; dies wird man hier bejahen können (vgl. o.).

II. § 24 SGB X

Als weiterer Mangel ist eine u. U. fehlende Anhörung der KK und des *P* (§ 24 SGB X) denkbar.

Fraglich ist, ob eine Anhörung auch dann notwendig ist, wenn (beantragte oder v. A. w. festzustellende) **Leistungen** ganz oder teilweise abgelehnt − oder wie hier untersagt − werden. Diese Frage ist umstritten.[5] Die Rspr. und wohl h. M. im Schrifttum verneinen in diesem Fall die Notwendigkeit der Anhörung, da die Versagung einer Leistung nicht in ein (bestehendes) Recht der Beteiligten eingreife.[6] Zumindest für die KK ist dem zu folgen.

Eine a. A. (hinsichtlich des *P*) ist mit guten Gründen vertretbar.

---

[2] KassKomm/*Krasney*, § 12 SGB X Rn. 10.
[3] Dazu *Maurer*, Allgemeines Verwaltungsrecht, 14. Aufl. 2002, § 7 Rn. 24.
[4] Str., vgl. KassKomm/*Krasney*, § 12 Rn. 13.
[5] Vgl. KassKomm/*Krasney*, § 24 SGB X Rn. 9 m. w. N.
[6] Etwa *BSG* SozR 3−4100 § 139 a Nr. 1.

III. Ergebnis

Es liegt – zumindest wegen der fehlenden Hinzuziehung – ein Verfahrensfehler vor. Das hat zur Folge, dass die Entscheidung gegenüber *P* (und damit notwendigerweise der KK) nicht bindend wird.[7] Für eine mögliche Aufhebung ist § 42 SGB X zu beachten. Wird eine Verletzung des rechtlichen Gehörs bejaht, besteht – wenn der Verfahrensmangel nicht nach § 41 SGB X geheilt werden kann – Anspruch auf Rücknahme des VA gem. § 44 SGB X (vgl. auch § 42 S. 2 SGB X).

Frage 2: Zu den Rechtswirkungen der BUB-Richtlinien

1. Nach der **fr. Auffassung** des *BSG* haben Richtlinien selbst keine normative Wirkung; ähnlich wie Verwaltungsvorschriften erzeugen sie danach lediglich Selbstbindungen der beteiligten Körperschaften (vgl. insoweit § 91 SGB V). Verbindlichkeit gegenüber Ärzten und KKen erlangen Richtlinien insoweit nur aufgrund entsprechender Geltungsanordnungen in den Satzungen der KÄVen (vgl. § 81 Abs. 3 Nr. 2 SGB V), der Landesverbände der KKen sowie in den Bundesmantelverträgen (vgl. §§ 92 Abs. 8, 87 SGB V).[8] Nach dieser Ansicht haben die Richtlinien auf das Leistungsrecht – also auch auf die Ansprüche der Versicherten – keine unmittelbaren Auswirkungen.

2. Die **jüngere Rspr.** qualifiziert Richtlinien zwar nur als Verwaltungsbinnenrecht, hält sie jedoch grundsätzlich für maßgeblich bei der Sachentscheidung, es sei denn, daß sie auf einer unrichtigen Auslegung höherrangigen Rechts beruhen oder ihrem Inhalt nach sachlich unvertretbar sind.[9] Nach einem ähnlichen Verständnis[10] handelt es sich um normkonkretisierende Verwaltungsvorschriften mit gesetzlich geregelter Bindungswirkung für abschließend aufgeführte Adressaten.

3. Die **fr. Auffassung** wird vom *BSG* nunmehr – unter der **Geltung des SGB V – nicht mehr aufrechterhalten**, und zwar aus folgenden Gründen: Das G inkorporiert die Richtlinien unmittelbar in den Bundesmantelvertrag und in die Gesamtverträge; so bestimmt zunächst § 92 Abs. 8 SGB V, daß die Richtlinien des Bundesausschusses Bestandteile der Bundesmantelverträge sind; nach § 82 Abs. 1 S. 2 SGB V ist der Inhalt der Bundesmantelverträge – und sind damit auch die Richtlinien – wiederum Bestandteil der Gesamtverträge. Zudem werden diese Gesamtverträge

---

[7] KassKomm/*Krasney*, § 12 Rn. 20.

[8] *BSG* in zahlreichen Entscheidungen, etwa *BSGE* 63, 163, 165; *BSG* SozR 3–2500 § 106 Nr. 18; erläuternd KassKomm/*Hess*, § 92 SGB V Rn. 4: Wiedergabe anerkannter Erfahrungssätze ohne Rechtsnormqualität.

[9] *BSGE* 73, 271, 287 f. = SozR 3–2500 § 13 Nr. 4.

[10] *Hauck/Haines*, SGB V § 92 Rn. 3.

(zwischen den KÄVen und den Landesverbänden der KKen und den Verbänden der ErsKen vereinbart) nicht nur mit Wirkung für die beteiligten KKen geschlossen (§ 83 Abs. 1 S. 1 SGB V); sie sind vielmehr nach § 95 Abs. 3 S. 2 SGB V **auch für den einzelnen Vertragsarzt verbindlich.**

Schließlich wird die Verbindlichkeit der Richtlinien für die Vertragsärzte durch § 81 Abs. 3 Nr. 2 SGB V – insoweit doppelt – abgesichert. Danach müssen die Satzungen der KÄVen Bestimmungen enthalten, die die Richtlinien (u. a. nach § 92 SGB V – also die des Bundesausschusses) für die KÄVen und ihre Mitglieder (die Vertragsärzte) verbindlich machen.

Durch diese Einbeziehung der Richtlinien in den Bundesmantelvertrag und in die Gesamtverträge kommt ihnen die gleiche rechtliche Wirkung zu wie den normativen Teilen der vertragsärztlichen Kollektivverträge. Deren Rechtsnormqualität ist aber unbestritten.[11] Wie diese begründen sie unmittelbar Rechte und Pflichten der Vertragsunterworfenen, setzen also außenwirksames Recht.

Insofern ist nach geltendem Recht die **Rechtsnormqualität der Richtlinien** zu bejahen.[12]

Frage 3: Zu den Wirkungen der Richtlinien auf die Leistungsansprüche der Versicherten

Richtlinien können auch Regelungen über die **Leistungsansprüche der Versicherten** in der gesetzlichen KV treffen. Das ist zunächst stets dort der Fall, wo Regelungen des **SGB V ausdrücklich** bestimmen, daß der Anspruch des Versicherten im einzelnen durch die Richtlinien der Bundesausschüsse (der Ärzte und Krankenkassen/Zahnärzte und KK) geregelt wird. Aus diesen Normen folgt, daß der Gesetzgeber die nähere Ausgestaltung des Leistungsrechts der Richtliniengebung übertragen hat. **Beispiele** sind etwa § 22 Abs. 5 SGB V, wonach der Bundesausschuß der Zahnärzte und KK Genaueres über Art, Umfang und Nachweis der individualprophylaktischen Leistungen bestimmt, oder § 25 Abs. 4 S. 2 und 3 SGB V; danach regelt der Bundesausschuß gem. § 92 SGB V das Nähere über Art und Umfang des Anspruchs der Versicherten auf Früherkennungsuntersuchungen sowie die Frage, für welche Bereiche solche Untersuchungen anzubieten sind. Das gilt entsprechend für die Kinderuntersuchung (§ 26 Abs. 2 SGB V). Nach § 27a Abs. 4 SGB V sind die medizinischen Einzelheiten zu Voraussetzungen, Art und Umfang der

---

[11] Vgl. z. B. *BSGE* 71, 42, 46, 48 = SozR 3–2500 § 87 Nr. 4.
[12] So vorher schon die h. M. im Schrifttum: *Baader*, JZ 1990, 409, 410 ff.; *Ebsen*, VSSR 1990, 57, 67 f., *ders.* in: Schulin, Handbuch des Sozialversicherungsrechts, Band 1, § 7 Rn. 158; *Papier*, VSSR 1990, 123, 128; *Tempel-Kromminga*, Die Problematik der Richtlinien der Bundesausschüsse der Ärzte und KK nach dem neuen Recht des SGB V, 1994, S. 48 ff.; ebenso dann *BSG*, Urteil vom 20. März 1996, AZ: 6 RKa 62/94 = SozR 3–2500 § 92 Nr. 6.

medizinischen Maßnahmen zur Herbeiführung einer Schwangerschaft zu bestimmen. Weiter sind Indikationsgruppen für den Anspruch auf Übernahme der Kosten kieferorthopädischer Behandlungen (§ 29 Abs. 4 SGB V) sowie auf Verordnung von Kontaktlinsen (§ 33 Abs. 3 S. 2 SGB V) aufzustellen. Schließlich werden nach § 33 Abs. 4 S. 2 letzter Hs. SGB V durch Richtlinien Ausnahmen von dem zeitlich begrenzten Anspruch auf Versorgung mit Sehhilfen festgelegt und gem. § 35 Abs. 1 Festbeträge für Arzneimittel geregelt.

All diese Fälle sind über die allg. Ermächtigung des § 92 Abs. 1 SGB V hinausgehend durch **spezielle Kompetenzzuweisungen geregelt**; diese setzen die **Verbindlichkeit** der von den Bundesausschüssen erlassenen Regelungen **für die Versicherten** voraus.

Das *BSG* folgert eine **unmittelbare Rechtswirkung der Richtlinien auch im übrigen**.[13] Grund dafür ist, daß es nach § 92 Abs. 1 S. 1 i. V. m. § 12 Abs. 1 SGB V der Funktion der Richtlinien entspricht, die **Verpflichtung der Vertragsärzte** zu einer wirtschaftlichen Behandlungs- und Verordnungsweise mit den **Ansprüchen der Versicherten** zu koordinieren. Demnach wird dem Bundesausschuß aufgegeben, insbesondere auch Richtlinien über die ärztliche Behandlung zu beschließen (§ 92 Abs. 1 S. 2 Nr. 1 SGB V); in ihnen soll die sich aus dem Leistungsrecht der gesetzlichen KV ergebende Verpflichtung zur ausreichenden, zweckmäßigen und wirtschaftlichen Versorgung der Versicherten (vgl. § 2 Abs. 1 und 4, § 12 Abs. 1, § 27 Abs. 1, § 28 Abs. 1, § 70 Abs. 1 S. 2, § 72 Abs. 2 SGB V) umgesetzt und damit zugleich der Umfang der Leistungspflicht der KK gegenüber den Versicherten präzisiert werden (h. M. im Schrifttum, vgl. o.). Somit kann der Umfang der zu gewährenden Krankenversorgung im Verhältnis von Versicherten zur KK nicht anders bestimmt sein als im Verhältnis der ärztlichen Leistungserbringung zu den Kassenärztlichen Vereinigungen und wiederum zu den KKen.

Daß entsprechende Regelungen in bezug auf die Versicherten fehlen, ist unerheblich: Diese sind nicht selbst aktiv in die Leistungserbringung einbezogen, sondern nehmen die Leistung lediglich entgegen; somit war eine ausdrückliche, generelle Erklärung der Verbindlichkeit der Richtlinien auch im Verhältnis zu den Versicherten rechtstechnisch nicht erforderlich.

Mit gutem Grund ist auch eine andere Auffassung vertretbar, etwa aus der Überlegung heraus, daß es einer speziellen Normierung der Verbindlichkeit in einzelnen Vorschriften (vgl. o.) ansonsten nicht bedurft hätte.[14]

---

[13] Vgl. Fn. 12.
[14] *Ossenbühl*, NZS 1997, 497, 499.

Ergebnis

Richtlinien haben nicht nur normative Wirkung, sondern legen auch die Leistungspflicht im Rahmen der GKV fest. Sie haben damit die Funktion untergesetzlicher Rechtsnormen.

Frage 4: Zu den verfassungsrechtlichen Bedenken gegen Richtlinien allgemein (somit auch gegen die BUB-Richtlinien)

Bei der Beantwortung dieser Frage ist an sich von der vorbenannten Rspr. des *BSG*[15] auszugehen, vgl. o.; auch auf der Grundlage der fr. Rspr. haben diese Richtlinien im Regelfalle – faktisch – die Wirkungen von Rechtsnormen, so daß die nachfolgenden Überlegungen im wesentlichen identisch sein sollten.

I. Verzahnung zwischen Leistungsrecht und Leistungserbringungsrecht

Ausgangspunkt der Überlegungen sind die §§ 92 Abs. 1 S. 2 Nr. 1, Nr. 5 und 135 SGB V hinsichtlich der Richtlinien zum Inhalt und zum Umfang der ärztlichen Behandlung. Die Übertragung einer Normsetzungsbefugnis an den Bundesausschuß ist **Bestandteil eines generellen Regelungskonzeptes**, das bereits zu Beginn der 30er Jahre[16] in Form eines **öffentlich-rechtlichen Systems kollektivvertraglicher Beziehungen**[17] geschaffen wurde. Dieses ist Grundlage der Rechtsbeziehungen zwischen KKen und Ärzten.[18] Dieses Normsetzungskonzept, das bereits dem Vorgänger des Bundesausschusses, dem Reichsausschuß der Ärzte und KKen, entsprechende Befugnisse übertragen hat, war also bereits bei der Schaffung des GG vorhanden; daran wurde auch unter dessen Geltung durch Bundesmantelverträge (§ 82 Abs. 1 SGB V), Gesamtverträge (§ 83 Abs. 1 SGB V) sowie Vereinbarungen für weitere Bereiche (vgl. z. B. § 84 Abs. 1, § 106 Abs. 3 SGB V) angeknüpft.[19] Das besagte Regelungsinstrumentarium wurde im SGB V in vielfältiger Weise ausgebaut, so etwa im Verhältnis zu weiteren Leistungserbringern wie den Zahntechnikern (§ 88 Abs. 1 SGB V), den Heil- und Hilfsmittelerbringern (§§ 125, 127 SGB V) sowie für den Krankenhausbereich (§§ 112, 115 SGB V).[20]

---

[15] Die folgenden Ausführungen beruhen auf *BSG* SozR 3–2500 § 92 Nr. 6.

[16] VO v. 30. 12. 1931, aufgegangen in der Neufassung der §§ 368 ff. RVO (m. W. v. 14. 1. 1932; RGBl. I S. 19); dazu ausführlich *Hällßig*, Normsetzung durch Richtlinien im Vertragsarztrecht, Diss. 2000, S. 62 ff.

[17] *BSG* SozR 3–2500 § 92 Nr. 6 mit eingehenden Erläuterungen.

[18] Wie oben erwähnt, wird die ärztliche Versorgung der Kassenmitglieder durch Gesamt- und Mantelverträge geregelt.

[19] *BSG* a. a. O.

[20] *BSG* a. a. O.

Integraler Bestandteil dieses Regelungskonzepts ist die **Zuweisung von Normsetzungsbefugnissen an Ausschüsse;**[21] das gilt freilich auch für die Normsetzung durch Richtlinien des Bundesausschusses. Üblicherweise spricht man insoweit von **gemeinsamer Selbstverwaltung**[22] der Ärzte und KKen.

All das ist Ausdruck und Folge des Naturalleistungsprinzips (fr. sog. Sachleistungsprinzip) und mit diesem untrennbar verbunden[23] (§ 2 Abs. 2 SGB V).

Vertragsärzte konkretisieren im Verhältnis zu den Versicherten deren Leistungsansprüche gegen die KK; das Naturalleistungsprinzip setzt somit Rechtsbeziehungen zwischen KK und den Leistungserbringern voraus. Daraus resultiert eine **enge Verzahnung zwischen Leistungsrecht und Leistungserbringungsrecht,** die gemeinsame Entscheidungen der Selbstverwaltungspartner als notwendige Konsequenz bereits aus Sachgründen zulässig und geboten sein läßt. Ohne diese Befugnis zur Normsetzung wäre die Durchführung einer gemeinsamen Selbstverwaltung von Ärzten und KK für weite Bereiche hinfällig.[24]

II. Demokratieprinzip, Rechtsstaatsprinzip, Durchbrechung des Gewaltenteilungsgrundsatzes, Gesetzesvorbehalt/Parlamentsvorbehalt

Es könnten sich aber **verfassungsrechtliche Bedenken** im Hinblick auf das Demokratieprinzip und das Rechtsstaatsprinzip ergeben, insbesondere bzgl. der Durchbrechung des Gewaltenteilungsgrundsatzes (vgl. auch Art. 80 GG) oder des Parlamentsvorbehalts.

1. Das **Grundproblem** betrifft die Verleihung von **Satzungsautonomie** an Körperschaften, Anstalten oder Verbände. Hier ist die Besonderheit gegeben, dass die (Satzungs-)Autonomie nicht auf mitgliedschaftlich strukturierte Körperschaften übertragen wird, in denen gleichgerichtete Interessen gebündelt sind. Es stellt sich also die Frage, ob eine ausreichende Partizipation der Betroffenen[25] gewährleistet ist, wenn es um die Berufung der Entscheidungsgremien geht.

Soweit hier eine dem **Demokratieprinzip** entsprechende **Legitimation** nicht vorliegt, muß als Ausgleich für das Fehlen zumindest einer quasidemokratischen Legitimation[26] der Entscheidungsträger eine Normsetzungsermächtigung vorhanden sein, die materiell den Anforderungen des

---

[21] *BSG* a.a.O.
[22] Vgl. etwa *Muckel*, NZS 2002, 118, 119.
[23] *BSG* a.a.O.
[24] *BSG* a.a.O.
[25] Vgl. *BVerfGE* 37, 1, 25.
[26] *Merten*, Schriftenreihe der Hochschule Speyer, Bd. 120, 1995, S, 11, 19 f.

Art. 80 Abs. 1 S. 2 GG entspricht;[27] dadurch werden die Bedenken im Hinblick auf die Durchbrechung des Gewaltenteilungsprinzips (und zugunsten einer ausreichenden Einwirkungs- und Überwachungsmöglichkeit des Gesetzgebers) überwunden.

Die **Bundesausschüsse** sind keine Körperschaften mit mitgliedschaftlicher Verfassung, stellen aber organisatorisch **selbständige Verwaltungseinheiten** zur Erfüllung einer öffentlichen Aufgabe dar (Anstalten des Öffentlichen Rechts mit begrenzter Rechtsfähigkeit).[28]

Es besteht dabei **kein prinzipieller Interessengegensatz zwischen** den dort beteiligten **Gruppen:** Die Versicherten haben Interesse an einem möglichst umfassenden Leistungsangebot, aber auch an zweckmäßiger und wirtschaftlicher Behandlung (auch angesichts der anteiligen Kostentragung); den Arbeitgebern liegt nicht nur an niedrigen Beiträgen, sondern an einer hochwertigen Krankenversorgung zwecks effektiver Gesundung der erkrankten Arbeitnehmer und deren Rückkehr in den Arbeitsprozeß. Vertragsärzte haben Interesse an umfassenden Behandlungsmöglichkeiten, sind jedoch regelmäßig aufgrund der (vor allem neuerdings greifenden) Mechanismen von Budgetierung und Honorarverteilung darauf bedacht, daß ihre eigenen Behandlungsleistungen nicht durch zweifelhafte Maßnahmen anderer Vertragsärzte entwertet werden.[29]

Die **strukturellen Gemeinsamkeiten** jeder **der betroffenen Gruppen** resultieren in einer sinnvollen Leistungsgestaltung unter Berücksichtigung des Zweckmäßigen und Wirtschaftlichen. Das **rechtfertigt** die **Normsetzung** durch autonome Selbstverwaltung.

Ein **weiteres Argument** für eine derartige Selbstverwaltung sind die raschen Fortschritte in den medizinischen Erkenntnissen und die Notwendigkeit, sie in die Versorgung der Versicherten zu integrieren. Es gelten dabei letztlich die gleichen Erwägungen wie zur Legitimität von Rechtsverordnungen und Satzungen in anderen Bereichen der öffentlichen Verwaltung.

Zur Beachtung der **Anforderungen des Art. 80 Abs. 1 S. 2 GG** (wohl in analoger Anwendung) gilt folgendes: Inhalt, Zweck und Ausmaß der dem Bundesausschuß erteilten Normsetzungsermächtigung sind hinreichend bestimmt; § 92 Abs. 1 S. 1 i. V. m. § 2 Abs. 1 und 4, § 12 Abs. 1, § 27 Abs. 1, § 28 Abs. 1, § 70 Abs. 1, § 72 Abs. 2 SGB V stellen ein **ausreichend dichtes Normprogramm** hinsichtlich des Umfanges ärztlicher Behandlung und der Einbeziehung neuer Untersuchungs- und Behandlungsmethoden in die gesetzliche KV dar;[30] eine **präzisere Umschreibung** für diesen letzten Schritt, nämlich die Konkretisierung des Ausreichenden, Zweckmäßigen und Wirtschaftlichen, ist angesichts der Vielgestal-

---

[27] *Ebsen*, VSSR 1990, 57, 61f.
[28] *BSG* a.a.O.; a. A. *Wannagat/Lindemann*, SGB V, § 92 Rn. 79.
[29] So *BSG* a.a.O.; krit. *Wannagat/Lindemann*, SGB V, § 92 Rn. 79.
[30] *BSG* a.a.O.

tigkeit der zugrundeliegenden Sachverhalte **kaum denkbar**. Das wird auch dadurch belegt, daß der für das Leistungsrecht der gesetzlichen KV zentrale Begriff der **Krankheit** (§ 27 Abs. 1 S. 1 SGB V) im G nicht näher definiert ist, sondern der Konkretisierung durch untergesetzliche Normen sowie durch Verwaltungs- und Gerichtsentscheidungen überantwortet worden ist.

2. Schließlich normiert **§ 94 Abs. 1 SGB V** ein Recht zur Beanstandung der Richtlinien und gibt dem Bundesminister für Gesundheit die Möglichkeit zur Ersatzvornahme. Die verminderte und z. T. völlig **fehlende demokratische Legitimation** der Mitglieder des Bundesausschusses wird also auch dadurch **kompensiert**, daß sich der **dem Parlament gegenüber verantwortlichen staatlichen Exekutive** ausreichende **Überwachungsmöglichkeiten** bieten.

3. Die Normsetzung durch den Bundesausschuß stimmt folglich auch mit der „**Wesentlichkeitstheorie**" des Bundesverfassungsgerichts[31] überein, denn es wurden alle wesentlichen Entscheidungen vom Parlament aufgrund seiner originären Rechtssetzungsbefugnis selbst getroffen. Das betrifft auch die in diesem Zusammenhang berührten **Grundrechte** der Beteiligten (Art. 2 Abs. 2 GG – hinsichtlich der Versicherten; Art. 2 Abs. 1 GG – im Hinblick auf Versicherte und Arbeitnehmer angesichts ihrer Abgabenbelastung; Art. 12 Abs. 1 GG – im Hinblick auf die Berufsfreiheit der Vertragsärzte).

Frage 5: Anspruch des *P* auf Krankenbehandlung im vorliegenden Fall

I. § 27 Abs. 1 i.V. m. § 2 Abs. 1, § 12 Abs. 1 SGB V, BUB-Richtlinien

1. Ausgangspunkt ist der abstrakt formulierte Anspruch (**Anspruchs-Rahmen**) in § 27 Abs. 1 i. V. m. § 2 Abs. 1, § 12 Abs. 1 SGB V.

Aus diesem leistungsrechtlichen „Anspruchs-Rahmen" folgt, daß im Falle einer behandlungsfähigen und behandlungsbedürftigen Krankheit u. a. diejenige ärztliche Behandlung gewährt wird, die nach den Regeln der ärztlichen Kunst (nach Maßgabe des allg. anerkannten Standards der medizinischen Erkenntnisse) notwendig, ausreichend und zweckmäßig, insgesamt also wirtschaftlich ist.

Nach § 27 Abs. 1 SGB V ist **vorrangiges Behandlungsziel** die **Heilung** der Krankheit (Beseitigung des leistungsauslösenden Versicherungsfalles), soweit das möglich ist. Die Verhütung einer Verschlimmerung oder die Linderung von Krankheitsbeschwerden sind (eigentlich) **nachrangige Behandlungsziele**.[32]

---

[31] *BVerfGE* 33, 125, 158.
[32] *BSG* SozR 3–2500 § 92 Nr. 6.

Aus dem Wirtschaftlichkeitsprinzip ergibt sich folgendes: Stehen mehrere geeignete Behandlungsmethoden zur Verfügung, so besteht auf eine Methode mit (im Vergleich zu anderen) deutlich höheren Gesamtkosten kein Anspruch; sie darf weder bewirkt noch bewilligt werden (vgl. § 12 Abs. 1 S. 2 SGB V). Wenn jedoch im einzelnen Fall nur eine dem Stand der medizinischen Erkenntnisse entsprechende Methode eine reale Chance zur Erreichung des Behandlungszieles bietet, verdichtet sich das **Rahmen-Recht des § 27 Abs. 1 SGB V** zu einem **Anspruch** auf diese Behandlungsmaßnahme.

Diese zwingenden Vorgaben zur Konkretisierung des Wirtschaftlichkeitsgebots müssen auch insoweit durch die Richtlinien beachtet werden: Eine behandlungsfähige und behandlungsbedürftige Erkrankung darf nicht unbehandelt bleiben.[33]

2. Zu prüfen ist zunächst der **Versicherungsfall** (Krankheit). Das ist jeder regelwidrige körperliche oder geistige Zustand, dessen Eintritt Behandlungsbedürftigkeit oder (zugleich oder ausschließlich) Arbeitsunfähigkeit zur Folge hat.[34] **Hier** liegen **zwei Krankheitserscheinungen** vor, die unter diesen in der Rspr. (und im Schrifttum) unstreitigen Begriff von „Krankheit" fallen, nämlich die Angstneurose und die Heroinsucht.

3. Die **Behandlung einer Sucht** ist Krankenbehandlung i. S. d. § 27 Abs. 1 S. 1 SGB V.[35] Zu unterscheiden ist insoweit die Behandlung (z. B.) der Heroinsucht im Wege der **Abstinenztherapie** (sei es in klassischer Form oder auch mittels Schnell-Entgiftung unter Vollnarkose) und einer **Substitutionstherapie** (mit Methadon, das anstelle von Heroin in kontrollierten Mengen verabreicht wird, um die Sucht zu stabilisieren).

a) **Problematisch** ist, ob auch die **Drogensubstitution** als **Krankenbehandlung** i. S. d. § 27 Abs. 1 S. 1 SGB V bewertet werden kann.

Dagegen könnte man anführen, daß die Methode der Methadon-Substitutionsbehandlung deshalb keine Krankenbehandlung sei, weil sie nicht unmittelbar auf die Beseitigung der Drogensucht abziele, sondern vorrangig kriminalpolitische, psychosoziale oder gesellschaftliche Zwecke verfolge.[36]

Für (Methadon-Substitutionsbehandlung als Krankenbehandlung i. S. von § 27 Abs. 1 S. 1 SGB V) sprechen zwei andere Erwägungen:

aa) Die **Drogensubstitution** ist dann Krankenbehandlung, wenn sie dem **Ziel** dient, den Gebrauch von Drogen zu beenden und damit den regelwidrigen Körper- und Geisteszustand zu beseitigen. Unter der Voraussetzung, daß sie zugleich den Anforderungen an eine wirtschaftliche Behandlungs- und Verordnungsweise genügt, fällt sie demnach in die Leistungspflicht der GKV.[37]

---

[33] *BSG* a.a.O.

[34] Vgl. *Schulin/Igl*, Sozialrecht, 7. Aufl. 2002, Rn. 293 ff. m. w. N.

[35] *BSG* a.a.O.; vgl. auch die Präambel der „Methadon-Richtlinien".

[36] So die Vorinstanz, vgl. *BSG* a.a.O., S. 41 f.

[37] *BSGE* 76, 194, 201 = SozR 3–2500 § 27 Nr. 5.

bb) Denkbar ist, daß die Drogensubstitution deshalb in die Leistungspflicht der KV fällt, weil sie notwendig ist, um **eine andere Krankheit zu heilen,** die ansonsten – wegen der zusätzlich aufgetretenen und nicht kontrollierten Heroinsucht – nicht erfolgreich behandelt werden könnte.[38]

Vor dem 1. Januar 2003 war eine sog. Zweiterkrankung zwingende Voraussetzung für eine Substitutionstherapie. Durch eine Neufassung der BUB-Richtlinien ist dieses Erfordernis entfallen. Damit steht nunmehr fest, daß eine Opiatsubstitution auch dann Krankenbehandlung sein kann, wenn sie (nur) der Suchtüberwindung dienen soll (vgl. o. aa)).

cc) Die BUB-Richtlinien (**Nr. 2 der Anlage A: „Richtlinien zur substitutionsgestützten Behandlung Opiatabhängiger")** konkretisieren diese Rechtslage; sie sind i. S. d. eben Gesagten zu interpretieren. Das betrifft insbesondere die Präambel, wonach Drogensubstitution für sich allein keine Krankenbehandlung darstellt und nicht Gegenstand der vertragsärztlichen Versorgung ist. Die nachfolgend aufgeführten Indikationen (§ 3 der Richtlinien) zur Substitutionsbehandlung zeigen, daß die **Präambel** insoweit **mißverständlich** klingt. Auf den **vorliegenden Fall** angewendet ergibt sich folgendes: Hier ist **kein** Fall der **Abstinenztherapie** gegeben, sondern ein Fall der Methadon-Substitution, die jedenfalls unter den Voraussetzungen der BUB-Richtlinien als Inhalt der Leistungspflicht der Gesetzlichen KV konkretisiert worden ist.

Aus § 3 Abs. 1 Nr. 2 der Richtlinien und den übrigen dort genannten Indikationen ergibt sich, daß bei besonders schweren Umständen (wie insbesondere schwerer Zweiterkrankung oder Schwangerschaft usw.) jedenfalls eine **Substitutionstherapie** dem Grunde nach **als Teil der Krankenbehandlung** angezeigt ist.

Früher fand die **Konkretisierung des Rahmen-Rechts** des Versicherten auf ärztliche Behandlung nicht durch den Vertragsarzt statt, sondern er mußte sich diese Behandlung zuvor **von der KÄV bewilligen** lassen.

Inzwischen[39] ist auch das Verfahren bei der Substitutionstherapie an das der „üblichen" Krankenbehandlung angenähert worden. Es ist der Vertragsarzt (mit allg. Genehmigung nach § 2 der Richtlinien), der den genauen Inhalt des Rahmenanspruchs durch seine Behandlungsentscheidung bestimmt. Diese muß freilich mit den Richtlinien übereinstimmen; er unterliegt insoweit dem Risiko, daß nachträglich – wie hier im Zuge einer Stichprobe (§ 9 Abs. 3 S. 1) – die sachliche Richtigkeit und die Wirtschaftlichkeit der von ihm für geeignet gehaltenen Leistung überprüft wird.

b) Für *P* könnte sich eine Indikation nach § 3 Abs. 1 Nr. 2 der Richtlinien ergeben. Dazu müßte sie zur Unterstützung der Behandlung einer neben

---

[38] In diesem Falle keine sog. isolierte Substituierung.
[39] M. W. v. 1. 1. 2003.

der Heroinabhängigkeit bestehenden schweren Erkrankung dienen. Die Entscheidung, ob **im vorliegenden Falle** eine „schwere Erkrankung" i. S. d. „Methadon-Richtlinien" vorliegt, hat folgende Erwägungen zu berücksichtigen: In Frage kommt eine **restriktive Auslegung** dahingehend, daß unter diese Fallgruppe nur Erkrankungen fallen, die lebensbedrohlich oder ähnlich schwer sind, die also praktisch eine physische oder psychische Existenzgefährdung mit sich bringen. Dieses restriktive Verständnis ist nach der Rspr. des *BSG*[40] **nicht** zutreffend.

Vor der Neuregelung der BUB-Richtlinien (und bei Erlaß des betreffenden Urteils[41]) war der unbestimmte Rechtsbegriff einer **mit den ausdrücklich aufgezählten Zweitkrankheiten „vergleichbar schweren Erkrankung"** auszulegen. § 3 Nr. 2 (4.) a. F. war als Auffangtatbestand konzipiert; es sollten einzelne substitutionswürdige, aber nicht typische und deshalb enumerativ nicht sinnvoll aufzählbare Indikationen erfaßt werden. Das wurde belegt durch eine **Analyse der ausdrücklich genannten Indikationen**, die gegen ein restriktives Verständnis dieses Rechtsbegriffes sprachen: Gemeinsames Merkmal aller Indikationen zur Substitutionsbehandlung waren nämlich nicht akute physische oder psychische Existenzgefährdungen (beispielsweise nicht normal verlaufende Schwangerschaft und Geburt; auch nicht bei AIDS-Kranken, zumindest nicht in jedem Fall).

Das eigentliche **gemeinsame Merkmal** bestand darin, daß eine Methadon-Substitutionsbehandlung der Heroinsucht nur eingeleitet werden durfte, wenn der Beginn einer **Abstinenztherapie** wegen der damit einhergehenden Belastungen im Hinblick auf eine weitere Krankheit (außerhalb des Gesamtbildes der Heroinsucht) **unzumutbar** war und deswegen die erfolgversprechende **Behandlung der Zweitkrankheit** (oder auch die Verhinderung von Gesundheitsstörungen beim Kind) von der Beherrschbarkeit der Drogenproblematik zwingend abhing.[42]

Nachdem durch die Neuregelung auf die Aufzählung von indikationsauslösenden Zweiterkrankungen[43] verzichtet und mit § 3 Abs. 1 Nr. 2 ein einheitlicher Tatbestand für Substitutionstherapien bei Zweiterkrankungen geschaffen wurde, ist zumindest das Problem der Vergleichbarkeit (mit anderen Indikationen, s. o.) beseitigt.

Was das Merkmal der „schweren" Erkrankung betrifft, bleiben dieselben Erwägungen maßgeblich; die Rechtslage mußte insoweit nicht geändert werden; vielmehr bestätigt die Änderung der Richtlinien die Auffassung des *BSG* und damit den von ihm zugrunde gelegten Normzweck. Sie geht sogar etwas darüber hinaus: Nach dem Wortlaut genügt es, daß die Substitution „zur Unterstützung" der Behandlung erfolgt.

Eine Krankheit ist also als „schwer" i. S. d. § 3 Abs. 1 Nr. 2 der Richtlinien anzusehen, wenn ihretwegen eine Abstinenztherapie unzumutbar wäre, gleichzeitig aber die Beherrschbarkeit der Drogenproblematik ihre erfolgreiche Behandlung mehr als unwesentlich (Wortlaut: „zur Unterstützung") bedingt.

Diese Auslegung des § 3 Abs. 1 Nr. 2 der „Methadon-Richtlinien" ist auch durch die **Vorgaben des § 27 Abs. 1 SGB V** gefordert. Zumindest wenn im Einzelfall nur eine Methode eine reale Chance zur Erreichung des Behandlungszieles bietet, ergibt sich aus der zentralen leistungsrecht-

---

[40] *BSG* SozR 3–2500 § 92 Nr. 6.
[41] So *BSG* a.a.O.
[42] So *BSG* a.a.O.
[43] Die auch nicht mehr in jedem Fall vorausgesetzt werden.

lichen Norm des SGB V ein **Anspruch** auf Versorgung mit dieser Behandlungsart.[44]

Im **vorliegenden Fall** kann davon ausgegangen werden, daß die Abstinenztherapie in der konkreten Situation unzumutbar ist und daß die Zweitkrankheit (Angstneurose) nur bei gleichzeitiger Behandlung der Drogensucht mit Aussicht auf Erfolg therapiert werden kann. Somit liegt hier eine „schwere Erkrankung" vor; die Drogentherapie ist notwendig, um die schwere Angststörung (Angstneurose) behandeln zu können. Sie fällt demnach in die **Leistungspflicht** der GKV.

II. Ergebnis

P hat Anspruch auf die begehrte Behandlung.[45]

Je nachdem, ob bei *P* eine Behinderung i. S. d. § 2 Abs. 1 S. 1 SGB IX angenommen wird, kann auch ein (inhaltsgleicher) Anspruch nach § 26 Abs. 1, Abs. 2 Nr. 1, §§ 7, 5 Nr. 1, 6 Abs. 1 Nr. 1 SGB IX bestehen.[46] Das Vorliegen einer Behinderung dürfte aber zumindest an der voraussichtlichen Dauer der Einschränkungen scheitern (vgl. Teil 2, Frage 1). Mangels Angaben im Sachverhalt ist eine eingehende Prüfung nicht erforderlich.

Zu Teil II

Frage 1: Zur Verpflichtung der *E* zur Übernahme der Kosten für die Behandlung

In Frage kommt eine Verpflichtung nach dem **BSHG**.

I. Antragsberechtigung/Ausschlußgründe

Ausschlußgründe (etwa nach §§ 26, 120 BSHG), die einen Anspruch von vornerein begrenzen oder ganz ausschließen würden, sind im vorliegenden Fall nicht ersichtlich.

II. Zuständigkeit

Die **örtliche Zuständigkeit** der *E* ergibt sich aus §§ 96 Abs. 1 S. 1, 97 Abs. 1 S. 1 BSHG, die **sachliche** aus § 99 BSHG.

---

[44] *BSG* a.a.O.

[45] Die KÄV hat also das Recht falsch angewandt, als sie Dr. *A* die Substitutionsbehandlung untersagt hat.

[46] Vgl. dazu Fall 8.

III. Bedarf, Anspruchsgrundlagen, Verhältnis zu anderen Sozialleistungen

1. Mögliche **Anspruchsgrundlagen** sind § 37 BSHG (Krankenhilfe) und – so die Ansicht der KÄV – §§ 39–47 i.V. m. der Eingliederungshilfe-VO[47] und § 2 Abs. 1 SGB IX (**Eingliederungshilfe für Behinderte**).

Was das **Verhältnis der Hilfen** oder Ansprüche **zueinander** betrifft, geht die Eingliederungshilfe als spezielle und regelmäßig weitergehende Hilfeart anderen Hilfen – auch Krankenhilfe und vorbeugender Gesundheitshilfe – vor; gleichwohl ist die **Abgrenzung im Einzelfall umstritten**.[48] Die Behandlung einer akuten Krankheit kann ggf. auch unter die Eingliederungshilfe fallen, da nach der Vorstellung des Gesetzgebers alle Maßnahmen der Rehabilitation behinderter Menschen in einer Hilfeart zusammengefaßt werden sollten.[49] Ebenfalls vertretbar wäre es, den Rechtsgedanken des § 39 Abs. 2 S. 2 BSHG (der eigentlich (nur) ein Tatbestandsmerkmal ausfüllt) für die Abgrenzung heranzuziehen und Eingliederungshilfe dann zurücktreten zu lassen, wenn auch Maßnahmen nach §§ 36, 37 BSHG ausreichen, um eine drohende Behinderung (i. S. d. § 39 Abs. 2) zu verhüten. Schließlich wäre es möglich, auf den – im Einzelfall wohl schwierig zu ermittelnden – Hilfezweck abzustellen.[50]

Der Bearbeiter ist hier auf keine spezielle Ansicht festgelegt; mit entsprechender Begründung sind beide denkbaren Ergebnisse vertretbar. Im folgenden werden beide Alt. angeprüft; wegen des Nachrangs der Sozialhilfe (s. u. 2.) kann eine Entscheidung letztlich dahinstehen.

a) **Voraussetzung** für einen Anspruch auf Behandlung nach §§ 40 Abs. 1 S. 1 Nr. 1 BSHG, 26 Abs. 1, Abs. 2 Nr. 1 SGB IX ist gem. **§ 39 Abs. 1 S. 1 BSHG**, daß *P* durch eine **Behinderung** i. S. v. **§ 2 Abs. 1 S. 1 SGB IX** wesentlich in seiner Fähigkeit, an der Gesellschaft teilzuhaben, eingeschränkt ist oder davon bedroht ist. Zu den Einschränkungen in diesem Sinne (SGB IX) zählt auch eine seelische Behinderung. Konkretisierungen finden sich in §§ 3, 4 Eingliederungshilfe-VO, zu deren Erlaß § 47 BSHG ermächtigt. Danach ist hier eine seelische Behinderung denkbar (vgl. § 3 S. 2 Nr. 3, 4 Eingliederungshilfe-VO). Im vorliegenden Fall dürfte jedoch nicht mit hoher Wahrscheinlichkeit zu erwarten sein, daß die Beeinträchtigung länger als sechs Monate dauern wird, vgl. § 2 Abs. 1 S. 1 SGB IX (a. A. vertretbar).

b) Es könnte jedoch ein Anspruch auf **ermessensfehlerfreie Entscheidung** (vgl. § 39 Abs. 1 S. 2 SGB I) nach **§ 39 Abs. 1 S. 2 BSHG** i.V. m. den o. ge-

---

[47] *Sartorius* Nr. 413.
[48] *W. Schellhorn/H. Schellhorn*, BSHG, 16. Aufl. 2002, § 39 Rn. 66; LK/*Brühl*, BSHG, 5. Aufl. 1998, vor § 39 Rn. 40.
[49] *W. Schellhorn/H. Schellhorn*, a.a.O.
[50] LK/*Brühl*, BSHG, 5. Aufl. 1998, § 39 Rn. 34 m. w. N.

nannten Vorschriften bestehen. Das Vorliegen der Voraussetzungen („andere Behinderung") ist gut begründbar, wenngleich der Sachverhalt keine genauen Angaben dazu macht. Ein Anspruch danach wäre aber u. U. dann ausgeschlossen, wenn der (strikte) Anspruch aus § 37 BSHG ausreicht, um die drohende Behinderung zu verhüten (vgl. o.; a. A. vertretbar).

c) **Ein Anspruch aus § 37 BSHG** (i. V. m. § 5 BSHG, Sicherstellung der Soforthilfe) **beginnt** nach § 5 BSHG mit dem Bekanntwerden des Hilfebedarfs; bei Notwendigkeit weiterer Tatsachenermittlung (hier z. B. amtsärztliches Gutachten) erfolgt die **Hilfegewährung** – wenn insoweit noch Bedarf besteht – „**rückwirkend**" zu dem Zeitpunkt, in dem der Bedarf erstmalig bekannt wurde.

Den **Umfang** des Anspruchs bestimmt § 37 Abs. 1 und 2 S. 2 BSHG; diesbezüglich ist auf die Ausführungen zur Frage 5 des ersten Teils zu verweisen, allerdings mit der Maßgabe, daß die verfahrensrechtlichen Regelungen der Methadon-Substitutionsrichtlinien (Zuständigkeit der KÄV zur Beanstandung / Genehmigung) nicht anwendbar sind, sondern allein die materiell-rechtlichen Regelungen (drittes Kapitel, fünfter Abschnitt, erster Titel des SGB V). Über das Vorliegen der dort genannten Leistungsvoraussetzungen hat der Träger der Sozialhilfe selbst zu entscheiden (i. d. R. mit amtsärztlicher oder gutachterlicher Unterstützung).

2. Allerdings ist die Sozialhilfe im **Verhältnis zu anderen Leistungen** (insb. der GKV) nachrangig (§ 2 BSHG); das ist nur insoweit selbstverständlich, als diese in ihrem Leistungsspektrum identisch ist mit anderen Leistungen (also nicht weitergeht, was bei der Eingliederungshilfe der Fall ist, insbesondere unter dem Aspekt der „sozialen Rehabilitation").

IV. Zwischenergebnis

Die *E* ist also bereits deswegen nicht zur Leistung nach den §§ 37 oder 39–47 verpflichtet, weil *P* einen Anspruch gegen seine KK hat (vgl. o.).

Sollte sich *P* zuerst an seine KK gewandt haben (wozu der Sachverhalt allerdings keine Angaben macht), wäre es denkbar, daß der Nachrang des § 2 Abs. 1 BSHG hier nicht greift: Denn nach dem Wortlaut der Norm entfällt ein Anspruch auf Sozialhilfe nur, wenn der Betroffene Leistungen anderer Träger „erhält". Allerdings besteht gleichwohl keine Hilfebedürftigkeit, wenn Mittel bereitstehen (von der Solvenz der KK ist auszugehen) und sich der Anspruch darauf rechtzeitig durchsetzen läßt.[51] U. U. könnte man die Realisierung des Anspruchs gegen die KK auch als mögliche Selbsthilfe i. S. d. § 2 Abs. 1, 1. Alt. BSHG qualifizieren. In jedem Fall käme es darauf an, wie lange die Verfolgung des Anspruchs im Einzelfall dauert. Mangels diesbezüglicher Angaben ist vom Nachrang der Sozialhilfe auszugehen.

---

[51] *W. Schellhorn / H. Schellhorn*, BSHG, 16. Aufl. 2002, § 2 Rn. 7.

V. Anspruch auf vorläufige Leistung, § 43 SGB I; § 44 BSHG

1. Gleichwohl ist eine Leistungspflicht der *E* gem. § 43 SGB I unter den dort genannten Voraussetzungen denkbar. Dazu müßte *P* einen entsprechenden Antrag stellen.

2. Ein Anspruch auf vorläufige Leistung zur Eingliederungshilfe könnte auch nach § 44 BSHG bestehen, der dann als spezielle Regelung dem § 43 SGB I vorginge.[52] Die Regelung betrifft auch „andere zur Hilfe verpflichtete" Sozialleistungsträger, z. B. Träger der GKV. Damit wird die Pflicht aus § 5 BSHG konkretisiert (und der Nachrang der Sozialhilfe, § 2 BSHG, bestätigt).

In der Praxis verläuft das Verfahren hinsichtlich vorläufiger Leistungen gerade bei Drogenabhängigen oft schleppend. Deswegen sind von den Trägern teilweise Vereinbarungen über die vorläufige Zuständigkeit getroffen worden;[53] im Sachverhalt finden sich dazu keine Angaben, es wird insoweit freilich keine Stellungnahme erwartet.

VI. Einsatz von Einkommen und Vermögen

Die **weiteren Voraussetzungen** eines Anspruchs im Hinblick auf Einkommen und Vermögen gem. § 28, §§ 79 ff. i. V. m. 76 bis 78 (Einkommen) und §§ 88, 89 (Vermögen) BSHG sind mangels entsprechender Sachverhaltsangaben nicht zu erörtern; ihr Vorliegen mag unterstellt werden.

Frage 2: „Ersatzansprüche" der *E* gegenüber der KK; Rechtsschutzmöglichkeiten

Der Sachverhalt sagt nicht, welche Art von Hilfe – Krankenhilfe oder Eingliederungshilfe – dem *P* gewährt wird, und nennt auch keine Einzelheiten zur Hilfeleistung und deren Abwicklung. Somit ist eine zwar alternative, jedoch lediglich auf die wesentlichen Grundzüge beschränkte Beantwortung zu erwarten.

I. Alt. 1: Eingliederungshilfe

1. Für Erstattungsansprüche unter verschiedenen Sozialleistungsträgern sind die §§ 102 ff. SGB X einschlägig. Ob sich ein solcher Anspruch in Fällen der §§ 39 ff. BSHG aus § 102 oder § 104 SGB X ergibt, war bis zur Einfügung des § 44 Abs. 2 BSHG umstritten.[54] Nunmehr ist klargestellt, daß

---

[52] *W. Schellhorn/H. Schellhorn*, BSHG, 16. Aufl. 2002, § 44 Rn. 8.

[53] Dazu LK/*Brühl*, BSHG, 5. Aufl. 1998, § 46 Rn. 13 m. w. N.

[54] *W. Schellhorn/H. Schellhorn*, BSHG, 16. Aufl. 2002, § 44 Rn. 16; LK/*Brühl*, BSHG, 5. Aufl. 1998, § 44 Rn. 12.

– wie bereits zuvor nach ganz h. M.[55] – § 102 SGB X anzuwenden ist. Der Sozialhilfeträger ist also bei der Eingliederungshilfe im Verhältnis zu anderen Sozialleistungsträgern – also auch gegenüber der KK – ein „vorläufig" (und nicht ein „nachrangig") leistender Leistungsträger.

2. Zu den Voraussetzungen im einzelnen gilt folgendes: *E* hat – so ist das in dieser Alternative anzunehmen – aufgrund einer **gesetzlichen Vorschrift** (hier § 44 BSHG) gehandelt.

Schuldner des Erstattungsanspruches ist der zur Leistung verpflichtete Leistungsträger, hier also die KK.

Der **Umfang** des Erstattungsanspruches ergibt sich aus § 102 Abs. 2 SGB X: Maßgebend sind die für den vorleistenden Leistungsträger – hier die *E* – geltenden Rechtsvorschriften (§§ 39 ff. BSHG).

Privilegiert wird der Anspruch aus § 102 SGB X durch Abs. 2 sowie durch § 106 Abs. 1 Nr. 2 SGB X; Hinweise des Bearbeiters auf §§ 107–113 SGB X wären positiv zu bewerten.

II. Alt. 2: Krankenhilfe

1. Wenn *E* **Krankenhilfe** gewährt hat, ist § 44 BSHG nicht einschlägig. Eine vorläufige Leistung gem. § 43 Abs. 1 SGB I läge vor, wenn die *E* zuerst angegangen worden wäre (und durch einen Antrag des *P* möglicherweise gem. § 43 Abs. 1 S. 2 SGB I zur vorläufigen Leistung strikt verpflichtet worden wäre); auch in diesem Fall wäre § 102 SGB X einschlägig, da *E* die Leistungen insoweit lediglich stellvertretend für die KK erbracht hätte.[56]

2. Wenn sich *P* allerdings zuerst an die KK gewandt hat (was hier evtl. angenommen werden kann, vgl. o. Frage 1, IV.), sind § 43 SGB I und somit auch **§ 102 SGB X** nicht einschlägig. Vielmehr richtet sich der Erstattungsanspruch dann nach **§ 104 SGB X**, dessen Voraussetzungen unproblematisch gegeben sind; der Umfang des Anspruchs bemißt sich nach den für den vorrangig verpflichteten Leistungsträger geltenden Rechtsvorschriften, also nach den für die KK geltenden Regelungen des SGB V.

Es gilt also nicht § 37 BSHG, was jedoch angesichts der nahezu vollständigen Übereinstimmung beider Regelungsmaterien praktisch zum gleichen Ergebnis führt wie die Anwendung des § 102 SGB X.

III. Rechtsschutzmöglichkeiten

Hinsichtlich des Erstattungsanspruchs ist **§ 114 SGB X** einschlägig; dessen S. 2 differenziert wie folgt:

---

[55] Dazu *W. Schellhorn/H. Schellhorn*, BSHG, 16. Aufl. 2002, § 44 Rn. 16.
[56] Dazu insg. KassKomm/*Kater* § 102 SGB X Rn. 15 sowie § 104 SGB X Rn. 4.

1. Im Fall des § 102 SGB X ist derselbe Rechtsweg wie für den Anspruch gegen den vorleistenden Leistungsträger gegeben. Für Ansprüche aus §§ 39 ff. BSHG wäre hier also (nach § 40 VwGO) die Verwaltungsgerichtsbarkeit zuständig.

2. Sollte *E* einen Erstattungsanspruch aus § 104 SGB X haben, so ist für den Rechtsweg der Anspruch des *P* gegen die KK maßgeblich. Es wäre demnach die Sozialgerichtsbarkeit zuständig (§ 51 Abs. 1 Nr. 2 SGG).

Nach Ansicht des *BVerwG*[57] können **beide Ansprüche** in einem verwaltungsgerichtlichen Verfahren verfolgt werden, wenn für einen bestimmten Anspruch mehrere Klagegründe geltend gemacht werden, das angerufene Gericht aber nur für einen davon zuständig ist; geregelt ist dies in § 17 Abs. 2 S. 1 GVG.

Die für jeden Klagegrund zu ermittelnde Zuständigkeit richtet sich i.ü. nicht nach der vom Kläger vorgetragenen Anspruchsgrundlage, sondern nach der wahren Natur des Anspruchs, wie sie sich nach dem vom Kläger vorgetragenen Sachverhalt darstellt.

Eine **besondere Rechtsschutzmöglichkeit** des erstattungsberechtigten Sozialhilfeträgers ergibt sich aus § 91 a BSHG: Damit könnte die *E* schon vor (oder während) der Leistungserbringung die **Feststellung des (vorrangigen) Anspruchs** des *P* gegen die KK auf Leistungen der Krankenbehandlung gem. SGB V betreiben. Es handelt sich um einen Fall der gesetzlichen Prozeßstandschaft. Das Betreiben eines solchen Feststellungsverfahrens liegt im Ermessen des Sozialhilfeträgers; es kann neben der Geltendmachung des Erstattungsanspruchs erfolgen. Dieser bezieht sich nämlich auf erbrachte Leistungen, während der Feststellungsanspruch in die Zukunft reicht.

---

[57] *BVerGE* 22, 45, 46 f.

Fall 2. Arbeits- und grenzenlos

Sachverhalt

Teil I: Der beim Arbeitsamt Regensburg beschäftigte Sachbearbeiter Siegfried Sammer (*S*) stellt nach Durchsicht einer Akte am 20. 9. 2003 folgenden Sachverhalt fest:
Mit Bescheid vom 15. 4. 2003 wurde dem 46jährigen, in Regensburg wohnenden, ledigen und kinderlosen Einzelhandelskaufmann Gernot Groß (*G*) AlG [in Höhe von 275 € wöchentlich] für die Zeit vom 3. 3. 2003 bis zum 1. 11. 2003 gewährt. Groß hatte nach Abschluß seiner Ausbildung im Jahr 1983 zunächst selbständig einen Computerladen betrieben und war seit dem 1. 4. 2001 alleiniger Geschäftsführer der in Regensburg ansässigen Web-Design-GmbH, die ihren Kunden die Erstellung von Homepages für das Internet anbietet. Gesellschafter der GmbH waren zu je gleichen Teilen Groß, der Softwarespezialist Emmerich und der Elektriker Freund. Nach dem Gesellschaftsvertrag beschloß die Gesellschafterversammlung mit der Mehrheit der Geschäftsanteile. Der Anstellungsvertrag des Groß sah vor, daß dem Geschäftsführer 30 Urlaubstage im Jahr zustanden, der Urlaubszeitpunkt ebenso wie die Arbeitszeit durch die Gesellschafterversammlung bestimmt wurde, und eine Kündigung des Geschäftsführers durch die GmbH mit einer Frist von drei Monaten zum Quartalsende möglich war. Mit Schreiben vom 15. 12. 2002 kündigte die GmbH dem Groß fristlos, ohne daß ein wichtiger Grund vorlag. Nachdem sie Ende Dezember eine weitere ordentliche Kündigung aussprach, schloß G am 1. 3. 2003 schriftlich einen Aufhebungsvertrag mit der GmbH wegen der zuvor beigelegten Streitigkeiten zwischen den Gesellschaftern und vereinbarte zugleich mit der GmbH, daß er eine Abfindung von 7.500 € netto erhalten sollte. Am Di., dem 4. 3. 2003, meldete sich Groß persönlich beim Arbeitsamt Regensburg arbeitslos, indem dessen Pförtner am Tag zuvor auf telefonische Anfrage hin gesagt hatte, wegen des Besucherandrangs könnten neue Anträge montags nicht bearbeitet werden. Groß wies nach, daß er in den letzten Jahren wöchentlich 850 € verdient und die Abfindung nicht erhalten hatte. Vom 1. 2. 2002 bis zum 30. 9. 2002 hatte er unbezahlten Sonderurlaub genommen, um sich einer Fortbildung in den USA zu widmen. Groß wurde auf alle Voraussetzungen des AlGbezugs hingewiesen. Anfang September stellte sich heraus, daß Groß am 10. 8. 2003 eine Tätigkeit als Verkäufer angenommen hatte, die bereits am 13.8. wieder endete; Groß hatte in dieser Zeit 30,5 Stunden gearbeitet und 381,25 € Arbeitsentgelt erhalten, sich aber seit Anfang August beim Arbeitsamt nicht mehr gemeldet.
Sammer ist der Meinung, daß Groß zu Unrecht AlG bezogen hat, und möchte deshalb nicht nur weitere Zahlungen unterbinden, sondern einen möglichst hohen Betrag zurückfordern. Er sieht schon nicht ein, daß „Unternehmern Leistungen erbracht werden", und meint, der Umstand, daß für Groß nach der Steuerklasse I Lohnsteuer abgeführt worden sei, habe für das Sozialrecht keine Bedeutung. Zudem müsse der Leistungsbezug daran scheitern, daß für Groß keine Sozialversicherungsbeiträge gezahlt worden sind. Sammer beauftragt die bei ihm als Praktikantin tätige Jurastudentin Jutta Juskowiak mit der Erstellung eines Gutachtens, in dem die Möglichkeiten der Rückforderung umfassend geprüft werden sollen. Zugleich soll Juskowiak klären, wie verfahrensrechtlich vorgegangen werden müsse, und sich überlegen, ob und wie das Arbeitsamt sonstige Ansprüche mit Erfolg geltend machen könne.

Teil II: Die in Regensburg wohnende Ehefrau des Sammer, Erika Sammer (*E*), ist als Angestellte in einem Modehaus in Landshut beschäftigt und seit mehreren Jahren bei der DAK krankenversichert. Seit dem 1. 12. 2002 befindet sie sich in Elternzeit (gemäß den

Bestimmungen des BErzGG). Während eines Besuchs im Februar 2003 in Salzburg kam sie auf die Idee, eine notwendige, aber nicht dringende Zahnbehandlung von einem Zahnarzt in Salzburg vornehmen zu lassen. Als sie im März 2003 die Zahnarztrechnung bei der DAK einreichte, teilte ihr diese mit, eine Kostenerstattung sei für Auslandsleistungen nicht möglich. Der dagegen ordnungsgemäß eingelegte Widerspruch blieb erfolglos. Fristgerecht schrieb Erika an das SG Landshut einen Brief, in dem sie das Gericht auffordert, „die Maßnahme der DAK zu korrigieren und ihr die Behandlungskosten zu zahlen, um ihre europäischen Freiheiten nicht zu beschneiden"; in der Eile vergaß sie, zu unterschreiben. In ihrer Klageerwiderung weist die DAK darauf hin, die Klage sei unzulässig; dies ergebe sich auch aus dem Umstand, daß mittlerweile die private Stiftung „Mutterhilfe" die Kosten für die Behandlung übernommen habe. Im übrigen sei EG-Recht auf soziale Sachverhalte schon grundsätzlich nicht anwendbar; wenn auch der verlangte Betrag den Kosten einer Behandlung im Inland entspräche, scheide die Erstattung ferner deshalb aus, weil eine Behandlung durch einen nicht zugelassenen Leistungserbringer im Ergebnis zu einer Kostenexplosion im Gesundheitswesen und zu einer mangelnden Versorgung der Versicherten führen würde.

Bearbeitervermerk:
Zu Teil I ist das Gutachten der Juskowiak unter Erörterung aller aufgeworfenen Rechtsfragen zu erstellen. Dabei muß die genaue Höhe des Anspruchs auf AlG nicht berechnet werden. Eventuell bestehende Ansprüche des Groß aus seiner Stellung als Gesellschafter sind nicht zu berücksichtigen.

Zu Teil II sind die Erfolgsaussichten der Klage der Sammer zu prüfen und in einem umfassenden Gutachten zu untersuchen. Auf sekundäres Gemeinschaftsrecht ist nicht einzugehen.

Lösung

Die Klausur zwingt die Bearbeiter im ersten Teil dazu, aus der Perspektive der Verwaltung die rechtlich zulässigen Reaktionsmöglichkeiten zu untersuchen. Dabei ist das SGB III anzuwenden, wobei die meisten Probleme durch sorgfältige Lektüre des Gesetzestextes gelöst werden können, an einigen Stellen aber auch Raum für eine vertiefte Diskussion bleibt. Im zweiten Teil werden die Bezüge zum Gemeinschaftsrecht geprüft (und zwar nur zu den Grundlagen, nämlich den Grundfreiheiten). Ausgangspunkt dafür sind mehrere Entscheidungen des *EuGH*, über die in der Presse z.T. ausführlich berichtet worden ist und die deshalb bekannt sein dürften. Hier wird von den Bearbeitern in erster Linie verlangt, die angesprochenen Probleme dogmatisch sauber zu lösen und damit die Fähigkeit zu zeigen, aktuelle Diskussionen juristisch aufzubereiten.

Teil I

I. Erstattungsanspruch gegenüber *G*

1. Vorüberlegung – Rechtsgrundlage der Erstattung

Gefragt ist nach möglichen Erstattungsansprüchen, und zwar in einem zweiseitigen Rechtsverhältnis. Dabei ist zu berücksichtigen, daß die Leistung, die erstattet werden soll, nämlich das AlG, auf der Grundlage des Bescheids v. 15. 4. 2003 gezahlt worden ist. Ohne Aufhebung dieses Bescheids besteht ein Rechtsgrund für das Behaltendürfen der

Leistung. Dementsprechend kommt als Rechtsgrundlage der Erstattung nur § 50 Abs. 1 SGB X in Betracht, der eine Aufhebung des Verwaltungsakts voraussetzt.

Die Bearbeiter müssen deshalb zunächst nach den Möglichkeiten zur Aufhebung des Bescheids v. 15. 4. 2003 suchen und die entsprechenden Vorschriften prüfen. Dabei ist neben der Unterscheidung zwischen Rücknahme und Widerruf – die im Gutachten nicht ausdrücklich durch einen eigenständigen Prüfungspunkt zum Ausdruck kommen muß, sondern bei der Prüfung der Voraussetzungen der voraussichtlich einschlägigen Norm behandelt werden kann, ohne daß eine gesonderte Prüfung fehlerhaft wäre – der Zeitfaktor zu berücksichtigen. Das SGB X differenziert danach, ob der aufzuhebende VA ursprünglich rechtswidrig war (§§ 44, 45 SGB X) oder ob er – sofern ein VA mit Dauerwirkung vorliegt – erst später durch eine Änderung der Verhältnisse rechtswidrig geworden ist.

2. Aufhebung nach § 45 SGB X (oder nach § 47 SGB X)

a) Rechtsgrundlage

§ 45 SGB X ist anwendbar, vgl. § 1 Abs. 1 SGB X, § 37 S. 1 SGB I; Sonderregelungen über die Aufhebung von VAen sind im SGB III nicht enthalten. Eine öffentlich-rechtliche Tätigkeit liegt unproblematisch vor (muß nicht gesondert angesprochen werden). Schon bei der Rechtsgrundlage kann die Rechtmäßigkeit des Bescheids untersucht werden, da diese Voraussetzung zur Abgrenzung von anderen Rechtsgrundlagen dient.

b) Formelle Voraussetzungen (nur Zuständigkeit)

Das Arbeitsamt Regensburg wäre für die Aufhebung zuständig. Entscheidend ist nach §§ 45 Abs. 5, 44 Abs. 3 SGB X die Zuständigkeit der Behörde für den Erlaß des Ausgangsbescheids (von Unanfechtbarkeit ist auszugehen; i.ü. kommt es auf eine Zuständigkeit der Widerspruchsbehörde nicht an).

Vertretbar ist, in § 44 Abs. 3 eine Regelung der örtlichen und sachlichen Zuständigkeit zu sehen; nach a. A. bleibt es für die Bestimmung der sachlichen Zuständigkeit bei den speziellen Regelungen. Praktisch gesehen ergeben sich deshalb keine Unterschiede, weil in jedem Fall auf die im SGB III geregelte Zuständigkeit Bezug zu nehmen ist.

aa) Sachliche Zuständigkeit: (§§ 45 Abs. 5, 44 Abs. 3 SGB X i. V. m.) §§ 367, 370 Abs. 1 S. 1, 371 Abs. 1 S. 1 SGB III: Arbeitsamt (nachdem die Vorschriften über das AlG keine spezielle Zuständigkeitsbestimmung enthalten; insofern könnte auch allgemein auf die §§ 117 ff. SGB III oder auf die §§ 12, 19 SGB I hingewiesen werden).

bb) Örtliche Zuständigkeit: §§ 45 Abs. 5, 44 Abs. 3 SGB X i. V. m. § 327 Abs. 1 S. 1 SGB III: Arbeitsamt Regensburg, da sich der Wohnsitz in Regensburg befindet.

Weitere formelle Voraussetzungen können – soweit es das Verfahren betrifft – am Ende erörtert werden.

c) Begünstigender VA

Der AlG-bescheid begründet einen rechtlich erheblichen Vorteil. Er konkretisiert den Leistungsanspruch und ist damit Grundlage für die Zahlung des AlG.

Es kommt nicht darauf an, ob allein auf die Regelung des VAs (so *BSG*) oder auf die subjektive Sicht des Betroffenen abzustellen ist (str.).[1]

d) Rechtswidrigkeit des VA

Fraglich ist, ob der VA im Zeitpunkt seines Erlasses rechtswidrig war.

aa) Formelle Rechtmäßigkeit. (1) Zur Zuständigkeit des AA Regensburg: s. o.

(2) Ein Antrag wurde gestellt (zum Erfordernis § 323 Abs. 1 S. 1 SGB III). Das ist zwar dem Sachverhalt ausdrücklich nicht zu entnehmen, ergibt sich aber aus § 323 Abs. 1 S. 2 SGB III, da sich G arbeitslos gemeldet und keine einen Antrag ausschließende Erklärung abgegeben hat. G ist beteiligungs- und handlungsfähig (§§ 10 Nr. 1, 1. Alt., 11 Abs. 1 Nr. 1 SGB X). Dabei ist zu beachten, daß der Antrag nach der Reform des Arbeitsförderungsrechts keine materielle Anspruchsvoraussetzung mehr darstellt.

Sofern allerdings die Bearbeiter daran aufgrund der §§ 324 Abs. 1, 325 Abs. 2 S. 1 zweifeln, erscheint eine a. A. bedenkenswert, obwohl die genannten Normen nur § 19 SGB IV konkretisieren.

Weitere formelle Voraussetzungen sind mangels entsprechender Anhaltspunkte nicht zu prüfen.

Aufbauhinweis: Voraussetzung für einen Anspruch auf AlG sind: Arbeitslosigkeit (Beschäftigungslosigkeit und Beschäftigungssuche), Arbeitslosmeldung, Erfüllung der Anwartschaftszeit (§ 117 Abs. 1 SGB III). Die Frage nach dem Vorliegen eines Beschäftigungsverhältnisses wird sowohl bei der ersten als auch bei der zweiten Voraussetzung relevant, wenn auch mit unterschiedlicher Bedeutung (Leistungsvoraussetzung, auf die Zukunft bezogen, einerseits, Versicherungsschutz, auf die Vergangenheit bezogen, andererseits). Zum einen muß ein Antragsteller zum Zeitpunkt der Arbeitslosmeldung und im Zeitraum des Leistungsbezugs zum Kreis der Beschäftigten gehören; zum anderen setzt die Anwartschaftszeit voraus, daß die Zugehörigkeit zum Kreis der Beschäftigten für eine bestimmte Zeit vor der Leistungsinanspruchnahme bestand. Um Überschneidungen zu vermeiden, ist es gut vertretbar und durchaus sinnvoll, die Beschäftigteneigenschaft (evtl. auch unter dem an sich nicht genau passenden Aspekt der Versicherungspflicht) vorweg zu prüfen.

bb) Beschäftigungslosigkeit und Beschäftigungssuche. (1) Die Beschäftigungslosigkeit nach § 118 Abs. 1 Nr. 1 SGB III setzt voraus, daß ein Arbeitnehmer vorübergehend nicht in einem Beschäftigungsverhältnis steht; dementsprechend ist zu prüfen, ob ein vorher bestehendes Beschäftigungsverhältnis beendet worden ist. Das ist nach dem Sachverhalt der Fall, ohne daß hier auf den Charakter der Tätigkeit als Geschäftsführer einzugehen wäre. Zum Zeitpunkt der Arbeitslosmeldung war G also beschäftigungslos.

Auf seine spätere Tätigkeit ist bei der Prüfung des § 45 SGB X nicht einzugehen.

---

[1] Vgl. dazu nur KassKomm/*Steinwedel*, § 44 SGB X Rn. 20 ff.

(2) Hinsichtlich der Beschäftigungssuche (§ 118 Abs. 1 Nr. 2 SGB III) darf davon ausgegangen werden, daß G ohne Beendigung seiner Geschäftsführertätigkeit eine abhängige Beschäftigung in mehr als geringfügigem (mindestens 15 Stunden wöchentlich) Umfang ausüben würde; endgültiges Ausscheiden aus dem Arbeitsleben ist nicht ersichtlich, und daß G lediglich eine selbständige Tätigkeit anstrebte, läßt sich aus seinen bisherigen Tätigkeiten nicht schließen. Es ist ferner anzunehmen, daß sich G sowohl um seine berufliche Wiedereingliederung bemüht als auch der Arbeitsvermittlung zur Verfügung steht, also arbeitsfähig und arbeitsbereit ist (§ 119 SGB III).

Hinweis: Wenn auch die Arbeitnehmereigenschaft streng genommen nur für die Zeit der Arbeitssuche gegeben sein muß und das Vorliegen einer Beschäftigung vor allem ein den Leistungsanspruch ausschließendes Merkmal ist,[2] erscheint es schon im Hinblick auf die Vermutung einer Beschäftigungslosigkeit vertretbar, bereits bei der Beschäftigungslosigkeit den Charakter der Tätigkeit als Geschäftsführer zu untersuchen,[3] obwohl auf dieses Problem an sich erst bei Untersuchung der Erfüllung der Anwartschaftszeit eingegangen werden muß. Dann bliebe zu berücksichtigen, daß zwar vor der Reform des Arbeitsförderungsrechts bei § 101 AFG nicht auf § 7 SGB IV zurückgegriffen werden konnte, dies wegen Ausweitung des Anwendungsbereichs des SGB IV (vgl. § 1 Abs. 1 S. 2 SGB IV) jetzt aber anders ist.[4]

cc) Arbeitslosmeldung. (1) Sie hat nach § 122 Abs. 1 S. 1 SGB III persönlich beim zuständigen Arbeitsamt zu erfolgen. Zuständigkeit nach § 327 Abs. 1 SGB III wurde bereits bejaht. Im Zeitpunkt der Arbeitslosmeldung war auch das Beschäftigungsverhältnis tatsächlich beendet, so daß es auf die Wirkung einer „unwahren" Meldung nicht ankommt.

(2) Allerdings hat sich G erst am 4. 3. gemeldet, erst zu diesem Zeitpunkt stand ihm grundsätzlich der Leistungsanspruch zu. Dennoch könnte die Gewährung der Leistung ab dem 3. 3. rechtmäßig gewesen sein. Arbeitslosigkeit war eingetreten, so daß es darauf ankommt, ob die Arbeitslosmeldung nach § 122 Abs. 3 SGB III zurückwirkt. Dabei ist zunächst festzustellen, daß das AA am Montag dienstbereit war, und lediglich der Pförtner vom Besuch abgeraten hatte. Grundsätzlich ist die tatsächliche Dienstbereitschaft ausschlaggebend, auf die subjektiven Vorstellungen des G kommt es nicht an. Zu erörtern ist aber, ob von diesem Grundsatz abzuweichen ist, sofern der Arbeitslose trotz bestehender Dienstbereitschaft das AA nur deshalb nicht aufgesucht hat, weil er durch die Behörde falsch informiert worden ist. In einem solchen Fall ist die verspätete Meldung auf einen Fehler in der Behördensphäre zurückzuführen. Dementsprechend läßt sich sehr gut vertreten, daß eine Rückwirkung anzunehmen ist (offensichtlich beruhte die unterlassene Meldung auch auf der unrichtigen Auskunft), obwohl die in der gesetzlichen Vorschrift enthaltene Fiktion

---

[2] Vgl. *BSG* SozR 3–4100 § 101 Nr. 6.
[3] Vgl. etwa den Aufbau bei *Kunze/Steinmeyer*, Die Sozialrechtsklausur, 3. Aufl. 1996, Fall 8.
[4] *Brand*, in: Niesel, SGB III, 2. Aufl. 2002, § 118 Rn. 10.

ebenso auf die Fälle tatsächlich fehlender Dienstbereitschaft beschränkt werden könnte.[5]

dd) Erfüllung der Anwartschaftszeit. (1) Gemäß § 123 S. 1 Nr. 1 SGB III setzt der Anspruch auf AlG ein Versicherungspflichtverhältnis von mindestens 12 Monaten voraus, und zwar innerhalb der dreijährigen Rahmenfrist nach § 124 Abs. 1 SGB III. Diese Frist beginnt mit der Erfüllung der Voraussetzungen für das AlG, also mit der Arbeitslosmeldung, d. h. dem 4. 3. 2003 (ausgehend von Erfüllung der Voraussetzungen, Ruhen bleibt unberücksichtigt). Unter Berücksichtigung der § 26 SGB X i. V. m. §§ 187 ff. BGB reicht sie bis zum 4. 3. 2000.

(2) Das Vorliegen eines Versicherungspflichtverhältnisses richtet sich nach § 24 SGB III. In Betracht kommt vorliegend die Versicherungspflicht aufgrund entgeltlicher Beschäftigung nach § 25 Abs. 1 SGB III. Vorausgesetzt wird damit eine nichtselbständige Arbeit, § 7 Abs. 1 S. 1 SGB IV.

(3) Es fragt sich, ob die Tätigkeit des *G* als Geschäftsführer eine nichtselbständige Arbeit war. Nach st. Rspr. des *BSG* ist entscheidend, ob *G* in persönlicher Abhängigkeit eine fremdbestimmte Arbeit leistete; kennzeichnend ist dafür die Verfügungsbefugnis (das Direktionsrecht) des Arbeitgebers, auf der Seite des Arbeitnehmers die Weisungsunterworfenheit und in der Regel die Eingliederung in den Betrieb des Arbeitgebers (jetzt auch § 7 Abs. 1 S. 2 SGB IV).[6]

Zweifel daran könnten im vorliegenden Sachverhalt deshalb bestehen, weil *G* nicht nur Geschäftsführer, sondern zugleich Gesellschafter der GmbH war. Es bedarf insofern einer Abgrenzung der unselbständigen von einer selbständigen Tätigkeit.[7] Dabei sind folgende Umstände zu berücksichtigen:

– Der Gesellschaftsanteil von *G* beträgt weniger als 50 %, nämlich 33,3 %, so daß nicht davon auszugehen ist, daß *G* allein aufgrund seiner Anteile maßgeblichen Einfluß auf die Willensbildung der GmbH besaß.

– Aus dem Gesellschaftsvertrag könnte sich ein maßgeblicher, die persönliche Abhängigkeit ausschließender Einfluß ergeben, wenn *G* die ihm nicht genehmen Entscheidungen verhindern könnte. Da aber die Gesellschafterversammlung mit Stimmenmehrheit ihre Beschlüsse faßte, verfügte *G* über keine Sperrminorität.

– Weitere Anhaltspunkte sind aus dem Anstellungs- bzw. Geschäftsführungsvertrag zu entnehmen, und zwar für die Frage, ob *G* im wesentlichen weisungsfrei war oder nicht. Von Bedeutung ist insofern einmal die Kündigungsmöglichkeit, wobei Kündigungen durch die Gesellschaf-

---

⁵ Für ergänzende Auslegung *Valgolio,* in: Hauck/Noftz, SGB III, Art. 122 Rn. 15; allg. zweifelnd, aber die Frage offenlassend *BSG* SozR 3–4100 § 105 Nr. 1.

⁶ Vgl. nur *BSG* SozR 3– 4100 § 101 Nr. 6.

⁷ Vgl. zum ganzen *BSG* SozR 3–2400 § 7 Nr. 4; vgl. auch *BSG* v. 6. 3. 2003, B 11 AL 25/02 R (www.bundessozialgericht.de).

terversammlung ausgesprochen werden; das spricht im Hinblick auf die fehlende Sperrminorität des *G* bereits für eine persönliche Abhängigkeit. Zumindest ein weiteres Indiz sind die Bestimmung der Arbeitszeit und des Urlaubszeitpunkts durch die Gesellschafterversammlung. Schließlich könnte berücksichtigt werden (wenn auch ebenfalls nur indiziell), daß für *G* Lohnsteuer abgeführt worden war. Zwar darf nicht außer Betracht bleiben, daß *G* ein wirtschaftliches Interesse an der Tätigkeit der Gesellschaft hatte und das Unternehmerrisiko zumindest mittrug. Zudem ist im Sachverhalt nichts über die tatsächliche Handhabung des Verhältnisses zur GmbH gesagt. Jedoch spricht die Ausgestaltung der Rechtsverhältnisse in ihrer Gesamtheit doch relativ eindeutig dafür, eine Arbeitnehmereigenschaft des *G* zu bejahen.

(4) Zu diskutieren ist noch, wie sich die fehlende Beitragszahlung auf den Anspruch auswirkt.

Diese Frage kann von den Bearbeitern auch bei der Berechnung der Höhe des AlG diskutiert bzw. dort ergänzt werden. Zur Vereinfachung wird bereits hier auf die entscheidenden Überlegungen in beiderlei Hinsicht hingewiesen.

Wurden keine Sozialversicherungsbeiträge gezahlt, spielt das weder für die Begründung der Anwartschaft noch für die Feststellung der Leistungshöhe eine Rolle. Entscheidend ist lediglich, ob eine Versicherungspflicht bestanden hat und ob der Arbeitnehmer in diesem Rahmen Entgelt bezogen hat.

(5) Innerhalb der letzten drei Jahre war *G* 23 Monate lang als Arbeitnehmer beschäftigt. Vom 1. 2. 2002 bis zum 30. 9. 2002 hatte er allerdings unbezahlten Sonderurlaub erhalten. In dieser Zeit war er folglich nicht gegen Entgelt beschäftigt, so daß demnach 8 Monate von den 23 Monaten abzuziehen sind. Die Anwartschaftszeit von mindestens 12 Monaten ist deshalb erfüllt.

ee) Dauer des Anspruchs. (1) Der Bescheid bezieht sich auf die Zeit vom 3. 3. bis zum 1. 11. und damit auf acht Monate.

(2) Die Dauer des Anspruchs des *G* auf AlG richtet sich nach § 127 SGB III. Da *G* auf keinen Fall eine Anwartschaftszeit von mehr als 28 Monaten (§ 127 Abs. 2 SGB III) in der Rahmenfrist von sieben Jahren (§§ 127 Abs. 1 S. 1 Nr. 1, 124 Abs. 1 SGB III) zurückgelegt hat, kommt es auf sein Alter nicht an.

Entscheidend ist die genaue Dauer der Versicherungspflichtverhältnisse. Dabei sind die Vorschriften über die Anwartschaftszeit anzuwenden, soweit es um ausgeschlossene Zeiten geht (§ 127 Abs. 1 S. 2 SGB III). Bei dem Sonderurlaub handelte es sich um eine Beurlaubung zu Fortbildungszwecken, deren Ende wahrscheinlich von vornherein absehbar war, und die Wiederaufnahme der Beschäftigung spricht dafür, daß die Parteien den Willen hatten, das Beschäftigungsverhältnis nach Ende des Sonderurlaubs fortzusetzen. Nach § 7 Abs. 3 SGB IV bestand deshalb das Beschäftigungsverhältnis noch einen Monat fort.

Fraglich ist, ob die Verlängerungszeit berücksichtigt werden kann. Da § 123 SGB III nur fordert, daß jemand in einem Versicherungspflichtverhältnis stand bzw. § 127 SGB III nur auf die Dauer dieses Verhältnisses abstellt und § 7 Abs. 3 SGB IV dessen Fortbestehen regelt, dürfte es richtig sein, die Verlängerungszeit in den Anwartschaftszeitraum einzurechnen. Zwar hat der Gesetzgeber im Grunde nur die Regelung des § 104 Abs. 1 S. 3 AFG aufrechterhalten wollen, und zu dieser Norm wurde vertreten, daß der 4-Wochen-Zeitraum nur der Verwaltungsvereinfachung diente, also bei längerer entgeltloser Beschäftigung die gesamte Zeit nicht anwartschaftsbegründend war.[8] Jedoch konnte dies auch der Formulierung des § 104 Abs. 1 S. 3 AFG entnommen werden („Zeiten, die jeweils vier Wochen nicht überschreiten"), der Formulierung der Vorschrift des § 7 Abs. 3 S. 1 SGB IV hingegen nicht („gilt als fortbestehend, ... nicht länger als einen Monat"). Der Wortlaut spricht deshalb für eine Anwartschaftszeit von 17 Monaten, wenn auch die Entstehungsgeschichte auf ein gegenteiliges Ergebnis hinweist. Wenig weiterführend ist die Überlegung, daß eine Anwartschaftszeit ohne Beitragszahlung erworben werden kann; diese Folge ist in jedem Fall gesetzlich vorgesehen. Die Bearbeiter werden dieses Problem aber nicht mehr aus dem Wortlaut des SGB III entwickeln können, so daß ohne Diskussion beide Ansichten vertretbar sind.

Folgt man der Einbeziehung der Verlängerungszeit, dann bestand das Versicherungspflichtverhältnis für 16 Monate (23 − 8 + 1). Die Dauer des AlG-Anspruchs beträgt deshalb 8 Monate. Nach a. A. betrüge sie hingegen nur 6 Monate, das AlG wäre also schon deshalb um zwei Monate zu lange bewilligt.

(3) Die Anspruchsdauer könnte aber nach § 128 Abs. 1 Nr. 4 SGB III gemindert sein. Das wäre der Fall, wenn gem. § 144 Abs. 1 Nr. 1 SGB III eine Sperrzeit eingetreten wäre. Dabei ist zu berücksichtigen, daß die Minderung bei Vorliegen der gesetzlichen Voraussetzungen ohne weiteres erfolgt, ein entsprechender Bescheid also nicht erforderlich ist.

Eine Sperrzeit setzt voraus, daß *G* das Beschäftigungsverhältnis gelöst und dadurch vorsätzlich oder grob fahrlässig die Arbeitslosigkeit herbeigeführt hat. Das Vorliegen eines Beschäftigungsverhältnisses wurde bereits bejaht. Problematisch ist in erster Linie, ob *G* dieses Verhältnis gelöst hat. Eine Kündigung hat er nicht ausgesprochen. In Betracht kommt aber, daß die Beendigung auf einer anderen Willenserklärung des *G* beruht. Die außerordentliche Kündigung im Dezember 2002 war mangels Vorliegens eines wichtigen Grundes unwirksam; das Arbeitsverhältnis wurde jedoch durch den Aufhebungsvertrag vom 1. 3. beendet. Die Schriftform (§ 623 BGB) ist gewahrt. Damit hat er das Beschäftigungsverhältnis gelöst.

Der Aufhebungsvertrag ist auch kausal (i. S. d. Theorie der wesentlichen Bedingung) für die Arbeitslosigkeit. Entscheidend ist nur, daß zum Zeitpunkt der Aufhebung, also zum 1. 3., das Beschäftigungsverhältnis ansonsten nicht beendet gewesen wäre. An anderes wäre nur zu denken, wenn der Zeitraum zwischen der später aufgrund der ordentlichen Kündigung eingetretenen Beendigung und der Beendigung durch Aufhebung weniger als die verkürzte Sperrzeit betragen hätte;[9] das ist hier nicht der Fall. Fer-

---

[8] So *Brand*, in: Niesel, SGB III, § 24 Rn. 11, auch für die aktuelle Rechtslage.
[9] Zum Streitstand *Winkler*, in: ders., AFG, § 114 Rn. 49 ff., 80 ff.

ner erfolgte die Auflösung vorsätzlich, und *G* mußte bei der aktuellen Arbeitsmarktlage mit dem Eintritt der Arbeitslosigkeit rechnen, so daß zumindest grobe Fahrlässigkeit im Sinne einer Sorgfaltspflichtverletzung in einem ungewöhnlich hohen Ausmaß unter Berücksichtigung der persönlichen Fähigkeiten und des Verhaltens des Arbeitnehmers sowie der Umstände des Einzelfalls[10] anzunehmen ist.

Eine a. A. ist bei entsprechender Begründung vertretbar.

Damit bleibt die Prüfung, ob *G* für die Aufhebung einen wichtigen Grund hatte. *G* hätte demnach die Fortführung des Beschäftigungsverhältnisses – auch im Hinblick auf die Interessen der Versichertengemeinschaft – nicht mehr zumutbar sein dürfen. In Betracht kommt hier nur die unberechtigte Kündigung durch die GmbH. Daß dadurch das Vertrauensverhältnis zwischen der GmbH und *G* so tiefgreifend gestört worden wäre, daß eine Beendigung bereits vor Ablauf der Kündigungsfrist gerechtfertigt war, läßt sich dem Sachverhalt kaum entnehmen. Vielmehr waren die Streitigkeiten zwischen den Gesellschaftern offensichtlich vor Aufhebung bereinigt worden. Dementsprechend war es nach objektiver Betrachtungsweise dem *G* zumutbar, das Ende der Kündigungsfrist abzuwarten.

(4) Die Sperrfrist beträgt grundsätzlich 12 Wochen, § 144 Abs. 3 S. 1 SGB III. Unter Berücksichtigung des § 339 S. 1 SGB III mindert sie nach § 128 Abs. 1 Nr. 4 SGB III die Dauer des AlG-Anspruchs um 84 Tage. Zu beachten ist aber § 144 Abs. 3 S. 2 Nr. 1 SGB III, wonach eine Verkürzung auf drei Wochen (= 21 Tage) erfolgt, wenn das Arbeitsverhältnis in einem Zeitraum von 6 Wochen nach dem die Sperrzeit auslösenden Ereignis ohne eine Sperrzeit geendet hätte. Das ist hier der Fall, da die GmbH das Arbeitsverhältnis fristgerecht zum 30. 3. 2003 ordentlich gekündigt hatte und nicht ersichtlich ist, warum diese ordentliche Kündigung unwirksam gewesen sein sollte. Der Anspruch auf AlG hätte also für einen Zeitraum von 21 Tagen geruht, und für denselben Zeitraum hat sich die Dauer des Anspruchs verkürzt.

ff) Höhe des Anspruchs. Die Höhe des Anspruchs mußte nicht geprüft werden. Hier wäre sonst zu beachten, daß das AlG gem. § 140 Abs. 1 S. 1 SGB III gemindert sein könnte. Problematisch ist, daß *S* sich nach der ordentlichen Kündigung vom Ende Dezember nicht beim Arbeitsamt gemeldet hat, seine Pflicht gem. § 37 b SGB III nach Abschluß des Aufhebungsvertrags aber erfüllt hat. Fraglich ist dann, worauf es für die Rechtsfolge des § 140 Abs. 1 S. 1 SGB III ankommt. Nach Sinn und Zweck der Vorschrift[11] (frühestmögliche Vermittlung in ein neues Beschäftigungsverhältnis) müßte die Minderung wohl auch in diesem Fall eintreten. Andererseits hat *S* im

---

[10] Vgl. *BSGE* 42, 184, 186 f.
[11] Eingeführt durch das 1. Gesetz für moderne Dienstleistungen am Arbeitsmarkt v. 23. 12. 2002 (BGBl. I S. 4607).

Anschluß an den Tatbestand, der tatsächlich zur Beendigung des Arbeitsverhältnisses geführt hat, seine Pflichten erfüllt.

Zwischenergebnis: Der Bescheid war insofern bei Erlaß rechtswidrig, als er die Sperrzeit von 21 Tagen unberücksichtigt ließ und deshalb für einen zu langen Zeitraum die Leistung bewilligt worden ist; ferner war die Leistung zu hoch bewilligt worden. Insofern wäre denkbar, den Bescheid teilweise aufzuheben.

e) Weitere Rücknahmevoraussetzungen

(1) Weil es sich um einen VA mit Dauerwirkung handelt (dazu näher nachfolgend), wäre die 2-Jahres-Frist des § 45 Abs. 3 SGB X zu beachten; sie ist in jedem Fall gewahrt.

(2) Zu prüfen ist, ob die Rücknahme am Vertrauensschutz nach § 45 Abs. 2 SGB X scheitert. Vertrauensschutz könnte nach S. 3 ausgeschlossen sein. Da offensichtlich Nr. 1 und 2 nicht einschlägig sind, käme höchstens die grob fahrlässige Unkenntnis der Rechtswidrigkeit in Betracht. Die grobe Fahrlässigkeit ist legaldefiniert (§ 45 Abs. 2 S. 3 Nr. 3 HS 2 SGB X). Abzustellen ist darauf, ob dem *G* ohne weitere Nachforschungen nach Durchsicht des Bescheids hätte auffallen müssen, daß das AlG falsch berechnet worden war. Dafür liegen schon im Hinblick auf die relativ geringfügige Abweichung in der Höhe und die nicht einfach zu beurteilende Rechtslage hinsichtlich der Sperrzeit keine Anhaltspunkte vor.

Das Vertrauen wäre schutzwürdig, wenn die Leistungen verbraucht oder Vermögensdispositionen getroffen worden wären (S. 2). Dafür ergeben sich aus dem Sachverhalt keine Anhaltspunkte; es bedarf insofern der Aufklärung (wenn dies möglicherweise auch grundsätzlich bei einer Lohnersatzleistung anzunehmen ist). Selbst wenn die Voraussetzungen des S. 2 vorliegen, besteht die Schutzwürdigkeit nur in der Regel,[12] so daß ausnahmsweise öffentliche Interessen trotz Verbrauchs oder Vermögensdisposition überwiegen können. Für einen Ausnahmefall liegen hier allerdings keine Anhaltspunkte vor.

(3) Eine Rücknahme für die Vergangenheit scheitert an § 45 Abs. 4 S. 1 SGB III. Zulässig ist also nur eine Rücknahme für die Zukunft. Die Wirkung des Rücknahmebescheids kann also frühestens mit dem Tag seiner Bekanntgabe eintreten, wobei allerdings die Zahlungszeiträume zu berücksichtigen sind. Wenn auch für Kalendertage geleistet wird (§ 139 SGB III), erfolgt die Zahlung doch in Monatszeiträumen (§ 337 Abs. 2 SGB III). Letzteres ist im Hinblick auf die Erstattung ohne Bedeutung.

---

[12] Ob dann eine Abwägung zusätzlich vorzunehmen wäre, das hängt davon ab, ob die Schutzwürdigkeit i. S. v. S. 1 Ergebnis des Abwägungsvorgangs ist (in diesem Sinne Wannagat/*Rüfner*, SGB X, § 45 Rn. 34) und dann S. 2 bereits eine Abwägung umfaßt, oder ob überhaupt nur schutzwürdiges Vertrauen abwägungsfähig ist (vgl. *Maurer*, Allgemeines Verwaltungsrecht, 14. Aufl. 2002, § 11 Rn. 33).

f) Verfahrensrechtliche Überlegungen

(1) Bevor die Rücknahme erfolgen kann, muß G angehört werden, § 24 Abs. 1 SGB X, denn die Rücknahme greift in Rechte des G, den durch Bescheid festgesetzten Leistungsanspruch, ein. Eine Ausnahme von der Anhörungspflicht ist nicht ersichtlich. Die Anhörung gibt zugleich Gelegenheit zur Überprüfung des Vertrauensschutzes.

(2) Grundsätzlich steht die Rücknahme im Ermessen der Verwaltung (§ 45 Abs. 1 SGB X). Es sind deshalb alle Umstände des Einzelfalls in eine Zweckmäßigkeitsentscheidung einzubeziehen, wobei nicht näher zu diskutieren ist, ob es in diesem Zusammenhang ein sog. intendiertes Ermessen gibt. Zu beachten ist jedenfalls im Hinblick auf die Begründung § 35 Abs. 1 S. 3 SGB X.

(3) Schließlich sollte durch Leistungsbescheid der zu erstattende Betrag festgesetzt und diese Festsetzung mit der Rücknahme verbunden werden, § 50 Abs. 3 S. 2 SGB X.

3. Aufhebung nach § 48 SGB X

a) Vorüberlegung

Im Gegensatz zu § 45 SGB X betrifft § 48 SGB X den Fall, daß ein VA erst nachträglich, d. h. nach Erlaß, rechtswidrig geworden ist. Wegen der unterschiedlichen Tatbestandsvoraussetzungen ist es möglich, § 48 neben § 45 SGB X anzuwenden; ein Spezialitätsverhältnis besteht zwischen den beiden Vorschriften nicht. Insbesondere ist zu betonen, daß § 48 SGB X auch auf (von vornherein) rechtswidrige VAe Anwendung findet.[13]

Im vorliegenden Zusammenhang stellt sich dabei nicht das Problem, daß durch eine Korrektur nach § 48 SGB X nicht der zu Unrecht gewährte Vorteil ausgeglichen werden darf. Zum einen kann eine auf den ursprünglichen Fehler bezogene teilweise Aufhebung evtl. über § 45 SGB X erfolgen; zum anderen geht es hier um den Sonderfall, daß die zunächst zu hoch festgesetzte Leistung durch einen später eintretenden Umstand, der mit der Leistungsberechnung selbst in keinem Zusammenhang steht, vollkommen entfallen würde.

Hinsichtlich der verfahrensrechtlichen Fragen kann weitgehend auf die zu § 45 angestellten Überlegungen verwiesen werden, so daß es genügt, relativ kurz die Voraussetzungen des § 48 SGB X zu prüfen.

§ 48 Abs. 3 SGB X ist offensichtlich nicht einschlägig.

b) Voraussetzungen des § 48 SGB X

(1) Zunächst müßte der AlG-Bescheid einen VA mit Dauerwirkung darstellen. Es genügt insoweit, an die Grundsätze in der Rspr. anzuknüpfen, nach denen Dauerwirkung vorliegt, wenn der VA über den Zeitpunkt sei-

---

[13] Vgl. dazu nur KassKomm/*Steinwedel*, § 48 SGB X Rn. 25 ff.

ner Bekanntgabe hinaus rechtliche Wirkungen zeigt,[14] obwohl diese Definition nicht sehr präzise ist.

Genauer wäre die Forderung, es müsse nach dem einschlägigen materiellen Recht vorausgesetzt sein, daß die tatbestandsmäßigen Voraussetzungen für den gesamten Wirkungszeitraum bestehen.[15] Eine nähere Auseinandersetzung ist hier entbehrlich.

Es dürfte klar sein, daß ein AlG-Bescheid als in die Zukunft gerichteter Leistungsbescheid einen VA mit Dauerwirkung darstellt, da die Leistungsgewährung innerhalb des festgesetzten Zeitraums vom Fortbestehen der Leistungsvoraussetzungen abhängig ist.[16]

Die Länge des Bewilligungszeitraums ist für die Einordnung irrelevant.

(2) Eingetreten sein müßte eine wesentliche Änderung in den tatsächlichen oder rechtlichen Verhältnissen. Hier kann es nur auf die tatsächlichen Verhältnisse ankommen. Insofern ist an die zwischenzeitliche Arbeitsaufnahme zu denken. Wenn dadurch die im Zeitpunkt des Erlasses noch gegebenen Voraussetzungen für den AlG-Anspruch weggefallen sind, wäre die Änderung auch wesentlich. Denn wesentlich ist eine rechtserhebliche Änderung, mithin eine Änderung, die dazu führt, daß die Behörde unter den nunmehr objektiv vorliegenden Verhältnissen den VA nicht hätte erlassen dürfen.[17]

(3) *G* hatte am 10. 8. 2003 eine Tätigkeit als Verkäufer angenommen. Auch wenn diese Tätigkeit bereits am 13. 8. 2003 aus nicht genannten Gründen endete, hat er doch immerhin 30,5 Stunden gearbeitet und dabei 381,25 € verdient. Nach der Rspr. des *BSG* verlor die Arbeitslosmeldung mit der Aufnahme einer Beschäftigung ihre Wirkung.[18] Das ist jetzt ausdrücklich in § 122 Abs. 2 Nr. 2 SGB III geregelt (während es nach neuem Recht auf den Verbrauch des Leistungsantrags nicht mehr ankommt). Die Beschäftigung war auch nicht geringfügig i. S. v. § 118 Abs. 2 SGB III, weil sie weit über 15 Stunden wöchentlich lag (entscheidend ist i. ü. bei Arbeitsabbruch der im Zeitpunkt der Arbeitsaufnahme beabsichtige Arbeitsumfang). Dementsprechend ist es ohne Belang, daß § 122 Abs. 2 Nr. 2 SGB III wohl so verstanden werden muß, daß nur die Aufnahme einer mehr als geringfügigen Beschäftigung schädlich ist. *G* hat diese Beschäftigung dem AA nicht mitgeteilt und sich nach deren Aufnahme auch nicht erneut arbeitslos gemeldet. Deshalb ist sein Anspruch auf AlG am 10. 8. 2003 erloschen.

(4) Eine Rücknahme für die Vergangenheit kommt nach § 48 Abs. 1 S. 2 SGB X nur unter bestimmten Voraussetzungen in Betracht. Zu denken ist

---

[14] Vgl. nur *BSGE* 58, 27, 28; *BSGE* 61, 286, 287.

[15] Vgl. nur zusf. *Wiesner*, in: von Wulffen, SGB X, 4. Aufl. 2001, § 48 Rn. 3.

[16] Vgl. zur AlG-Bewilligung etwa *BSG* SozR 3–1300 § 48 Nr. 48.

[17] *BSG* SozR 1300 § 48 Nr. 22.

[18] Vgl. *BSG* SozR 3–4100 § 152 Nr. 8 = Breith. 1998, S. 216.

an die Voraussetzungen der Nr. 2 und 4. Da *G* nach dem Sachverhalt über alle Voraussetzungen des AlG-Bezugs aufgeklärt worden ist, hat er (wahrscheinlich) seine Mitteilungspflicht nach § 60 Abs. 1 Nr. 2 SGB I verletzt. Zu klären bleibt nur, ob dies auch grob fahrlässig geschah, wobei sich das Verschulden sowohl auf das Bestehen der Mitteilungspflicht als auch auf das diese Pflicht auslösende Ereignis beziehen muß. Für die Definition der groben Fahrlässigkeit kann wieder auf § 45 Abs. 2 Nr. 3 HS 2 SGB X zurückgegriffen werden (dazu bereits oben). Vorbehaltlich der sich aus der erforderlichen Anhörung ergebenden Umstände sprechen die Umstände zunächst dafür, daß eine Aufhebung für die Vergangenheit in Betracht kommt.

(5) Grundsätzlich verfügt die Verwaltung bei § 48 Abs. 1 S. 2 SGB X über ein eingeschränktes, nur in atypischen Fällen näher zu betätigendes Ermessen. Das wird aber durch § 330 Abs. 3 S. 1 SGB III dergestalt modifiziert, daß eine Aufhebung mit Rückwirkung auf den Änderungszeitpunkt bei Vorliegen der Tatbestandsvoraussetzungen erfolgen muß.

(6) Der Sachverhalt gibt keinen Anlaß, unter dem Aspekt der Schadensminderungspflicht auf das Erfordernis einer zeitlich beschränkten Aufhebung[19] einzugehen. I. ü. nennt § 309 SGB III keine bestimmten Zeiträume für die Meldung beim Arbeitsamt mehr.

II. Ansprüche gegenüber der GmbH

1. Rechtsgrundlage

Die dem *G* gezahlte Abfindung (= Entlassungsentschädigung) führt nicht zum Ruhen des AlG gem. § 143 a SGB III, da *G* diese Abfindung tatsächlich nicht erhalten hat, § 143 a Abs. 4 S. 1 SGB III.

Es könnte allerdings noch überlegt werden, ob es sich überhaupt um eine Abfindung i. S. d. § 143 a Abs. 1 SGB III oder um Arbeitsentgelt i. S. d. § 143 Abs. 1 SGB III handelte; im letztgenannten Fall müßte ein Entgeltzahlungszeitraum bestimmt werden, richtete sich also der Anspruchsübergang nach anderen Regeln. Zweifel könnten deshalb bestehen, weil sich *G* mit einer vorzeitigen Beendigung einverstanden erklärte und die Bezeichnung durch die Parteien für die Charakterisierung der Zahlung nicht ausschlaggebend ist. Jedoch wäre diesen nur nachzugehen, wenn vereinbart worden wäre, die Entgeltzahlungspflicht vor dem Arbeitsverhältnis enden zu lassen; dann läge evtl. ein als unwirksam anzusehender (vgl. § 32 SGB I) Verzicht auf ausstehendes Arbeitsentgelt vor. Eine entsprechende Diskussion ist von den Bearbeitern nicht zu verlangen, da sie durch den Sachverhalt nicht veranlaßt ist.

Soweit das AA AlG erbracht hat, geht der Anspruch des *G* gegen die GmbH auf Zahlung der Entlassungsentschädigung auf die BA über, § 143 a Abs. 4 S. 2 SGB III; Anspruchsgrundlage ist diese Vorschrift i. V. m. § 115 SGB X.

---

[19] Vgl. *BSG*, a.a.O.

Allerdings ist § 143 a Abs. 4 S. 2 SGB III anders formuliert als der frühere § 117 Abs. 4 AFG; die jetzige Formulierung spricht – auch wenn der Gesetzgeber in der Sache keine Änderungen vornehmen wollte – eher für eine Rechtsfolgenverweisung, insbesondere weil die Kongruenz in § 143 a Abs. 4 S. 2 SGB III mittlerweile ausdrücklich angesprochen ist.

2. Voraussetzungen und Höhe

a) Das AA als Leistungsträger (§§ 12, 19 Abs. 2 SGB I) müßte wegen der Nichterfüllung des Anspruchs auf Entlassungsentschädigung Sozialleistungen (auf der Grundlage des SGB III, vgl. §§ 11, 19 Abs. 1 SGB I) erbracht haben. Das AA hat dem *G* wöchentlich 275 € gezahlt. Die Höhe des übergegangenen Anspruchs richtet sich nach dem Umfang des im Zeitraum des Ruhens bezogenen AlG.[20] Festzulegen ist deshalb der Ruhenszeitraum gem. § 143 a SGB III. *G* kann wegen der Beendigung des Arbeitsverhältnisses eine Entlassungsentschädigung beanspruchen (§ 143 a Abs. 1 S. 1 SGB III).

Das Arbeitsverhältnis müßte außerdem ohne die Einhaltung einer der ordentlichen Kündigungsfrist des Arbeitgebers entsprechenden Frist beendet worden sein. Hier wurde das Arbeitsverhältnis nicht durch eine ordentliche Kündigung, sondern durch einen Aufhebungsvertrag beendet (s. o.). Entscheidend ist nur die Frist für eine ordentliche Kündigung, ohne daß es auf die Art der Beendigung des Arbeitsverhältnisses ankommt.[21] Vertraglich wurde für die Kündigung durch die GmbH eine Frist von 3 Monaten zum Quartalsende vereinbart. Das Arbeitsverhältnis endete nach dem Aufhebungsvertrag mit sofortiger Wirkung und damit vor Ablauf der 3-Monats-Frist.

Der Anspruch auf AlG ruht vom Ende des Arbeitverhältnisses an (1. 3. als Tag der Vereinbarung, § 143 a Abs. 1 S. 2 SGB III) bis zu dem Zeitpunkt, in dem das Arbeitsverhältnis bei ordentlicher Kündigung geendet hätte, § 143 a Abs. 1 SGB III.

Die Höchstdauer gem. § 143 a Abs. 2 S. 1 SGB III wird nicht ausgeschöpft.

b) *G* hatte gegen die GmbH einen Anspruch auf Zahlung der Abfindung, der noch nicht erfüllt worden ist. Zumindest soweit dieser Anspruch zu einem Ruhen führen kann, handelt es sich auch um einen Anspruch auf Arbeitsentgelt (vgl. § 14 SGB IV). Dabei knüpft § 143 a Abs. 1 SGB III nur noch pauschal an Abfindungen wegen der Beendigung des Beschäftigungsverhältnisses an. Entscheidend ist nur, daß zwischen der Beendigung und der Abfindung ein ursächlicher Zusammenhang besteht; auf einen Zusammenhang mit der vorzeitigen Beendigung des Arbeits- oder Beschäftigungsverhältnisses kommt es nicht an.[22] Hier bestehen an einem ausrei-

---

[20] Vgl. *Schmalz,* in: v. Wulffen, SGB X, § 115 Rn. 6.
[21] Vgl. *Düe,* in: Niesel, SGB III, § 143 a Rn. 8, 17; unerheblich ist auch, von wem die Initiative für die Beendigung ausgegangen ist; *BSG* SozR 3–4100 § 117 Nr. 23.
[22] So *BSG* SozR 3–1400 § 117 Nr. 12.

chenden Zusammenhang schon im Hinblick auf die Vereinbarung im Aufhebungsvertrag keine Zweifel.

Der Anspruch war entstanden, fällig und noch nicht erfüllt.

c) Abfindungs- und AlG-Anspruch sind schon i. S. d. § 143 a Abs. 4 S. 2 SGB III kongruent.

Anders wäre es, wenn nur die Abfindung für eine vorzeitige Auflösung des Arbeitsverhältnisses berücksichtigt würde, vgl. oben; dann ist nur der Zahlungszeitraum bis Ende März erheblich.

Einwendungen gegen den Abfindungsanspruch sind nicht ersichtlich.

3. Geltendmachung des Anspruchs

§ 115 SGB X sieht nur den gesetzlichen Forderungsübergang vor; die Rechtsnatur des übergegangenen Anspruchs ändert sich dadurch nicht. Es bleibt also bei einem zivilrechtlichen Anspruch, der vor den zuständigen Zivilgerichten, hier dem zuständigen ArbG, geltend zu machen ist (vgl. § 2 Abs. 1 Nr. 3 ArbGG).

Teil II

I. Sachurteilsvoraussetzungen

1. Rechtsweg zu den SGen

Vorliegend soll das SG über einen Anspruch auf Kostenerstattung aus der Gesetzlichen Krankenversicherung entscheiden und damit über einen Anspruch, der seine Grundlage in den Vorschriften des SGB V findet, so daß ein öffentlich-rechtliches Rechtsverhältnis in einer sozialversicherungsrechtlichen Angelegenheit streitig ist, § 51 Abs. 1 SGG.

2. Zuständigkeit des SG Landshut

a) Die sachliche Zuständigkeit ergibt sich aus § 8 SGG.
b) Örtlich zuständig wäre gem. § 57 Abs. 1 S. 1 SGG primär das SG des Wohnorts (also das SG Regensburg); jedoch kommt nach dem 2. HS der genannten Vorschrift auch eine Klage vor dem für den Beschäftigungsort zuständigen SG, dem SG Landshut, in Betracht.

Vgl. zu den in Bayern errichteten SGen Art. 1 AGSGG, *Ziegler/Tremel* Nr. 720.

Entscheidend ist insofern, ob die *E* auch nach Inanspruchnahme der Elternzeit noch in einem Beschäftigungsverhältnis steht. Die Elternzeit ist eine gesetzlich geregelte Form des Sonderurlaubs, der lediglich zur Suspendierung der im Arbeitsverhältnis bestehenden Hauptpflichten führt; das Arbeitsverhältnis selbst bleibt bestehen.[23] Dasselbe gilt auch für das Fortbestehen des Beschäftigungsverhältnisses i. S. v. § 7 Abs. 1 SGB IV, auf den § 57 SGG Bezug nimmt. Denn es wird weder eine entgeltliche Beschäftigung noch überhaupt ein sozialversicherungspflichtiges Beschäftigungsverhältnis gefordert.[24]

3. Statthafte Klageart

Da die Krankenkasse die Kostenerstattung bereits abgelehnt hat und darin eine rechtlich verbindliche Maßnahme liegt, und da andererseits auf den behaupteten Anspruch nach § 13 Abs. 2 SGB i. V. m. dem Gemeinschaftsrecht ein Anspruch bestehen könnte, handelt es sich um eine kombinierte Anfechtungs- und Leistungsklage (§ 54 Abs. 4 SGG). Daß es auf die ungenaue Formulierung des Antrags nicht ankommt, ergibt sich auch aus § 123 SGG.

4. Besondere Zulässigkeitsvoraussetzungen

a) Klagebefugnis bzw. Beschwer i. S. d. § 54 Abs. 2 S. 1 SGG ist gegeben, weil eine Verletzung des Rechts der *E* auf Leistung durch die Ablehnung der Kostenerstattung zumindest möglich erscheint.
b) Ein Vorverfahren (§§ 78 ff. SGG) ist ordnungsgemäß und erfolglos durchgeführt worden.

5. Ordnungsgemäße Klageerhebung

Grundsätzlich ist die Klage schriftlich zu erheben, § 90 SGG, und die Schriftform erfordert nach allgemeinen, auch im Sozialrecht geltenden Grundsätzen eine eigenhändige Unterschrift. Unabhängig von den Modifikationen, die sich auch bei Schriftformerfordernis aus Sinn und Zweck dieser Form ergeben können, ist im erstinstanzlichen Sozialgerichtsverfahren § 92 SGG zu beachten. Danach soll die Klage unterzeichnet sein. Das „Sollen" bezieht sich nicht nur auf die Angabe von Ort und Tag, sondern nach einhellig vertretener Ansicht auch auf die Unterschrift selbst. Diese ist also nicht zwingend erforderlich.[25] Es genügt, wenn sich – evtl. erst später – aus der Klage oder weiteren Umständen ergibt, daß die Klage vom Kläger stammt und mit dem Willen der Klageerhebung eingereicht worden ist.

---

[23] Vgl. § 15 BErzGG; näher dazu *Buchner/Becker*, MuSchG, BErzGG, 7. Aufl. 2003, vor § 15 BErzGG.
[24] Vgl. *Meyer-Ladewig*, SGG, 7. Aufl. 2002, § 57 Rn. 7 b.
[25] Vgl. nur *Meyer-Ladewig*, SGG, § 90 Rn. 5.

6. Rechtsschutzbedürfnis

Am erforderlichen Rechtsschutzbedürfnis könnte es fehlen, wenn die Klage zur Durchsetzung des geltend gemachten Anspruchs unnötig wäre. Das ist nicht nur der Fall, wenn der Anspruch auf anderem Wege leichter zu realisieren wäre, sondern auch, wenn die Rechtsposition des Klägers durch die Klage gar nicht verbessert werden kann.[26] Davon müßte ausgegangen werden, wenn der Anspruch der E schon erfüllt wäre.

Vorliegend hat die Stiftung „Mutterhilfe" auf freiwilliger Grundlage die Kosten übernommen, die der E durch den Erwerb der Brille im Ausland entstanden waren. Jedoch werden die Krankenkassen dadurch von ihrer Leistungspflicht nicht befreit. Sozialversicherungsrechtliche Ansprüche bestehen nicht lediglich subsidiär. Leistungen Dritter führen deshalb nicht zum Erlöschen des im Sozialrechtsverhältnis entstandenen Anspruchs.[27]

Die sonstigen Sachurteilsvoraussetzungen, insbesondere die beteiligtenbezogenen Voraussetzungen, liegen vor; die Klagefrist (§ 87 SGG) wurde eingehalten.

II. Begründetheit der Klage

Die Klage ist begründet, wenn der E der Anspruch gegen die Krankenkasse zusteht. Dieser Anspruch kann nach den allgemeinen Leistungsvoraussetzungen geprüft werden.

1. Versicherter Personenkreis und Mitgliedschaft

Zu prüfen sind vorrangig Versicherung und Mitgliedschaft der E; eine abgeleitete Versicherung ist subsidiär, § 10 Abs. 1 S. 1 Nr. 2 SGB V.

a) E war als Angestellte gegen Arbeitsentgelt beschäftigt und damit nach § 5 Abs. 1 Nr. 1 SGB V versicherungspflichtig; ab Aufnahme der Beschäftigung war sie auch Mitglied einer Krankenkasse, nämlich der DAK, vgl. § 186 Abs. 1 SGB V.

b) Fraglich ist, ob die Mitgliedschaft der E durch die Inanspruchnahme der Elternzeit endete und damit auch der Leistungsanspruch erlosch, § 19 Abs. 1 SGB V.

Ein Ende der Mitgliedschaft ergibt sich dann, wenn das Beschäftigungsverhältnis endet, § 190 Abs. 2 SGB V. Auf die Entgeltzahlung wird in diesem Zusammenhang nicht abgestellt (vgl. bereits oben im Zusammenhang mit der Zuständigkeit). Jedoch ist zu beachten, daß die Versicherungspflicht endet, wenn die Beschäftigung keine entgeltliche mehr ist. Die Mitgliedschaft ist aber von der Versicherungspflicht abhängig. Mit Antritt der Elternzeit entfällt der Anspruch auf Entgeltzahlung; das Beschäftigungsverhältnis i. S. v.

---

[26] Vgl. allg. nur *Ehlers*, in: Schoch/Schmidt-Aßmann/Pietzner, VwGO, vor § 40 Rn. 94 ff.

[27] Vgl. auch *BayLSG*, Breith. 1/1998 Nr. 3.

§ 7 SGB IV besteht zwar fort, es endet jedoch die Versicherungspflicht und mit dieser auch die Mitgliedschaft.

Zu beachten ist § 192 SGB V, der nur für Versicherungspflichtige gilt. Danach bleibt die Mitgliedschaft erhalten, wenn Elternzeit in Anspruch genommen wird (§ 192 Abs. 1 Nr. 2 SGB V). Nach der klaren (und mehrfach geänderten) gesetzlichen Fassung genügt die Elternzeit, und es kommt auf die Zahlung von Sozialleistungen, insbesondere das Erziehungsgeld, nicht an. Da nach dem Sachverhalt die Voraussetzungen der §§ 15 ff. BErzGG vorliegen, bedarf es keiner weiteren Prüfung, um von einem Fortbestehen der Mitgliedschaft ausgehen zu können.

2. Versicherungsfall

Versicherungsfall ist hier jener der behandlungsbedürftigen Krankheit, wobei davon auszugehen ist, daß die Sammer der Zahnarztbehandlung aufgrund eines regelwidrigen Körperzustandes, der einer Verbesserung zugänglich ist, bedarf. Vertiefende Ausführungen sind überflüssig.

3. Sonstige Leistungsvoraussetzungen

a) Die Krankenbehandlung umfaßt nach § 27 Abs. 1 S. 2 Nr. 2 SGB V auch die zahnärztliche Behandlung.

b) Jedoch scheitert der Kostenerstattungsanspruch nach nationalem Recht.[28] Zum einen hat E ihre Krankenkasse nicht vor der Auslandsbehandlung eingeschaltet, weshalb die Voraussetzungen des § 13 Abs. 3 SGB V nicht erfüllt sein können. Zum anderen ruhen Leistungsansprüche bei einem Auslandsaufenthalt, ohne daß es auf Zweck und Dauer dieses Aufenthalts ankäme, § 16 Abs. 1 Nr. 1 SGB V. Ausnahmen davon sind – sieht man von der hier nicht zu untersuchenden VO 1408/71 ab – nur nach Maßgabe des § 18 Abs. 1 S. 1 SGB V möglich, dessen Voraussetzungen aber offensichtlich nicht vorliegen.

4. Einwirkung des Gemeinschaftsrechts

Der Ausschluß des Leistungsanspruchs könnte gegen Art. 59 f. EGV verstoßen. Gemeinschaftsrecht ist vorrangig, entgegenstehendes nationales Recht nicht anwendbar.

Zu erörtern sind in diesem Zusammenhang eine Reihe verschiedener Fragen, die insbesondere die Anwendung und Prüfung des Primärrechts und die Rechtfertigung von nationalen Beschränkungen betreffen. Hingegen ist die Tiefe der Erörterungen im Bereich der Rechtfertigung, soweit es der Bezugnahme auf das Funktionieren des Leistungserbringungssystems geht, ebenso zweitrangig wie das von den Bearbeitern gefundene Ergebnis.

---

[28] Durch die geplante Reform des SGB V (sog. Modernisierungsgesetz) wird das nationale Recht dem nachfolgend beschriebenen Gemeinschaftsrecht angepaßt: Der Kostenerstattungsanspruch wird sich dann bereits aus § 13 SGB V ergeben.

a) Anwendbarkeit der Grundfreiheiten auf das Recht der sozialen Sicherheit

Grundsätzlich könnte eingewendet werden, die Grundfreiheiten seien im Rahmen der sozialen Sicherungssysteme gar nicht anwendbar. Dabei sind die beiden folgenden Begründungen denkbar: Art. 51 EGV i. V. m. der VO 1408/71 könnte als abschließende Spezialregelung anzusehen sein; Waren- und Dienstleistungsverkehr könnten im Gebiet der sozialen Sicherheit ausgenommen sein (auf Art. 22 der VO 1408/71 ist hingegen nicht einzugehen). Beide Einwände sind nicht überzeugend und wurden vom *EuGH* zurückgewiesen.

Hinweis: Der *EuGH* hat mittlerweile in einer Reihe von Entscheidungen zu grenzüberschreitenden Gesundheitsleistungen Stellung genommen: Zunächst im Jahre 1998 (Rs. *Kohll* und *Decker*) zur Anwendbarkeit der Grundfreiheiten und den grundsätzlich bestehenden Rechtfertigungsmöglichkeiten, allerdings für die luxemburgische KV, die auf einer Kostenerstattung beruht;[29] dann 2001 (Rs. *Smits* und *Peerbooms*) zur Übertragung dieser Grundsätze auf ein Sachleistungssystem (niederländisches Recht), wobei der Genehmigungsvorbehalt für stationäre Behandlungen für gemeinschaftsrechtskonform gehalten wurde;[30] schließlich 2003 (Rs. *Müller-Fauré*) zu ambulanten Behandlungen in einem Sachleistungssystem, hier mit dem Ergebnis, daß sich ein Genehmigungsvorbehalt (zumindest zur Zeit) als nicht erforderlich erweist.[31]

(1) Daß die Koordinierung der mitgliedstaatlichen Sicherungssysteme keine abschließende Wirkung entfaltet, ergibt sich schon aus ihrer Zwecksetzung und ihrem Inhalt; sie regelt lediglich die Abstimmung der Systeme, um die Freizügigkeit zu ermöglichen, nicht aber die Systeme als solche und damit auch nicht deren Verhältnis zu anderen Grundfreiheiten.

(2) An eine Ausnahme von den Grundfreiheiten wäre zu denken, wenn die betroffenen Rechtsbeziehungen keine wirtschaftlichen, sondern ausschließlich soziale Tätigkeiten beträfen. Entsprechende Überlegungen sind – anders möglicherweise bei der Frage nach der Aufrechterhaltung von Dienstleistungsmonopolen – für die Einbeziehung von Leistungserbringern ohne Bedeutung. Der *EuGH* hatte eine Bereichsausnahme bereits früher für die Warenverkehrsfreiheit gar nicht erst erwogen,[32] und für die Dienstleistungsfreiheit gilt nichts anderes.[33]

---

[29] *EuGH*, Rs. C-120/95 (Decker), Slg. 1998, I-1831 = NJW 1998, 1769, und Rs. C-158/96 (Kohll), Slg. 1998, I-1931 = NJW 1998, 1771; zu den Entscheidungen u. a. *Becker*, NZS 1998, 359 ff.; *Hollmann/Schulz-Weidner*, ZIAS 1998, 180 ff.; *Eichenhofer*, in: Igl, Europäische Union und gesetzliche Krankenversicherung, 1999, S. 45 ff.; *Kötter*, VSSR 1998, 233 ff.; *Novak*, EuZW 1998, 366 ff.; *Jorens/Schulte* (Hrsg.), Grenzüberschreitende Inanspruchnahme von Gesundheitsleistungen im Gemeinsamen Markt, 2003.

[30] *EuGH*, Rs. C-157/99, Slg. 2001, S. I-5473 = NJW 2001, 3391; dazu *Bieback*, NZS 2001, 561 ff.; *Kingreen*, NJW 2001, 3382 ff.

[31] *EuGH* v. 13. 5. 2003, Rs. C-385/99, NJW 2003, 2298 ff.; dazu *Becker*, NJW 2003, 2272 ff.

[32] *EuGH*, Rs. 238/82 [Duphar – Ausschluß von der Kostenerstattung in der gesetzl. Krankenversicherung], Slg. 1984, S. 523 Rn. 16 ff.; ebenso *EuGH*, Rs. C-249/88, Slg. 1991, S. I-1275 Rn. 31 ff.

[33] Zum Verhältnis zwischen Freizügigkeit und Dienstleistungen *EuGH*, Rs. 279/80 [Webb – Arbeitnehmerüberlassung], Slg. 1981, S. 3305 Rn. 10; zur Leistungserbringung bereits *Bieback*, EuR 1993, 150, 163.

Bei der Frage nach der Inanspruchnahme ausländischer Leistungserbringer bzw. der Erstattung für die Kosten dieser Inanspruchnahme überschneiden sich zwar die Rechtsbeziehungen zwischen Versicherten, Trägern und Leistungserbringern. Im Kern berührt ist aber die Berücksichtigung der Angebote ausländischer Anbieter, und das Leistungserbringungsrecht wird nicht durch den Solidaritätsgedanken, sondern durch wirtschaftliche Überlegungen bestimmt. Daß dessen Ausgestaltung auf das gesamte Sozialversicherungssystem zurückwirkt, ist ein Gesichtspunkt, der erst bei der Frage nach der Einschränkbarkeit der Grundfreiheiten und damit auf der Ebene des Rechtsgüterausgleichs an Bedeutung gewinnt. Die damit festgestellte Anwendbarkeit der Grundfreiheiten wird auch nicht durch den Grundsatz ausgeschlossen, daß die Schaffung und Gestaltung von sozialen Sicherheitssystemen und der in ihrem Rahmen gewährten Sozialleistungen in die Zuständigkeit der Mitgliedstaaten fällt. Denn das Innehaben einer Kompetenz befreit im Gemeinschaftsrecht ebensowenig wie im Verfassungsrecht von der Beachtung allgemeiner rechtlicher Vorgaben.

b) Anwendungsbereich der Grundfreiheiten

E könnte sich auf Art. 59 f. EGV berufen; diese Normen sind unzweifelhaft unmittelbar anwendbar und gewähren dem einzelnen subjektive Rechte. Die Dienstleistungsfreiheit bezieht sich auf grenzüberschreitende selbständige Tätigkeiten, wobei vorliegend von der sog. passiven oder auch negativen Dienstleistungsfreiheit der Patienten gesprochen werden kann, die seit der grundl. Entscheidung *Luisi u. Carbone*[34] als geschützt angesehen wird. Dementsprechend fällt die Inanspruchnahme eines Arztes, der in einem anderen EU-Mitgliedstaat ansässig ist, unter den sachlichen Anwendungsbereich der Dienstleistungsfreiheit.

c) Beschränkung durch mitgliedstaatliche Maßnahmen

Wie der *EuGH* in st. Rspr. betont, verbieten Art. 59 f. EGV nicht nur Diskriminierungen, sondern auch Beschränkungen der Dienstleistungsfreiheit.[35] Die territoriale Begrenzung der Kostenerstattung erschwert die Inanspruchnahme der von in anderen Mitgliedstaaten ansässigen Dienstleistern angebotenen Tätigkeiten und stellt damit eine beschränkende Maßnahme dar.

Überlegt werden könnte allerdings, ob in Anlehnung an die sog. *Keck*-Rspr. des *EuGH*[36] die nationalen Maßnahmen doch keinen beschränkenden Charakter besitzen.[37] Grund wäre der fehlende unmittelbare Bezug zur Dienstleistung. Im Ergebnis ist das abzulehnen. In jedem Fall weist die territoriale Beschränkung einen ausreichend engen Bezug zur Einfuhr auf, betrifft also nicht lediglich Verwendungs- oder Vertriebsmodalitäten. Schließlich wäre es denkbar, die Grundsätze der *Keck*-Rspr. schon deshalb für nicht einschlägig zu halten, weil die territoriale Beschränkung der Leistungserbringung gerade

---

[34] *EuGH*, Rs. 286/82 u. 26/83 (Luisi u. Carbone), Slg. 1984, S. 377.

[35] Vgl. dazu nur *Pache*, in: Ehlers, Europäische Grundrechte und Grundfreiheiten, 2003, § 11 Rn. 49.

[36] *EuGH*, Rs. 267 u. 268/91, Slg. 1993, S. I-6097.

[37] Zur möglichen (aber nicht unumstr.) Übertragbarkeit auf die Dienstleistungsfreiheit *Becker*, NJW 1996, 179, 180.

zwischen inländischen und ausländischen Leistungserbringern differenziert (obwohl der *EuGH* davon offensichtlich nicht ausging, vgl. nachfolgend).

d) Rechtfertigung der beschränkenden Maßnahmen

Kernproblem bleibt die Rechtfertigung der nationalen Beschränkungsmaßnahmen.

Insofern ist von den Bearbeitern aber keine tiefgehende Auseinandersetzung zu erwarten. Erforderlich ist vielmehr nur, daß mögliche Rechtfertigungsgründe genannt werden und der Bezug zu den von der DAK vorgebrachten Einwänden hergestellt wird, d. h. die Einwände (Finanzierung – ausreichende Versorgung) den Rechtfertigungsgründen zugeordnet und dann die Voraussetzungen der Rechtfertigung angeprüft werden. Zu welchem Ergebnis die Bearbeiter dabei kommen, ist ohne Bedeutung.

In seinen beiden Ausgangsentscheidungen hat der *EuGH* eine Rechtfertigung durch eine erhebliche Gefährdung des finanziellen Gleichgewichts von sozialen Sicherheitssystemen (als zwingender Grund des Allgemeininteresses), durch den Gesundheitsschutz i. S. v. Art. 66 i. V. m. 56 EGV und durch eine ausgewogene, allen zugängliche ärztliche und klinische Versorgung als Teilaspekt der öffentlichen Gesundheit i. S. v. Art. 66, 56 EGV erwogen.

Die Prüfung erfolgte zunächst nur im Hinblick darauf, daß im einschlägigen Krankenversicherungsrecht die Erstattung für Gesundheitskosten im Ausland von einer Genehmigung der Krankenkasse abhängig war. Zum ersten Rechtfertigungsgrund betonte der *EuGH*, es spiele im Hinblick auf die finanzielle Belastung der Krankenversicherung keine Rolle, ob der für die Anschaffung eines Mittels oder eine ärztliche Behandlung vorgesehene Betrag an einen inländischen oder einen ausländischen Leistungserbringer fließe. Hinsichtlich des zweiten Grundes, des Gesundheitsschutzes, entfalten die sekundärrechtlichen Bestimmungen über die ärztliche und zahnärztliche Tätigkeit und über die Anerkennung beruflicher Befähigungsnachweise eine Rolle. Nach Ansicht des *EuGH* wird dadurch garantiert, daß die Qualität einer Optikerleistung in allen Mitgliedstaaten vergleichbar ist. Allerdings kann von den Bearbeitern die Kenntnis des Sekundärrechts nicht erwartet werden. Was schließlich die ausgewogene Versorgung mit Gesundheitsleistungen angeht, so fehlte es offensichtlich an dem Nachweis für die Erforderlichkeit der beschränkenden Maßnahme. Mittlerweile hat der *EuGH* auch klargestellt, daß durch eine Kostenerstattung für Auslandsleistungen das Sachleistungsprinzip als solches nicht in Frage gestellt wird.[38]

Daran anknüpfend würde der Aspekt der Finanzlage in der gesetzlichen KV nur eine Rolle spielen, wenn behauptet werden könnte, die Inanspruchnahme ausländischer Leistungserbringer belaste das System in besonderem Maße. Zumindest sind dafür keine belegbaren Anhaltspunkte ersichtlich. Dabei ist zu bedenken, daß die DAK der *E* nur den Betrag zu erstatten hat, den sie auch für eine vergleichbare Leistung im Inland hätte aufbringen müssen. Ebensowenig dürfte die territoriale Beschränkung der Kostenerstattung geeignet sein, um eine ausreichende Versorgung der Versicherten mit Gesundheitsleistungen aufrechtzuerhalten. Denn die Zulassung von

---

[38] *EuGH* v. 13. 5. 2003, Rs. C-385/99 (Müller-Fauré), NJW 2003, 2298 ff.

Erbringern beinhaltet zwar eine Steuerungsmöglichkeit, jedoch ist kaum ersichtlich, wieso die indirekte Einbeziehung von im Ausland ansässigen Optikern die Geschäfte der im Inland Tätigen so beeinträchtigen könnte, daß Versorgungslücken entstehen. Als Einwand denkbar bleibt wohl in erster Linie das Problem einer fehlenden Qualitäts- und Wirtschaftlichkeitssicherung oder der allgemeinen Zusatzbelastung durch die Erstattung von Auslandsleistungen. Insofern ist aber ein völliger Ausschluß der Erstattungen zumindest nicht verhältnismäßig; zu denken wäre entweder an eine freiwillige Unterwerfung unter eine Kontrolle durch deutsche Einrichtungen oder evtl. auch an eine Einbeziehung durch Zulassung ausländischer Leistungserbringer.[39]

---

[39] Vgl. dazu näher und zusammenfassend zum aktuellen Stand der gemeinschaftsrechtlichen Vorgaben *Becker*, NJW 2003, 2272 ff.

Fall 3. Abgebogen und gestürzt

Sachverhalt

Teil I: Armin Adler (*A*) war von Januar 1998 bis Dezember 1999 bei der in Regensburg ansässigen Software-Entwicklungs- und Projektplanungsfirma SEPP GmbH in Regensburg befristet als Angestellter tätig. Er verdiente laut Vertrag zunächst zwölf Monatsgehälter in Höhe von 5.500 DM, ab Juli 1998 wurde sein Monatsgehalt wegen guter Leistungen auf 6.500 DM erhöht. Anfang Januar 2000 unterschrieb er einen Vertrag, der überschrieben war mit „Freie-Mitarbeiter-Tätigkeit". Darin verpflichtete sich die SEPP GmbH, dem Adler Beratungs- und Entwicklungsaufgaben bei der Abwicklung von Projekten zu übertragen, wobei Inhalt, Umfang und Termine schriftlich festgehalten, Adler selbst und eigenverantwortlich tätig werden und über seine Tätigkeit der GmbH berichten sollte. Adler sollte seinen eigenen Pkw und seinen eigenen Computer benutzen, technische Unterlagen sowie die erforderliche Software von der GmbH erhalten und seine Arbeit bei den von der GmbH ausgesuchten Kunden vor Ort erledigen. Für die Bezahlung wurde ein Stundenhonorar vereinbart. Eine Tätigkeit bei Wettbewerbern wurde ausgeschlossen. Adler ist mit den für die GmbH zu erledigenden Arbeiten vollkommen ausgelastet und hat damit seit 2000 jährlich mehr als 78.000 DM verdient.
Am 5. 4. 2002 verließ Adler um 8 Uhr morgens sein Haus, um zu einem in Regensburg ansässigen Kunden zu fahren, bei dem er bereits seit mehreren Tagen mit der Anpassung einer Software beschäftigt war. Von der zu diesem Kunden führenden, in Ost-West-Richtung verlaufenden Bundesstraße 8 bog er auf halber Strecke, nach Zurücklegung von ca. 3 Kilometern, um 8:10 Uhr links ab und fuhr in der Nebenstraße „Hauergasse" 2 Kilometer weiter südlich, da er mit seinem dort praktizierenden Hausarzt einen Untersuchungstermin vereinbart hatte. Nach Abschluß der Untersuchung fuhr Adler wieder zurück Richtung B 8, wurde aber 200 Meter vor der Einmündung der „Hauergasse" in die B 8 um genau 9:55 Uhr unverschuldet in einen schweren Verkehrsunfall verwickelt, in dessen Folge er eine Querschnittslähmung erlitt.
Adler bezog nach dem Unfall Krankengeld, wollte aber im Anschluß an die Behandlung seine Berufstätigkeit wieder aufnehmen. Er bat deshalb Anfang Oktober 2002 die Ersatzkasse (ErsK), der er im Januar 1999 beigetreten war, um behindertengerechte Ausstattung seines PKW. Auf sein Schreiben erhielt er keine Antwort. Da Adler bereits ab Januar 2003 ohne finanzielle Einbußen seine Erwerbstätigkeit aufgenommen hatte, ließ er Mitte Februar 2003 den Umbau selbst vornehmen. Die dafür entstandenen Kosten in Höhe von 1.750 € verlangte er im Anschluß von der ErsK ersetzt. Diese weigerte sich mit Schreiben vom Anfang März, die Zahlung zu übernehmen. Sie teilte mit, daß sich nach erneuter Prüfung ihre Unzuständigkeit herausgestellt habe; ferner habe sie vor Leistungsbeschaffung noch gar nicht entschieden gehabt. Adler erhob am 5. 3. 2003 formgerecht bei der ErsK Widerspruch. Dabei wies er darauf hin, daß die für die GmbH zuständige Berufsgenossenschaft deshalb nicht zahlen wolle, weil das ArbG Regensburg 2002 in einer rechtskräftigen Entscheidung die Arbeitnehmereigenschaft des *A* verneint hatte. Nachdem die ErsK bis zum 10. 6. 2003 wiederum nicht entschieden hatte, erhob Adler am nächsten Tag formgerecht beim SG Regensburg Klage mit dem Ziel, die ErsK zur Zahlung zu verurteilen. Im Juli 2003 lehnte die zuständige Widerspruchsbehörde die Kostenübernahme ab; sie verwies auch darauf, daß Krankenversicherungsleistungen nur der Herstellung der Funktionsfähigkeit, nicht aber der beruflichen Entfaltung dienen sollten; der Pkw gehöre nicht zu den lebensnotwendigen Gütern und sei für die Bewegungsfähigkeit nicht notwendig. Im übrigen habe sich nun die von Adler erhobene Klage erledigt.

Teil II: Die im Landkreis Regensburg gelegene Gemeinde Grinzing plant, Kosten zu sparen und ihre Bürger an dem Erhalt des gemeindlichen Eigentums zu beteiligen. Sie rief deshalb Anfang 2003 sog. „Baumpatenschaften" ins Leben. In diesem Zusammenhang verpflichtete sich die zusammen mit ihrem Mann in Grinzing wohnende Ehefrau des Adler, Erika Adler (*E*), gegenüber der Gemeinde schriftlich, die Pflege und den Unterhalt für drei bestimmte Kirschbäume zu übernehmen, diese insbesondere regelmäßig auszuschneiden und das Schnittgut ordnungsgemäß zu beseitigen. Dafür sollte ihr der Ertrag der Obstbäume zur Verfügung stehen.

Im Juli 2003 stieg Erika Adler auf den ersten der drei Kirschbäume, für die sie die Patenschaft übernommen hatte, um dort Kirschen zu ernten. Dabei stürzte sie auf den Boden und zog sich eine Sprunggelenksfraktur zu.

Erika Adler verlangte von der gegebenenfalls zuständigen Berufsgenossenschaft (BG) Erbringung der erforderlichen Heilbehandlung, mit der Begründung, daß sie, wenn nicht als landwirtschaftliche Unternehmerin, so wenigstens ehrenamtlich für die Gemeinde tätig geworden sei. Die BG lehnte das Begehren ab. Erika Adler sei Arbeitnehmerin, da sie entlohnt worden sei, habe beim Unfallgeschehen aber in ihrem eigenen Interesse gehandelt.

Bearbeitervermerk:
Zu Teil I sind unter Eingehen auf alle aufgeworfenen Rechtsfragen und auf die von der Ersatzkasse und dem Adler vorgebrachten Argumente die Erfolgsaussichten der von Armin Adler erhobenen Klage gutachtlich zu untersuchen.

Zu Teil II ist in einem Gutachten zu prüfen, ob der Erika Adler Leistungsansprüche gegen die Berufsgenossenschaft zustehen.

Lösung

Im ersten Teil sind Fragen nach der Einbeziehung in die Sozialversicherung, und zwar bereits unter Berücksichtigung des reformierten § 7 SGB IV, sowie nach dem Umfang der Leistungspflicht der Gesetzlichen Unfallversicherung (GUV) und der Gesetzlichen Krankenversicherung (GKV) zu beantworten. Die Aufgabenstellung nimmt auf zwei Entscheidungen des *BSG* und eine Entscheidung des *BayLSG* Bezug, wobei das *BSG*-Urteil zum dritten Ort bekannt sein sollte, im übrigen den Bearbeitern aber ausreichend Raum für die Entwicklung einer eigenständigen Lösung bleibt.

Der zweite Teil zwingt lediglich dazu, die verschiedenen Möglichkeiten, aus denen sich ein Schutz durch die GUV ergeben könnte, durchzuprüfen. Diesem Teil der Aufgabenstellung liegt eine Entscheidung des *BayLSG* zugrunde.

Teil I. Klage des *A*

I. Sachurteilsvoraussetzungen

1. Rechtsweg

Der Sozialrechtsweg ist gem. § 51 Abs. 1 SGG eröffnet, da die von *A* erhobene Klage eine Streitigkeit auf dem Gebiet des Rechts der GKV, nämlich einen Anspruch aus dem öffentlich-rechtlichen Rechtsverhältnis zwischen Versichertem und Versicherungsträger, und damit eine Streitigkeit in Angelegenheiten der Sozialversicherung betrifft.

2. Zuständiges Gericht

Sachlich zuständig ist gem. § 8 SGG das Sozialgericht. Die örtliche Zuständigkeit richtet sich nach dem Wohnsitz des Klägers, § 57 Abs. 1 S. 1 SGG; wie sich aus den Angaben im 2. Teil ergibt, liegt dieser im Landkreis Regensburg, so daß das SG Regensburg nach § 7 Abs. 1 SGG i. V. m. Art. 1 Abs. 1 Nr. 3 BayAGSGG örtlich zuständig ist.

Hinweis: Hier muß nicht auf das Vorliegen eines Beschäftigungsverhältnisses eingegangen werden.

3. Beteiligtenbezogene Voraussetzungen

A ist gem. § 70 Nr. 1, 1. Alt. SGG parteifähig.

Die ErsK ist als Körperschaft des öffentlichen Rechts (§ 29 Abs. 1 SGB IV) gem. § 70 Nr. 1, 2. Alt. SGG parteifähig und wird nach § 71 Abs. 3 SGG i. V. m. § 35 a Abs. 1 SGB IV durch den Vorstand vertreten.

4. Statthafte Klageart

a) A begehrt mit seiner Klage die Verurteilung der ErsK zur Zahlung. Das dürfte den Anforderungen des § 92 SGG genügen. Im einzelnen muß er zunächst Aufhebung der ablehnenden Entscheidung der ErsK beantragen, die einen VA gem. § 31 S. 1 SGB X darstellt, da sie im Einzelfall den Leistungsanspruch versagt und insofern auf das Setzen einer Rechtsfolge gerichtet ist. Damit ist die Anfechtungsklage gem. § 54 Abs. 1 S. 1 SGG statthaft.

Klagegegenstand ist mangels Widerspruchsbescheid zunächst nur der Ausgangsbescheid; auf die Bedeutung des nach Klageerhebung erlassenen Widerspruchsbescheids kann gesondert eingegangen werden (obwohl hier schon zur Untätigkeitsklage Stellung genommen werden könnte, vgl. unten 7.).

b) Zugleich verlangt A Zahlung von 1.750 €. Da er seinen Anspruch nur auf § 13 Abs. 3 SGB V stützen kann und diese Bestimmung den Versicherungsträger ohne Ermessensspielraum zur Zahlung verpflichtet, handelt es sich um eine Leistungsklage, die gem. § 54 Abs. 4 SGG mit der Anfechtungsklage verbunden werden kann (kombinierte Anfechtungs- und Leistungsklage).

5. Klagebefugnis (Beschwer)

A ist klagebefugt, wenn es möglich erscheint, daß er durch die Ablehnung seines Antrags in seinen Rechten verletzt ist, § 54 Abs. 1 S. 2 SGG.

Da A möglicherweise einen Anspruch auf die Kostenerstattung nach § 13 Abs. 3 i. V. m. § 33 SGB V hat, ist diese Voraussetzung erfüllt.

6. Durchführung des Vorverfahrens und Klagefrist

a) A hat fristgemäß, nämlich noch innerhalb des Monats März und damit binnen eines Monats nach Bekanntgabe, laut Sachverhalt formgerecht und bei der zuständigen Stelle, nämlich der ErsK, den Widerspruch eingelegt (vgl. zu allen drei Voraussetzungen § 84 Abs. 1 SGG).

b) Allerdings wurde bis zur Klageerhebung am 11. 6. 2003 über den Widerspruch nicht entschieden, das Vorverfahren nicht bis zu Ende durchgeführt (vgl. § 78 Abs. 1 S. 1 SGG). Nach § 88 Abs. 2 SGG ist auch ohne Entscheidung über den Widerspruch die Klage zulässig, sofern eine Bescheidung nicht in angemessener Frist erfolgt. Als angemessen gilt eine Frist von drei Monaten. Diese Voraussetzung ist erfüllt, da *A* noch am 5. 3. 2003 Widerspruch eingelegt hatte: vor Klageerhebung waren über 3 Monate verstrichen. Die Klage war deshalb auch ohne Erlaß eines Widerspruchsbescheids zulässig.

c) Zugleich ergibt sich daraus, daß die Klage fristgerecht erhoben wurde. Genau genommen wird das nicht von § 87 SGG geregelt, ergibt sich aber aus dem Umstand, daß mangels Widerspruchsbescheid keine Klagefrist zu laufen begann, während der Ausgangsbescheid durch Widerspruch ordnungsgemäß angefochten worden war.

7. Erledigung durch Widerspruchsbescheid

a) Auch nach Klageeerhebung kann noch ein Widerspruchsbescheid ergehen (§ 85 Abs. 2, 3 SGG), der Bescheid ist also keineswegs unbeachtlich oder überhaupt fehlerhaft. Durch dessen Inhalt wird der Ausgangsbescheid bestätigt.

Hinweis: Deshalb ist eine Erledigung des Rechtsstreits insgesamt nicht zu prüfen. Allerdings kann der Widerspruchsbescheid dann erledigende Wirkung haben, wenn es sich bei der Untätigkeitsklage um eine eigenständige, nur auf den Erlaß dieses Bescheids gerichtete Klage handeln sollte. Das Problem wird im folgenden dargestellt, ohne daß dessen Kenntnis von den Bearbeitern erwartet wurde.

b) Die Bearbeiter können sich hier auf das aus dem Verwaltungsprozeßrecht bekannte Argument stützen, daß eine einmal zulässige Klage nicht durch die verspätete Entscheidung der Behörde unzulässig werden kann, und daß insbesondere die Klage von Anfang an auf die Sachentscheidung gerichtet war, so daß sich an deren Gegenstand durch den Widerspruchsbescheid nichts geändert hat.

Zum Teil wird allerdings vertreten, daß die nach § 88 SGG erhobene Untätigkeitsklage in der Hauptsache durch einen dem Kläger ungünstigen Widerspruchsbescheid erledigt wird. Grund dafür ist, daß das SGG – anders als § 75 VwGO – eine echte Untätigkeitsklage kennen soll, die auf Bescheidung schlechthin gerichtet ist.[1] Dies läßt sich gut bestreiten, denn der

---

[1] Vgl. *Meyer-Ladewig*, SGG, 7. Aufl. 2002, § 88 Rn. 2.

Wortlaut der Vorschrift ist keineswegs eindeutig; deshalb erscheint es möglich, zumindest auch den Antrag auf Aufhebung des ergangenen VAs mit erhobener Untätigkeitsklage zulässigerweise zu verfolgen.[2]

Von den Bearbeitern kann eine nähere Stellungnahme zu diesem Problem nicht erwartet werden; es genügt eine kurze Auseinandersetzung mit dem im Sachverhalt angesprochenen Argument.

c) In jedem Fall ist es dem Kläger möglich, seine Klage als Anfechtungsklage fortzuführen; nach der erstgenannten Ansicht wäre eine Klageänderung erforderlich – die aber sachdienlich i. S. v. § 99 Abs. 1 SGG und damit zulässig ist –, nach der zweiten hingegen nicht.

Hier könnte auch auf § 99 Abs. 3 Nr. 3 SGG hingewiesen werden, der wohl nicht genau paßt, aber einen entsprechenden Gedanken zum Ausdruck bringt.

Der Widerspruchsbescheid wird im übrigen in beiden Fällen – ob mit oder ohne Änderung des Streitgegenstandes – in das Verfahren einbezogen (vgl. § 95 SGG), und zwar ohne daß ein Rückgriff auf § 96 SGG erforderlich wäre.

II. Begründetheit

Die Klage ist begründet, wenn die Ablehnung der Kostenerstattung rechtswidrig ist (vgl. § 54 Abs. 2 S. 1 SGG) und *A* dadurch in seinen Rechten verletzt ist, und wenn *A* einen Anspruch auf die Kostenerstattung besitzt.

1. Passivlegitimation

Nach allgemeinen Grundsätzen ist der Träger zu verklagen, der nach materiellem Recht verpflichtet und damit passivlegitimiert ist, wenn auch § 92 SGG hinsichtlich der Bezeichnung dem Kläger keine weitergehenden Verpflichtungen auferlegt.

Zuständig ist die ErsK, deren Mitglied der *A* ist (insofern genügt ein Hinweis auf die allg. Bestimmungen in §§ 2 Abs. 1 und 4 SGB V).

2. Anspruchsgrundlage

Wenn auch in der GKV grundsätzlich das Sachleistungsprinzip gilt (§ 2 Abs. 2 SGB V), darf die Krankenkasse in ausdrücklich vorgesehenen Fällen Kosten erstatten, § 13 Abs. 1 SGB V.

Hier kommt eine Erstattung nach § 13 Abs. 3 SGB V in Betracht, und zwar in der zweiten Alternative. Voraussetzung dafür ist, daß eine Leistung zu Unrecht abgelehnt worden ist. Es handelt sich um einen Sekundäranspruch, der einen ursprünglichen Anspruch auf entsprechende Sachleistung voraussetzt (Primäranspruch).[3] Dementsprechend sind alle allgemei-

---

[2] So auch *Meyer-Ladewig*, a.a.O., § 88 Rn. 12 a.
[3] Vgl. nur *BSGE* 70, 24.

nen und besonderen Voraussetzungen für die beantragte Leistung (hier: Hilfsmittel nach § 33 SGB V) zu prüfen.

3. Personenbezogene Versicherungsvoraussetzungen

a) Versicherungsberechtigung

A ist im Januar 1999 der ErsK beigetreten. Er ist dementsprechend freiwillig versichert. Für die Versicherungsberechtigung muß nicht auf die Frage eingegangen werden, ob A auch ab 2000 in einem Beschäftigungsverhältnis steht; sofern allerdings die Prüfung bereits an dieser Stelle erfolgt, ist das keineswegs fehlerhaft, sondern ohne Abstriche zu bewerten.

Die Berechtigung zur Versicherung folgt aus § 9 Abs. 1 Nr. 1 SGB V. A war 1998 zunächst pflichtversichert nach § 5 Abs. 1 Nr. 1 SGB V, da er ohne Zweifel in einem Beschäftigungsverhältnis (§ 7 Abs. 1 SGB IV) stand. Ursprünglich war keine Versicherungsfreiheit nach § 6 Abs. 1 Nr. 1 SGB V gegeben, da das regelmäßige Entgelt (§ 14 SGB IV) die JAE-Grenze[4] nicht überschritt (12 × 5.500 DM = 66.000 DM; JAE-Grenze 1998 = 75.600 DM). Jedoch wurde ab Juli 1998 die JAE-Grenze überschritten (12 × 6.500 für die kommenden 12 Monate = 78.000 DM). Dies wirkte sich gem. § 6 Abs. 4 Sätze 1 und 2 SGB V allerdings erst ab dem 1. 1. 1999 aus (da auch die für 1999 geltende JAE-Grenze von 76.500 DM überschritten wurde).

A ist unmittelbar nach dem Ausscheiden aus der Versicherungspflicht der ErsK beigetreten. Die in § 9 Abs. 1 Nr. 1 SGB V geforderte Vorversicherungszeit ist erfüllt, da A unmittelbar vor Beitritt mindestens zwölf Monate versichert war.

b) Mitgliedschaft

Aufbauhinweis: Gerade im Falle der freiwilligen Versicherung spräche einiges dafür, die Mitgliedschaft zum Ausgangspunkt der Prüfung zu nehmen oder zumindest zusammen mit der Versicherungspflicht zu behandeln. Jedoch ist es unschädlich, wenn sich die Bearbeiter an die gewohnte Prüfungsreihenfolge halten.

aa) Zunächst war A als Beschäftigter pflichtversichert und insofern Mitglied einer Krankenkasse (§ 186 Abs. 1 SGB V).
bb) Diese Mitgliedschaft endete wegen Erlöschens der Versicherungspflicht (vgl. oben) nach § 190 Abs. 3 SGB V, da die Voraussetzungen des § 9 Abs. 1 Nr. 1 SGB V vorlagen. Da A offensichtlich seinen Austritt nicht erklärte, wandelte sich die Mitgliedschaft ab dem 1. 1. 1999 in eine freiwillige Mitgliedschaft um, § 190 Abs. 3 S. 2 SGB V.
cc) Die freiwillige Mitgliedschaft wiederum konnte durch die neue Vereinbarung vom Januar 2000 nicht beendet werden. Denn die Aufnahme einer selbständigen Tätigkeit ist nach § 191 SGB V kein Beendigungsgrund; anders als bei der Mitgliedschaft Pflichtversicherter kommt es nicht auf das

---

[4] S. Tabelle III., Aichberger 4/11.

Fortbestehen der die ursprüngliche Versicherungsberechtigung begründenden Umstände an. Wurde hingegen nur das alte Beschäftigungsverhältnis zu geänderten Konditionen fortgesetzt, überschritt das regelmäßige Entgelt des *A* auch ab 2000 die für die weiteren Jahre jeweils festgesetzte JAE-Grenze, so daß die freiwillige Mitgliedschaft selbst unter dieser Annahme nicht durch eine Pflichtversicherung beendet werden konnte (vgl. § 191 Nr. 2 SGB V).

dd) Grundsätzlich spielt es für die Fortdauer der freiwilligen Mitgliedschaft keine Rolle, ob *A* nach seinem Unfall weiterhin Entgelt bezogen hat oder nicht, da eine Beschäftigung gegen Entgelt gerade nicht vorausgesetzt wird. Denkbar wäre nur, daß die Bezüge des *A* unfallbedingt die JAE-Grenze unterschritten hätten und damit *A* – ein Beschäftigungsverhältnis vorausgesetzt – versicherungspflichtig geworden wäre (und zwar sofort), was gleichzeitig zum Ende der freiwilligen Mitgliedschaft hätte führen müssen (§ 191 Nr. 2 SGB V). Da *A* Krankengeld bezog, war er aber gerade nicht gegen Entgelt beschäftigt, so daß eine Versicherungspflicht nach § 5 Abs. 5 Nr. 1 SGB V ausscheidet. Im Anschluß lag das Entgelt wieder über der JAE-Grenze. Damit hat die freiwillige Mitgliedschaft nicht geendet.

Hinzuweisen ist schließlich darauf, daß nicht überlegt werden muß, ob *A* die ErsK wählen konnte und in welcher Form er von seinem Kassenwahlrecht Gebrauch gemacht hat. Die Wählbarkeit ergibt sich aus § 173 Abs. 2 Nr. 2 SGB V; die in § 175 Abs. 3 und 4 SGB V vorgesehenen Beschränkungen der Wahlmöglichkeiten gelten nicht für freiwillig Versicherte.

4. Versicherungsfall

Versicherungsfall ist im Recht der GKV die Krankheit. Unter Krankheit ist ein regelwidriger (mit Funktionseinbußen verbundener) Körper- oder Geisteszustand zu verstehen, der zu Behandlungsbedürftigkeit oder Arbeitsunfähigkeit (oder zu beidem) führt. Daß die Querschnittslähmung diese Voraussetzungen zumindest zunächst und bis zum Abschluß der notwendigen Heilbehandlung erfüllt, ist unproblematisch.

Weitere Überlegungen sind an dieser Stelle nicht veranlaßt.

5. Unzuständigkeit wegen Leistungspflicht der GUV

a) Grundsatz

Grundsätzlich spielt es keine Rolle, wie der Versicherungsfall eintritt. Jedoch hat die ErsK mit ihrem Einwand insofern recht, als sie dann nicht leisten muß, wenn die verlangten Leistungen als Folgen eines Arbeitsunfalls i. S. d. GUV zu erbringen sind, § 11 Abs. 4 SGB V. Die damit erfolgte Abgrenzung der Zuständigkeitsbereiche ist so zu verstehen, daß ein Anspruch gegen den Träger der GKV nur dann und in dem Umfang ausscheidet, in dem ein Anspruch gegen den Träger der GUV besteht.[5]

---

[5] Vgl. *BSG* SozR 3–2500 § 11 Nr. 1.

Einer näheren Auseinandersetzung mit der Auslegung des § 11 Abs. 4 SGB V bedarf es nicht. Denkbar erscheint, daß *A* einen Anspruch auf Hilfsmittel gegen die für die GmbH zuständige BG (§§ 114 Abs. 1 Nr. 1, 121, 130 SGB VII) hat nach §§ 26 Abs. 1, 31 SGB VII. Dieser Anspruch ist zunächst zu prüfen (wobei hier i. ü. die Leistungspflicht der GUV weiter geht als jene der GKV).

b) Personenbezogene Voraussetzungen

Zu prüfen ist an dieser Stelle, ob *A* als Beschäftigter gem. § 2 Abs. 1 Nr. 1 SGB VII kraft Gesetzes versichert war. Das ist dann der Fall, wenn er zum Unfallzeitpunkt in einem Beschäftigungsverhältnis stand.

aa) Ausgangspunkt der Prüfung ist § 7 Abs. 1 SGB IV, wonach Beschäftigung die nichtselbständige Arbeit ist. Die Entscheidung des ArbG Regensburg ändert nichts daran, daß die Beantwortung sozialrechtlicher Fragen eine eigenständige Beurteilung verlangt; von dem arbeitsgerichtlichen Urteil geht keine Bindungs-, Tatbestands- oder Feststellungswirkung aus. Insbesondere liegt kein Fall vor, in dem die Arbeitsgerichte über Voraussetzungen eines Sozialleistungsanspruchs bindend entscheiden könnten (Arbeitsverhältnis ist nur „insbesondere" in § 7 Abs. 1 SGB IV genannt); da das Beschäftigungsverhältnis eigenständig im SGB IV umschrieben wird, kann eine Bindung auch nicht aus einem allgemeinen Grundsatz des Respekts vor gerichtlichen Urteilen abgeleitet werden; die wünschenswerte einheitliche rechtliche Beurteilung (die i. ü. auch das Steuerrecht einbeziehen müßte) kann nur der Gesetzgeber anordnen.[6]

Für die im Rahmen der Subsumtion erforderliche Auslegung ist der Ansatz der Rspr. zu beachten, wonach sich die nichtselbständige Arbeit durch die persönliche Abhängigkeit des Arbeitenden auszeichnet. Konkretisiert wird dieses Kriterium durch verschiedene Indizien, die zwischenzeitlich zum Teil − in der bis zum 31. 12. 2002 geltenden Fassung des § 7 Abs. 4 SGB IV[7] − im Gesetz genannt wurden.

Das *BSG* führt zu den maßgeblichen Gesichtspunkten aus: „Danach setzt eine Beschäftigung voraus, daß der Arbeitnehmer vom Arbeitgeber persönlich abhängig ist. Bei einer Beschäftigung in einem fremden Betrieb ist dies der Fall, wenn der Beschäftigte in den Betrieb eingegliedert ist und dabei einem Zeit, Dauer, Ort und Art der Ausführung umfassenden Weisungsrecht des Arbeitgebers unterliegt. Diese Weisungsgebundenheit kann − vornehmlich bei Diensten höherer Art − eingeschränkt und zur ,funktionsgerecht dienenden Teilhabe am Arbeitsprozeß' verfeinert sein. Demgegenüber ist eine selbständige Tätigkeit vornehmlich durch das eigene Unternehmerrisiko, das Vorhandensein einer eigenen Betriebsstätte, die Verfügungsmöglichkeit über die eigene Arbeitskraft und die im wesentlichen frei gestaltete Tätigkeit und Arbeitszeit gekennzeichnet. Ob jemand abhängig beschäftigt oder selbständig tätig ist, hängt davon ab, welche Merkmale über-

---

[6] Vgl. insofern *BayLSG* Breith. 1999, S. 512, 520 f.; i. ü. vorher auch schon *BSG* NZS 1997, 90.

[7] Vgl. zur wechselvollen Geschichte und zur letzten Neufassung z. B. *Sommer*, NZS 2003, 169 ff.

wiegen. Maßgebend ist stets das Gesamtbild der Arbeitsleistung. Weichen die Vereinbarungen von den tatsächlichen Verhältnissen ab, geben diese den Ausschlag."[8]

Die Beurteilung im einzelnen muß anhand aller relevanten Indizien erfolgen (Gesamtwürdigung). Nicht ausschlaggebend ist die Bezeichnung im Vertrag; diese gibt lediglich einen Anhaltspunkt im Hinblick auf den Willen der Vertragschließenden. Die Bearbeiter müssen deshalb an dieser Stelle die für und gegen eine Beschäftigung sprechenden Argumente anführen und bewerten.

bb) Für eine unternehmerische Tätigkeit sprechen: die Bezeichnung des Vertrags; die wohl eingeschränkten Weisungsrechte der GmbH (obwohl deren Einflußmöglichkeiten andererseits relativ weitgehend sind); der Umstand, daß *A* zum Teil eigene Arbeitsmittel einsetzen sollte. Für eine nichtselbständige Tätigkeit sprechen: Bestimmung der Kunden durch die GmbH; schriftliche Fixierung des Arbeitsumfangs; Verwendung bestimmter Arbeitsmittel der GmbH; Verpflichtung zur höchstpersönlichen Erbringung der Arbeit; Berichtspflicht des *A*; Abrechnung nach Stundensätzen; Wettbewerbsklausel; *A* wurde nur für die SEPP GmbH tätig, wobei entscheidend das tatsächliche Verhalten, nicht die vertragliche Absprache ist; *A* tritt wohl nicht als Unternehmer am Markt auf.

Nach dem Sachverhalt nicht eindeutig ist: Ob *A* ein Unternehmerrisiko trägt; Arbeitnehmer beschäftigt hat und ob *A* typische Arbeitnehmerleistungen erbracht hat.

Die genannten Indizien sind näher zu bewerten. Insgesamt sprechen sie dafür, vom Vorliegen eines Beschäftigungsverhältnisses auszugehen.[9]

c) Arbeitsunfall

aa) Anwendbare Rechtsgrundlage. Der Arbeitsunfall ist als Versicherungsfall (§ 7 Abs. 1 SGB VII) legal definiert in § 8 Abs. 1 S. 2 SGB VII; dessen Voraussetzungen liegen hier hinsichtlich des von außen einwirkenden Ereignisses vor. Fraglich ist aber der in § 8 Abs. 1 S. 1 SGB VII geforderte Zusammenhang zur versicherten Tätigkeit.

Dabei sind grundsätzlich zwei Varianten denkbar: zum einen könnte es sich bei der Fahrt zum Kunden um eine Dienstreise (= Betriebsweg) gehandelt haben, womit § 8 Abs. 1 SGB VII einschlägig wäre. Es könnte aber auch um den Versicherungsschutz des Wegs vom Wohn- zum Beschäftigungsort nach § 8 Abs. 2 Nr. 1 SGB VII gehen. Hier wurde der Weg selbst nicht in Ausübung der beruflichen Tätigkeit zurückgelegt, vielmehr war *A* offensichtlich an wechselnden Einsatzstellen tätig, da sein Vertrag als Tätigkeitsort auf den Sitz der Kunden abstellt, so daß der Sachverhalt für eine Anwendbarkeit des § 8 Abs. 2 Nr. 1 SGB VII spricht.

---

[8] Vgl. zur st. Rspr. zuletzt die hier zitierte Entscheidung des *BSG* SozR 3–2400 § 7 Nr. 13 (zu sog. Ausbeinern).

[9] Vgl. zu einem ähnlich gelagerten Fall *BayLSG* Breith. 1999, S. 512, 517, und aus jüngster Zeit zum GmbH-Geschäftsführer *BSG* v. 6. 3. 2003, B 11 AL 25/02 R.

Selbst wenn aber die Anfahrt als Teil der Berufstätigkeit angesehen und von einem Betriebsweg ausgegangen wird, würden doch die für Wegeunfälle geltenden Grundsätze Anwendung finden.[10] Denn diese beziehen sich gerade auf die auch im Rahmen des § 8 Abs. 1 SGB VII relevante Frage nach dem inneren Zusammenhang zwischen Unfallgeschehen und versicherter Tätigkeit. Abweichungen ergeben sich nur insofern, als je nach Umständen bei einer (vor allem länger dauernden) Dienstreise auch eine längere (mehr als 2stündige) Unterbrechung nicht zu einem endgültigen Lösen von der versicherten Tätigkeit führen muß.

bb) Versicherungsschutz in der Hauergasse. Zunächst befuhr *A* die B 8, die laut Sachverhalt zum Kunden führte, also den unmittelbaren Weg zwischen seiner Wohnung und seinem Tätigkeitsort. Von diesem Weg ist er allerdings in dem Moment abgewichen, in dem er in die Hauergasse einbog. Der Unfall geschah in der Hauergasse, und zwar auf dem Weg vom Arzt zum ursprünglich verfolgten Weg auf der B 8, jedoch vor dessen Erreichen.

(1) Die Fahrt zum Hausarzt stellt einen Abweg dar, weil sie nicht mehr in Richtung der Arbeitsstätte erfolgt, zugleich eine Unterbrechung, da eigenwirtschaftliche Motive verfolgt werden. Denn nach dem erkennbaren Handlungsziel des *A* soll der Hausarztbesuch nicht unmittelbar seiner Berufstätigkeit dienen. Ob die verschiedenen zeitlichen und räumlichen Unterbrechungstatbestände genau auseinandergehalten werden müssen, ist durchaus fraglich und erscheint nur sinnvoll, wenn sich aus deren Unterschiedlichkeit verschiedene Rechtsfolgen ergeben. Da hier am eigenwirtschaftlichen Handeln ebensowenig Zweifel besteht wie an der Tatsache, daß die Unterbrechung nicht lediglich geringfügig war, kommt es jedenfalls auf die Unterscheidung von Um- und Abweg nicht an.[11]

(2) Dementsprechend wäre der Unfall nur dann als Arbeitsunfall anzusehen, wenn Ausgangspunkt der Fahrt nicht die Wohnung, sondern die Arztpraxis als sog. dritter Ort war.

Da die Praxis aus eigenwirtschaftlichen Motiven aufgesucht wurde, spielt zunächst die Frage eine Rolle, ob die jeweils unterschiedlichen Wege noch in einem angemessenen Verhältnis zueinander stehen. Dabei geht es im Grunde um die Frage, ob die GUV ein aus eigenwirtschaftlichen Gründen erhöhtes Risiko zu tragen hat. Nähere Ausführungen sind zu dieser Frage nicht veranlaßt. Denn der Weg von der Praxis zur Arbeitsstätte war um ca. 1 km kürzer als der Weg von der Wohnung zur Arbeitsstätte, und auch sonst ist keine wesentliche Gefahrerhöhung ersichtlich.

Entscheidend bleibt die Abgrenzung der Unterbrechung eines begonnenen Wegs vom Beginn eines neuen Wegs. Lediglich wenn der Aufenthalt am dritten Ort als so wesentlich erscheint, daß die Fahrt nach dessen Verlassen nicht mehr als Fortsetzung des ursprünglich eingeschlagenen, sondern als Beginn eines eigenständigen Wegs zu werten ist, stand *A* beim Ver-

---

[10] So zu Recht KassKomm/*Ricke*, § 8 SGB VII Rn. 124.
[11] Vgl. – in anderem Zusammenhang – auch *BSG* NZS 1998, 576, 577; allg. skeptisch *Schulin*, in: HS-UV, 1996, § 33 Rn. 100.

kehrsunfall unter dem Schutz der GUV. Lange Zeit war fraglich, aufgrund welcher Kriterien diese Frage entschieden werden sollte. Insbesondere bestand keine Einigkeit darüber, nach welcher Verweildauer eine einheitliche Wegstrecke in zwei eigenständige Wege zerfallen sollte. Daß insofern ein Verweilen von weniger als einer Stunde ohne Bedeutung blieb, war allerdings anerkannt; im übrigen wurde auf die Gesamtumstände des Einzelfalls verwiesen. Mittlerweile hat aber das *BSG* die Unsicherheiten durch Abstellen auf eine feste Zeitgrenze beendet.[12] Demnach erfordert die Erheblichkeit des Aufenthalts, daß sich der Betroffene an dem anderen Ort mindestens zwei Stunden aufhält bzw. aufhalten will.

Nach dem Sachverhalt lag der Aufenthalt des *A* in der Arztpraxis unterhalb dieser Schwelle. *A* bog erst um 8:10 Uhr in die Hauergasse ein und erlitt um 9:55 seinen Unfall. Der Arztbesuch kann nicht länger als ca. 100 Minuten gedauert haben. *A* ist deshalb nicht von einem dritten Ort aus neu gestartet, die Wegstrecke, auf der es zum Unfall kam, stand nicht unter Versicherungsschutz. An dem Ergebnis läßt sich nur zweifeln, wenn die Entscheidung des *BSG* für unzutreffend und ein Verweilen in der Arztpraxis von offensichtlich ca. anderthalb Stunden für erheblich gehalten wird. Jedoch ist zu bedenken, daß die feste Zeitgrenze zum einen für größere Klarheit sorgt und zum anderen damit eine Gleichstellung mit dem Lösen vom betrieblichen Zusammenhang bei der Unterbrechung durch Abwege erfolgt.

Zwischenergebnis: *A* stand zwar als Beschäftigter unter dem Schutz der Unfallversicherung, jedoch fehlt es an einem inneren Zusammenhang zwischen dem Unfallgeschehen und der versicherten Tätigkeit, weil sich *A* beim Unfall auf einem Abweg befand, so daß ein Arbeitsunfall als Wegeunfall nicht vorliegt. *A* kann keine Leistungen aus der GUV verlangen; sein Anspruch gegenüber der ErsK scheitert nicht an § 11 Abs. 4 SGB V.

6. Sonstige Voraussetzungen des § 13 Abs. 3 SGB V

a) *A* hat den Autoumbau selbst beschafft und fordert die dafür entstandenen Kosten.

b) Die Leistung muß durch die Krankenkasse abgelehnt worden sein. In diesem Zusammenhang ist von Bedeutung, daß nur der Ersatz für die Kosten verlangt werden kann, die nach unrechtmäßiger Leistungsverweigerung entstanden sind.[13] Denn grundsätzlich ist Kausalität zwischen der Ablehnung der Leistung und der Beschaffung erforderlich.[14] An einer ausdrücklichen Ablehnung fehlt es im vorliegenden Sachverhalt. *A* hat zwar die Leistungserbringung beantragt, die ErsK aber gar nicht geantwortet.

---

[12] *BSG* NJW 1998, 3292, 3293. Vgl. auch *BSG* SozR 3–2700 § 8 Nr. 14.
[13] *BSG* NZS 1997, 569.
[14] Hieran fehlt es, wenn der Versicherte nicht vor der Behandlung mit der KK in Kontakt getreten ist; vgl. *BSG* Breith. 2002, 154 ff. = NZS 2002, 312 ff.

Sollte dies unerheblich sein, hätte es die ErsK in der Hand, die Leistungserbringung zumindest nicht unerheblich zu verzögern, und die Versicherten wären darauf angewiesen, dafür zu sorgen, daß der Träger überhaupt erst einmal Stellung bezieht, bzw. müßte diese einklagen. Das wird weder vom Wortlaut des § 13 Abs. 3 SGB V gefordert, noch läßt es sich mit dem Zweck der GKV vereinbaren. Vielmehr muß es genügen, wenn die Krankenkasse ihre Bereitschaft zur Gewährung der Leistung in einem angemessenen Zeitraum nicht erklärt.[15] Zwar hat das *BSG* mittlerweile entschieden, daß auf einen Antrag des Versicherten nicht mehr verzichtet werden kann.[16] Jedoch ist dies nicht mit dem Fall vergleichbar, in dem nicht in angemessener Frist auf den Antrag geantwortet wird (die Entscheidung, in der dies angedeutet wird,[17] ist jedenfalls nicht überholt). Wesentlich muß sein, daß die Krankenkasse die Möglichkeit zur Entscheidung hatte und deshalb auch der Ausnahmecharakter des Sekundäranspruchs einer Erstattung nicht entgegensteht.

Eine a. A. ist vertretbar. Dann ist die hilfsweise Weiterprüfung erforderlich, wobei die Unaufschiebbarkeit i. S. d. 1. Alt. des § 13 Abs. 3 SGB V kaum anzunehmen ist.

Was angemessen ist, bedarf der Überlegung und ist auch durch die Rspr. nicht geklärt. Die in § 88 Abs. 1 SGG enthaltene 6-Monats-Frist erscheint als zu lang. Entscheidend muß sein, welche Bearbeitungsdauer im Einzelfall für eine ordnungsgemäße Entscheidung erforderlich ist.

Evtl. ist auch das Interesse des Antragstellers einzubeziehen, wenn auch die Unaufschiebbarkeit einer Leistung die erste Alternative des § 13 Abs. 3 SGB V betrifft.

Da nach dem Sachverhalt viereinhalb Monate ohne Antwort verstrichen waren und keine besonders komplizierten rechtlichen oder tatsächlichen Fragen entschieden werden mußten, hat die ErsK nicht in angemessener Frist geantwortet.

Eine a. A. ist auch insofern vertretbar; im wesentlichen kommt es in dieser Hinsicht auf eine methodisch korrekte und nachvollziehbare Argumentation an.

c) Schließlich muß die Nichtleistung zu Unrecht erfolgt sein. Das setzt voraus, daß der Umbau des Autos zum Leistungskatalog der GKV gehört (vgl. nachfolgend).

7. Autoumbau als Hilfsmittel

a) Bei der behindertengerechten Ausstattung des Pkw kann es sich offensichtlich nur um ein Hilfsmittel i. S. des Krankenversicherungsrechts handeln. Hilfsmittel sind sächliche Mittel, die Funktionseinbußen kompensie-

---

[15] Z. T. ausdrückl. in der Literatur, vgl. *Schulin*, HS-KV, 1994, § 6 Rn. 139; ähnlich *Hauck/Noftz*, SGB V, § 13 Rn. 52; die übrigen Kommentare verweisen allerdings weitgehend nur auf die frühere, weitergehende Rspr. des *BSG*, vgl. nachfolgend.

[16] *BSG* SozR 3–2500 § 13 Nr. 15, unter Aufgabe der fr. Rspr.

[17] *BSG* SozR 3–2200 § 182 Nr. 15.

ren. Durch § 33 Abs. 1 S. 1 SGB V wird dies dahingehend präzisiert, daß ein Anspruch auf die Hilfsmittel besteht, die im Einzelfall erforderlich sind, um den Erfolg einer Krankenbehandlung zu sichern oder eine Behinderung auszugleichen, sofern es sich nicht um allgemeine Gebrauchsgegenstände des täglichen Lebens handelt; der Ausschluß nach § 34 Abs. 4 SGB V ist vorliegend unbeachtlich.

b) Die Erforderlichkeit wird durch eine ärztliche Verordnung nachgewiesen.[18] Von deren Vorliegen kann ausgegangen werden.

c) Von den Bearbeitern ist nicht zu erwarten, daß sie genau wissen, welche Hilfsmittel im einzelnen von der Krankenkasse zu erbringen sind, oder gar die darauf bezogene Rspr. näher kennen. Sie sollten aber − ausgehend von dem Gesetzeswortlaut und der Funktion der GKV − das hier relevante und im Sachverhalt angesprochene Problem erkennen, das in der Umschreibung des zum behinderungsspezifischen Funktionsausgleich Erforderlichen und in der Abgrenzung zwischen einerseits medizinischer und andererseits beruflicher oder sozialer Rehabilitation besteht.

Jedenfalls meint der Ausgleich der Behinderung nicht den Ausgleich jeder Folge der Behinderung. Entscheidend für eine nähere Abgrenzung ist die Zielsetzung der GKV, die in der Wiederherstellung der Gesundheit einschließlich der Sicherung des Behandlungserfolgs besteht. Die berufliche Rehabilitation ist hingegen Aufgabe der Rentenversicherung und der GUV. Das *BSG* hat daraus den Schluß gezogen, nach § 33 SGB V seien nur mittelbar oder nur teilweise Organfunktionen ersetzende Mittel nur dann zu erbringen, „wenn sie die Auswirkungen der Behinderung nicht nur in einem bestimmten Lebensbereich (Beruf/Gesellschaft/Freizeit), sondern im gesamten täglichen Leben (,allgemein') beseitigen oder mildern und damit ein ,Grundbedürfnis des täglichen Lebens' betreffen".[19]

Der behindertengerechte Umbau stellt einen mittelbaren Ausgleich dar. Er wirkt zwar bereichsübergreifend, wird aber vom *BSG* nicht als einem Grundbedürfnis dienend eingestuft, da zu diesen Bedürfnissen nur die allgemeinen Verrichtungen des täglichen Lebens sowie die dazu erforderliche Erschließung von Entfaltungsmöglichkeiten einschließlich dem Erlernen eines lebensnotwendigen Grundwissens zählen. Nach Ansicht des *BSG* reicht die durch einen Pkw gesicherte Mobilität über die Grundbedürfnisse hinaus; auch der Umstand, daß Autofahren in weiten Bevölkerungsteilen zum normalen Lebensstandard gehöre, spiele für die Einstufung keine Rolle.[20]

Ergebnis: Folgt man dem hier vorgeschlagenen Lösungsweg, ist die Klage des *A* zulässig, aber unbegründet.

---

[18] Vgl. *BSG* SozR 3−2500 Nr. 13.
[19] *BSG* Breith. 1999, S. 408, 410.
[20] *BSG* Breith. 1999, S. 408, 411.

Teil II

I. Versicherungsschutz der *E*

1. Versicherte Tätigkeit

Fraglich ist, ob sich der Unfall infolge einer versicherten Tätigkeit (§ 8 Abs. 1 S. 1 SGB VII) ereignet hat. Insofern kommen verschiedene, durchweg im Sachverhalt angesprochene Varianten in Betracht, die von den Bearbeitern abgehandelt werden sollten.

Die Prüfungsreihenfolge muß sich nicht an § 135 SGB VII anlehnen.

a) § 2 Abs. 1 Nr. 1 SGB VII

Voraussetzung ist das Vorliegen eines Beschäftigungsverhältnisses (§ 7 SGB IV), also eines Rechtsverhältnisses, in dessen Rahmen die *E* eine unselbständige Tätigkeit ausübt, wobei entscheidend die persönliche Abhängigkeit ist (näher dazu Teil I, II. 5.).

Hier bestehen keinerlei Hinweise darauf, daß die Gemeinde *E* gegenüber weisungsbefugt gewesen wäre oder sonstige Indizien für eine abhängige Beschäftigung wie Eingliederung in den Betrieb o.ä. (vgl. auch insofern oben, in Teil I) vorlagen.

b) § 2 Abs. 1 Nr. 5 a) SGB VII

Auf die Bestimmungen zur Versicherung landwirtschaftlicher Tätigkeiten können die Bearbeiter in der Regel nicht kommen, da die landwirtschaftliche BG als Träger nicht erwähnt ist. Entsprechende Ausführungen sind deshalb keinesfalls erforderlich; sie wurden vielmehr absichtlich ausgespart. Soweit § 2 Abs. 1 Nr. 5 a) SGB VII trotzdem angesprochen wird, genügt der Hinweis darauf, daß ein landwirtschaftliches Unternehmen eine mehr als geringfügige Bewirtschaftungstätigkeit voraussetzt.[21] In diesem Zusammenhang wäre i.ü. auf § 123 SGB VII hinzuweisen.

c) § 2 Abs. 1 Nr. 10 SGB VII

Die Gemeinde Grinzing ist eine Körperschaft des öffentlichen Rechts (Gebietskörperschaft, Art. 1 BayGO).

Sicher ist von Ehrenamtlichkeit nicht zu sprechen, wenn ein Entgelt gezahlt wird. Im vorliegenden Fall steht der *E* die Ernte zu. Sachbezüge können eine Vergütung darstellen.[22] Die Erträge der Kirschernte gehen über eine reine Aufwandsentschädigung hinaus, wenn auch der Sachverhalt den

---

[21] Beiläufig *BSGE* 57, 91, 93.
[22] *Schwerdtfeger*, in: Lauterbach, Unfallversicherung, § 2 Rn. 359.

Wert der Ernte und den von *E* zu betreibenden Aufwand nicht näher beschreibt. Denkbar wäre allerdings, daß die Bearbeiter insofern Zweifel haben, als das *BSG* in verschiedenen Entscheidungen die Aufwandsentschädigungen vom Entgelt nach dem Kriterium „laufende Entschädigung zur Sicherstellung des Lebensunterhalts oder -bedarfs" abgegrenzt hat.[23]

Die Unentgeltlichkeit genügt i.ü. für die Annahme einer ehrenamtlichen Tätigkeit noch nicht. Zwar ist der Begriff der Tätigkeit weit zu fassen. Nicht erforderlich ist, daß die Tätigkeit einen größeren Umfang besitzt oder in bestimmter Regelmäßigkeit vorzunehmen ist; vielmehr genügen gelegentliche oder gar einmalige Verrichtungen (Beispiel Wahlhelfer). Jedoch wird z.T. schon aus dem Wortbestandteil „Ehre" gefolgert, es dürfe sich nicht um eine Tätigkeit handeln, die üblicherweise – wie hier – von gewerblichen Arbeitnehmern wahrgenommen wird.[24] Das *BSG* hat auf eine abschließende Klärung der Begriffsbestimmungen hingegen verzichtet, aber auf die Funktion des Versicherungsschutzes und in diesem Zusammenhang auf die Wahrnehmung öffentlich-rechtlicher Aufgaben in einem weiten Sinn[25] als Zuordnungsgrund hingewiesen.[26]

d) § 2 Abs. 2 SGB VII

Von den besseren Bearbeitern darf erwartet werden, daß sie nach Ablehnung des Beschäftigungsverhältnisses und der ehrenamtlichen Tätigkeit (i.ü. gutachtlich auch sonst) auf die Frage kommen, ob *E* arbeitnehmerähnlich i.S.v. § 2 Abs. 2 SGB VII tätig geworden ist. Die Voraussetzungen dafür faßt das *BSG* in st. Rspr. folgendermaßen zusammen: „Die Anwendung der Vorschrift erfordert eine ernsthafte, dem Unternehmen zu dienen bestimmte und seinem wirklichen oder mutmaßlichen Willen entsprechende Tätigkeit, die ihrer Art nach sonst von Personen verrichtet werden könnte, die in einem dem allgemeinen Arbeitsmarkt zuzurechnenden Beschäftigungsverhältnis stehen, und die unter solchen Umständen geleistet wird, daß sie einer Tätigkeit aufgrund eines Beschäftigungsverhältnisses ähnlich ist".[27]

aa) Voraussetzungen sind: (1) die Tätigkeit muß einem Unternehmen dienen, also wirtschaftlichen Wert besitzen; (2) sie muß dem (mutmaßlichen) Willen des Unternehmers entsprechen; (3) sie muß allgemein von Arbeitnehmern ausgeführt werden und (4) in ihrer konkreten Ausführung arbeitnehmerähnlich erfolgen. Es darf also – wie hier – am persönlichen Abhängigkeitsverhältnis fehlen; es dürfen aber nicht Umstände vorliegen, die gegen eine arbeitnehmerähnliche Tätigkeit sprechen (reine Gefälligkeit zwischen Verwandten; eigenes Interesse; Tätigkeit aufgrund von Mitgliedschaftspflichten).

bb) Im vorliegenden Fall kann der wirtschaftliche Wert der Tätigkeit nicht zweifelhaft sein, insbesondere wenn bedacht wird, daß bereits ein geringer

---

[23] Vgl. *BSGE* 39, 24, 28; zuletzt *BSG* SozR 3–2200 § 539 Nr. 46.
[24] *Schlegel*, in: HS-UV, § 17 Rn. 107.
[25] Mitwirken am St.-Martins-Zug, *BSG* SozR 3–2200 § 539 Nr. 11.
[26] Vgl. zum Böllerschießen *BSG* SozR 3–2200 § 539 Nr. 10.
[27] So zuletzt zu § 539 II RVO *BSG* SozR 3–2200 § 539 Nr. 41.

Wert genügt. Auch die grundsätzliche Eignung als Arbeitnehmertätigkeit steht außer Frage, denn die Gemeinde wollte ja gerade solche Tätigkeiten auf ihre Bürger übertragen, die sie sonst durch eigene Arbeiter durchführen lassen müßte.

cc) Fraglich ist aber, ob E nicht ausschließlich unternehmerisch bzw. im eigenen Interesse tätig geworden ist. Entscheidend ist auch insofern die (erkennbare) Handlungstendenz, wobei auf das Gesamtbild der Tätigkeit abzustellen sein soll. Insofern liegt der hier zu untersuchende Fall anders als der wahrscheinlich bekannte und vom *BSG* entschiedene „Selbsterntefall".[28] Unternehmerisches Handeln wäre im Hinblick darauf zu diskutieren, daß E in gewisser Weise die Kirschbäume bewirtschaftete; jedoch stehen im Vordergrund der Tätigkeit bestimmte Pflichten, und das Ernten hat Entgeltcharakter; ferner will E nicht durch planmäßiges Handeln in größerem Umfang Gewinn erwirtschaften. Bedenkt man den Aufwand für die Pflege der Bäume und das Interesse der Gemeinde, ihr Eigentum zu erhalten, dann dient die Tätigkeit der E nach dem Gesamtbild zumindest überwiegend nicht ihrem eigenen, sondern dem Interesse der Gemeinde.[29] Daran ändert sich auch nichts dadurch, daß die E bei der Ernte selbst und nicht bei einer Tätigkeit der Baumpflege verunfallte. Zumindest dann, wenn die Ernte als Entgelt angesehen wird, muß auch das Einsammeln des Obstes unter Versicherungsschutz stehen, denn abgesehen davon, daß sich hinsichtlich der Risikozuordnung zwischen den verschiedenen Tätigkeiten nicht trennen läßt, gilt auch der Grundsatz, daß sich der Versicherungsschutz auf die Entgegennahme des Entgelts erstreckt.[30]

Von den Bearbeitern ist nur zu erwarten, daß sie die wesentlichen Gesichtspunkte ansprechen; abweichende Ergebnisse lassen sich im Einzelfall bei entsprechender Begründung vertreten; i.ü. könnte das Problem des Handelns im eigenen Interesse auch erst im Rahmen des inneren (Zurechnungs-)Zusammenhangs beim Versicherungsfall diskutiert werden.

2. Versicherungsfall

a) Der Sturz vom Obstbaum ist ein Unfall i. S. v. § 8 Abs. 1 S. 2 SGB VII. Vorweggenommen werden kann, daß dieser unter Berücksichtigung der Theorie der wesentlichen Bedingung zu einem Gesundheitsschaden bei E, nämlich der Sprunggelenksfraktur, geführt hat, haftungsbegründende und haftungsausfüllende Kausalität also gegeben sind.

b) Fraglich sein kann überhaupt nur der vorgelagerte Aspekt des inneren Zusammenhangs. Dieser Zusammenhang ist wertend im Hinblick auf den durch die GUV gewährten Versicherungsschutz zu ermitteln.

---

[28] *BSGE* 57, 91: bezieht sich auf die Tätigkeit im Rahmen eines Kaufvertrages.
[29] So zu dem Fall eines Unfalls beim Ausschneiden *BayLSG* Breith. 1999, S. 66, 68 f.
[30] Vgl. zum Einsammeln von Deputatholz *BSG* SozR 3–2200 § 548 Nr. 34 = NZS 2000, 98.

aa) Grundsätzlich müßte die Tätigkeit der *E* (zumindest überwiegend) der Gemeinde gedient haben. Dieser Aspekt, insbesondere die Abgrenzung zur eigenwirtschaftlichen Tätigkeit, kann allerdings bei arbeitnehmerähnlichen Tätigkeiten durch die Prüfung der Voraussetzungen des § 2 Abs. 2 SGB VII bereits vorweggenommen werden (wegen des Erfordernisses einer subjektiv arbeitnehmerähnlichen Verrichtung, vgl. oben).

bb) Sofern i.ü. von einer ehrenamtlichen Tätigkeit ausgegangen wird, müßte der Kernbereich dieser Tätigkeit berührt sein[31] und das unfallbringende Ereignis nach der Handlungstendenz der ehrenamtlichen Tätigkeit dienen.

II. Sonstige Leistungsvoraussetzungen

Versicherte haben gem. §§ 26 Abs. 1, 27 Abs. 1 SGB VII Anspruch auf Heilbehandlung, die neben der Erstversorgung insbesondere die ärztliche Behandlung (§§ 27 Abs. 1 Nr. 2, 28 SGB VII), die Versorgung mit Arznei-, Verband- und Heilmitteln (§§ 27 Abs. 1 Nr. 4, 29–31 SGB VII) und erforderlichenfalls eine stationäre Behandlung (§§ 27 Abs. 1 Nr. 6, 33 SGB VII) umfaßt. Auf Einzelheiten muß nicht eingegangen werden.

Ergebnis: Nach der hier vorgeschlagenen Lösung hat *E* Ansprüche auf Behandlung und Versorgung gegenüber der BG.

---

[31] Vgl. nur *BSG* SozR 3–2200 § 539 Nr. 45 = NZS 1999, 253.

Fall 4. Unterbezahlt und sozial benachteiligt

Sachverhalt

Kerstin Keller (*K*) arbeitete seit 1996 als Näherin in einem Konfektionsbetrieb. Ihr Arbeitgeber Anton Ammer (*A*) kündigte ihr wegen Stillegung des Betriebes zum 31. 8. 2002. Das Arbeitsamt (ArbA) bewilligte Arbeitslosengeld (AlG) ab 1. September 2002. Bei der Berechnung des AlG wurden die Angaben der Arbeitsbescheinigung zugrunde gelegt. Diese Bewilligung wurde bestandskräftig.

Noch während des Beschäftigungsverhältnisses hatte Frau Keller die Lohnabrechnungen beanstandet; denn nach dem Manteltarifvertrag für die gewerblichen Arbeitnehmer der Bekleidungsindustrie, der für allgemeinverbindlich erklärt worden ist, habe ein Mindestlohn gezahlt werden müssen, den Ammer stets deutlich unterschritten habe. Eine Klage auf Lohnnachzahlung – wegen einer tariflichen Ausschlußfrist auf drei Monate beschränkt – war erfolgreich: Das Arbeitsgericht verurteilte Anton Ammer mit Urteil vom 11. Februar 2003, insgesamt 500,– € (nebst Zinsen) an Kerstin Keller zu zahlen. Dieses Geld konnte allerdings nicht beigetrieben werden, da die Eröffnung des Insolvenzverfahrens über das Vermögen des Anton Ammer schon am 7. Januar 2003 mangels Masse abgelehnt wurde.

I. Kerstin Keller möchte wissen, wie ihre sozialversicherungsrechtliche Lage zu beurteilen ist. Dazu erscheint ihr klärungsbedürftig, wie die Beiträge zur Kranken-, Pflege- und Rentenversicherung für die Zeit ihrer Tätigkeit bei Ammer zu berechnen und Beiträge nachzuzahlen sind. Sie hat von einem Bekannten gehört, daß das Beitragsrecht in der Sozialversicherung praktisch den Regelungen des Einkommensteuerrechts folge und demnach das in § 11 Abs. 1 und § 38 Abs. 2 des Einkommensteuergesetzes (EStG) normierte sog. Zuflußprinzip auch im Sozialversicherungsrecht gelte. Sie kann sich allerdings kaum vorstellen, daß dies zutrifft und mit den Zielen dieses Sicherungssystems vereinbar ist; letztlich erleichtere diese Auffassung zwar die Beitragsberechnung, führe aber zu Ergebnissen, die als ungerecht bewertet werden müßten.

II. Unterstellt, daß die Beitragsberechnung nicht nach der Zuflußtheorie, sondern nach der Anspruchstheorie (maßgeblich ist danach nicht der gezahlte Lohn, sondern die geschuldete Lohnforderung) vorzunehmen ist, möchte Kerstin Keller wissen, ob auch sie selbst für diesen Fall mit einer Beitragsnachforderung rechnen muß.

III. Außerdem möchte Frau Keller wissen, ob ihr AlG richtig berechnet worden ist; weiterhin interessiert es sie, welche Aussichten bestehen, ein höheres AlG zu erhalten, was sie dazu unternehmen müßte (bis hin zu einer möglicherweise anzustrengenden Klage) und welche Erfolgsaussichten dabei bestehen; das vom Arbeitsamt zugesprochene AlG scheint ihr jedenfalls in rechtswidriger Weise zu niedrig festgelegt worden zu sein; dabei vermutet sie, daß die Rechtswidrigkeit durch die fehlerhafte Anwendung des Gesetzes bewirkt worden ist.

Bearbeitervermerk: In einem umfassenden Gutachten ist zu den aufgeworfenen Rechtsfragen Stellung zu nehmen.

Hinweise:
1. Die im Sachverhalt erwähnten Regelungen des Einkommensteuergesetzes (EStG) lauten (auszugsweise):
§ 11 Abs. 1 „Einnahmen sind innerhalb des Kalenderjahres bezogen, in dem sie dem Steuerpflichtigen zugeflossen sind …"
§ 38 Abs. 2 „Der Arbeitnehmer ist Schuldner der Lohnsteuer. Die Lohnsteuer entsteht in dem Zeitpunkt, in dem der Arbeitslohn dem Arbeitnehmer zufließt."

2. Soweit eine Beitragsberechnung erforderlich erscheint, sind nur die Rechenansätze darzustellen.

Lösung

Die Bearbeitung des Falles erfordert die Kenntnis (oder das Auffinden) der wenigen Regelungen, die eine Vorstellung von der Funktionsweise der Sozialversicherung unter dem Gesichtspunkt ihrer Finanzierung vermitteln sowie eine gewisse juristische Fertigkeit im Umgang mit ihnen. Der Sachverhalt enthält zahlreiche Hinweise für die Berücksichtigung wesentlicher Gesichtspunkte, die jedoch nicht als abschließend zu betrachten sind. Die einschlägige Rspr. des *BSG* findet sich in den Entscheidungen *BSG* SozR 3–2200 § 385 Nr. 5 und *BSG* SozR 3–4100 § 112 Nr. 22. Darüber hinaus werden Grundkenntnisse des SGB III, des SGG sowie die Fähigkeit erwartet, Handlungsmöglichkeiten darzustellen, wie ein Anspruch auf AlG in verschiedenen Entscheidungssituationen der Arbeitsverwaltung durchzusetzen ist.

Frage 1: Berechnung der Beiträge zur KV, PflV und RV

A. Beitragsberechnung in der KV

I. Die Regelungen

1. Ermittlung der Beiträge

Nach der Regelung des § 223 Abs. 2 SGB V werden die Beiträge nach den **beitragspflichtigen Einnahmen** der Mitglieder bemessen.

§ 226 Abs. 1 Nr. 1 SGB V nennt als Grundlage der Beitragsbemessung das **Arbeitsentgelt** aus einer versicherungspflichtigen Beschäftigung.

Die Versicherungspflicht aufgrund einer Beschäftigung regelt wiederum § 5 Abs. 1 Nr. 1 SGB V i. V. m. § 7 Abs. 1 SGB IV.[1]

2. Arbeitsentgelt

Die Legaldefinition des § 14 Abs. 1 SGB IV gibt lediglich Aufschluß darüber, welche tatsächlich zugeflossenen Einnahmen zum Arbeitsentgelt zählen; das hier zu erörternde Problem ist also damit (allein) nicht zu lösen.

II. Problem

Sollte wie im Steuerrecht (§§ 11 Abs. 1 S. 1, 38 Abs. 2 S. 2 EStG) das **Zuflußprinzip** gelten, so wäre allein maßgeblich, was an **Lohn tatsächlich gezahlt** worden ist.

---

[1] Zu beachten sind jedoch die Ausnahmen nach den §§ 6 bis 8 SGB V.

Infolgedessen wäre der Beitrag zur KV aus dem Lohn zu berechnen, der in rechtswidriger Weise (Verstoß gegen den allgemeinverbindlichen Tarifvertrag als zwingendes, durch Vertragsfreiheit nicht abdingbares Recht, vgl. § 5 Abs. 1 und 4 TVG) zu niedrig vereinbart und ausgezahlt worden ist. Erfolgt jedoch die Bemessung der Beiträge nach dem **Anspruchsprinzip** (so die Bezeichnung durch das *BSG*; andere Bezeichnung, z. B. in der Praxis der BfA: **Entstehungsprinzip**), so ist der unter Berücksichtigung des Individual- und des Kollektivarbeitsrechts **geschuldete Lohn** maßgeblich.

III. Möglichkeiten der Problemlösung

1. Wortlautauslegung

In den Vorschriften des **SGB** findet sich **keine** so **deutliche Regelung** wie in den §§ 11 Abs. 1 S. 1, 38 Abs. 2 S. 2 EStG.

Ansatzpunkt für die Ermittlung des Inhalts der Normen sind – hinsichtlich des Wortlauts – die Begriffe „**Einnahmen**" (§§ 223 Abs. 1 SGB V, 14 SGB IV) und „erzielt" (§ 14 Abs. 1 S. 1 SGB IV).

a) Einnahmen

Der Begriff allein besagt nichts Entscheidendes zur einen oder anderen Theorie, wie auch ein Blick auf das EStG zeigt; denn dort ergibt sich die Geltung der „Zuflußtheorie" nicht aus dem Begriff „**Einnahmen**", sondern dem Gesetzestext i.ü. („**zugeflossen**"; „**zufließt**").

b) „Erzielt"

Hier handelt es sich um einen auslegungsfähigen Begriff. Man könnte grundsätzlich auf den Gedanken kommen, „erzielt" bedeutet „in die Hand bekommen".

Überwiegend wurde jedoch (im Beitragsrecht) von der „Anspruchstheorie" ausgegangen:[2] Danach bedeutet „erzielt" dasselbe wie „verdient", was wiederum dann der Fall ist, wenn ein **Anspruch erworben** ist.

Folge ist, daß die Einzugsstellen (vgl. § 28 h SGB IV – KV-Träger) und die Prüfstellen (vgl. § 28 p SGB IV – RV-Träger) die **arbeitsrechtliche Situation** in ihre Beitragsermittlung einbeziehen müssen.

Gleiches gilt als **Vorfrage** für die **SGe**. Nach der **Rspr.** des *BSG* wird aber eine Ausnahme in den Fällen gemacht, in denen ein arbeitsgerichtliches Verfahren schwebt;[3] so lange enthält sich die Sozialgerichtsbarkeit einer arbeitsrechtlichen Bewertung.

---

[2] *BSGE* 54, 136, 139 f.; 75, 61 = SozR 3–2200 § 385 Nr. 5; *BSGE* 78, 224 = SozR 3–2500 § 226 Nr. 2; *Wannagat/Schneider*, SGB V, § 223 Rn. 5; KassKomm/*Peters* § 226 SGB V Rn. 11 m. w. N.

[3] *BSG* SozR 3–2200 § 385 Nr. 5.

2. Auslegung unter Berücksichtigung des Verhältnisses von Sozialversicherungs-Beitragsrecht zum Steuerrecht

Nachdem **Beitrags- und Steuerrecht** durch Erlasse in den Jahren 1942 und 1944 gekoppelt worden waren und damit das Zuflußprinzip im Sozialrecht Eingang gefunden hatte, wurden die beiden Rechtsbereiche 1977 durch das **SGB IV** wieder grundsätzlich **getrennt**.

Gleichwohl gibt es zahlreiche Regelungen, die eine praktische **Harmonisierung** bewirken und die Frage nach der Fortgeltung des Zuflußprinzips aufwerfen: So bestimmt etwa § 14 Abs. 1 S. 2 SGB IV, daß steuerfreie Einnahmen nicht als Arbeitsentgelt gelten; § 15 SGB IV bindet die Ermittlung von Arbeitseinkommen an die Regelungen des EStG; § 16 SGB IV definiert den Begriff des Gesamteinkommens unter Rückgriff auf das EStG; darüber hinaus verpflichtet § 17 Abs. 1 S. 2 SGB IV den Verordnungsgeber (auch zur Vereinfachung des Beitragseinzuges), eine möglichst weitgehende Übereinstimmung zwischen Sozialversicherungsrecht und Steuerrecht herzustellen,[4] was u. a. durch die auf § 17 SGB IV beruhende Arbeitsentgeltverordnung (ArEV) bewirkt werden soll. Die Existenz dieser Regelungen deutet auf die Geltung des steuerrechtlichen **Zuflußprinzips** in § 14 Abs. 1 SGB IV hin.

3. Systematische Auslegung im Hinblick auf die Regelungen in § 23 SGB IV

Danach werden **Beiträge fällig**, selbst wenn der **Lohnanspruch noch nicht entstanden** ist. Zudem nimmt Abs. 1 S. 2 ausdrücklich (nur) auf die Tätigkeit, mit der das Arbeitsentgelt erzielt wird, Bezug. Das spricht für die Geltung des **Anspruchsprinzips**.

4. Auslegung nach Sinn und Zweck der Beitragserhebung in der KV

Die GKV ist ein **Versicherungssystem**, das durch Beiträge seine Leistungsfähigkeit erhalten muß:
- § 3 SGB V normiert vorweg den Grundsatz solidarischer Beitragsfinanzierung.
- Ausweislich § 220 Abs. 1 S. 1 SGB V dienen Beiträge der Aufbringung der Mittel für die KV.
- Nach § 220 Abs. 1 S. 2 SGB V werden Einnahmen im Hinblick auf (gesetzlich und satzungsmäßig) notwendige Ausgaben bemessen.
- Dabei ist die Leistungsfähigkeit der KK nötigenfalls durch Beitragserhöhung zu sichern, § 220 Abs. 2 S. 2 SGB V.
- Die Grundzüge dieses Gefüges sind bereits im allgemeinen Teil geregelt (§ 20 SGB IV – Aufbringung der Mittel in der Sozialversicherung durch Beiträge; § 21 SGB IV – Bemessung der Beiträge zur Aufgabenerfüllung).

---

[4] Z. B. bei der Ermittlung des Arbeitsentgelts (vgl. § 17 Abs. 1 S. 1 Nr. 3 SGB IV).

Bei der **Beitragserhebung** ist den Versicherungsträgern grundsätzlich **kein Ermessen** eingeräumt, vgl. § 76 Abs. 1 SGB IV. Insbesondere wird dort die Pflicht hervorgehoben, Beiträge vollständig zu erheben. Damit korrespondieren die Abs. 2 und 3, wonach Stundung, Erlaß und Niederschlagung von Beitragsansprüchen nur unter den dort genannten Voraussetzungen zulässig sind.

Insgesamt hat also die Anwendung der „**Anspruchstheorie**" systemstabilisierende Wirkung; nach Ansicht des *BSG* ist dem Rechnung zu tragen, gerade angesichts einer insbesondere in den neuen Bundesländern verbreiteten Praxis der Lohnverkürzung.[5]

5. Gerechtigkeitsgesichtspunkte

Damit sind die grundsätzlichen Prinzipien des **Rechtsstaats** angesprochen.

a) Keine Widersprüchlichkeit im Einzelfall

Prinzipiell sollte die **Rechtswidrigkeit** der **Lohnbemessung** und -zahlung **nicht** in das **Beitragsrecht** „durchschlagen" können. Die Rechtsordnung würde sich selbst widersprechen, wenn sie einerseits durch die Erklärung eines Tarifvertrags als allgemeinverbindlich in gewissen Branchen Mindestlöhne aufstellt, andererseits aber Sozialversicherungsbeiträge eines geringeren Entgeltniveaus festsetzt.

Außerdem würden **rechtswidrig handelnde Arbeitgeber** im Vergleich zu denen, die sich (arbeits- und beitragsrechtlich) rechtmäßig verhalten, **durch** das **Zuflußprinzip begünstigt.**

Schließlich legt auch eine Prüfung von **Art. 3 Abs. 1 GG** dieses Ergebnis nahe.

b) Rechtssicherheit; Zweckmäßigkeit und Einfachheit der Verwaltungstätigkeit

Möglicherweise sprechen aber **andere Gesichtspunkte** für das Zuflußprinzip. Dieses stellt z. B. sehr geringe Anforderungen an die Beitragsermittlung und -berechnung; insoweit wäre ein **zweckmäßig-einfaches Verwaltungsverfahren** möglich, wohingegen durch das Anspruchsprinzip eine – im Einzelfall komplizierte – arbeitsrechtliche Prüfung erfolgen muß.

U. U. sprechen auch Aspekte der **Rechtssicherheit** gegen das Anspruchsprinzip. Der Vertrauensschutz ist Bestandteil davon. Daran könnte man evtl. hinsichtlich des Vertrauens der Versicherten denken, die annehmen, für die Vergangenheit keine weiteren Beiträge mehr zahlen zu müssen; keinesfalls schutzwürdig ist aber das **Vertrauen des Arbeitgebers** darauf, daß seine rechtswidrige Lohnvereinbarung und -zahlung auch im Beitragsrecht berücksichtigt wird.

---

[5] *BSG* SozR 3–4100 § 112 Nr. 22.

6. Rechtswegzuständigkeit

Kein durchgreifendes Argument gegen die Anspruchstheorie ist, daß Streitigkeiten über die Höhe des Arbeitsentgelts von der Arbeitsgerichtsbarkeit, die wegen einer tariflichen Ausschlußfrist u. U. nicht für die Durchsetzung des vollen Anspruchs zur Verfügung steht, auf die KK und die SG verlagert würden. Zwar prüfen die *SGe* nach der Anspruchstheorie die arbeitsrechtliche Situation, jedoch ist dies dort nur Vorfrage (vgl. auch § 114 SGG); schließlich können auch die Entscheidungsgründe eines sozialgerichtlichen Urteils, in denen ausgeführt wird, daß wegen eines Entgeltanspruchs Beiträge zu entrichten seien, keinen Vollstreckungstitel (etwa gegen den Arbeitgeber) darstellen.

IV. Zwischenergebnis

Das *BSG* folgt überwiegend und in neuerer Zeit dezidiert der **Anspruchstheorie.**[6] Ein anderes Ergebnis ist mit entsprechender Begründung ebenfalls vertretbar. Ebenso ist es bei entsprechenden Ausführungen unschädlich, wenn der Bearbeiter zu dem – in der Literatur umstrittenen[7] – Schluß gelangt, daß die Beitragsforderung mit der Entstehung oder mit der Fälligkeit des Anspruchs auf Arbeitsentgelt entstehe.

Unter Zugrundelegung der Anspruchstheorie ergibt sich, daß bei der **Beitragsberechnung** nicht vom richtigen Betrag des Arbeitsentgelts ausgegangen und damit ein **zu geringer Beitrag** errechnet und gezahlt wurde.

V. Nachzahlungsanspruch

Die Höhe des Nachzahlungsanspruchs ergibt sich aus der **Differenz zwischen gezahltem und** auf der Grundlage des **geschuldeten Entgelts** berechneten Betrags.

1. Verjährung

Die **gesetzliche Verjährungsfrist** beträgt grundsätzlich vier Jahre. Wenn Beiträge allerdings vorsätzlich vorenthalten wurden, verjähren die Ansprüche in 30 Jahren ab Ablauf des Kalenderjahres, in dem sie fällig geworden sind (§ 25 SGB IV).

Ein Nachforderungsanspruch besteht danach mindestens für die Jahre 1999 bis 2003.

---

[6] *BSGE* 54, 136, 139; 75, 61, 65 = SozR 3–2200 § 385 Nr. 5; *BSGE* 78, 224, 226 = SozR 3–2500 § 226 Nr. 2.

[7] Dazu *Kauke*, Die Beiträge 2001, 577 ff.; *Marx*, NZS 2002, 126 ff.

2. Ausschlußfrist nach Tarifvertrag

Problematisch ist, ob hier die gesetzliche Verjährungsfrist gilt oder ob die **Ausschlußfrist des Tarifvertrages** von drei Monaten auf den Beitrags-Nachzahlungsanspruch „durchschlägt".

Nach der Anspruchstheorie und der einschlägigen **Rspr.** des *BSG*[8] ist die **Ausschlußfrist unbeachtlich.** Denn kollektivarbeitsrechtliche Tarifverträge können nicht zwingende öffentlich-rechtliche Vorschriften abändern; das ergibt sich bereits aus der „**Normenhierarchie**".[9] Außerdem kann öffentliches Recht mit seiner hoheitlichen[10] Wirkung – anders als die Rechtsbeziehungen im Arbeitsrecht – grundsätzlich nicht der Privatautonomie unterliegen. Die Ausschlußfrist wirkt demnach **nur im Verhältnis des Arbeitnehmers zum Arbeitgeber.**

Ein anderes Ergebnis ist mit überzeugender Begründung vertretbar.

VI. Ergebnis

Die Beitragsberechnung erfolgt aufgrund des geschuldeten, nicht des tatsächlich gezahlten Entgelts; ein Nachforderungsanspruch der KK besteht mindestens für die Jahre 1999 bis 2002.

B. Beitragsberechnung in der PflV

I. Die Regelungen

– Nach **§ 54 Abs. 1 SGB XI** werden auch die Mittel der Gesetzlichen PflV durch Beiträge gedeckt.
– (Auch) § 54 Abs. 2 SGB XI nennt als Bemessungsgrundlage die beitragspflichtigen Einnahmen der Mitglieder.
– **§ 57 SGB XI** verweist sodann auf das SGB V und dabei insbesondere auf **§ 226 SGB V** (beitragspflichtige Einnahmen); mittelbar ist also wieder **§ 14 SGB IV** einschlägig.

II. Problem. Lösungsmöglichkeiten

Grundsätzlich gelten hier die gleichen Überlegungen wie zur KV.
Auch das Prinzip der **dualen Finanzierung des Pflegeversicherungssystems** – vgl. § 9 SGB XI – **führt zu keinem anderen Ergebnis.** Die

---

[8] *BSG* SozR 3–2200 § 385 Nr. 5, S. 14 ff.
[9] Dazu *Maurer*, Allgemeines Verwaltungsrecht, 14. Aufl. 2002, § 4 Rn. 37 ff.
[10] Vgl. die Theorien zur Definition von öffentlichem Recht, etwa *Maurer*, Allgemeines Verwaltungsrecht, 14. Aufl. 2002, § 3 Rn. 14 ff.

(Mit-)Verantwortlichkeit der Länder[11] für die Vorhaltung der pflegerischen Versorgungsstruktur ändert nichts am tragenden Grundsatz der Beitragsfinanzierung in der PflV, die in ihrem Gesamtkonzept an die GKV angelehnt ist.[12]

C. Beitragsberechnung in der RV

I. Die Regelungen

- § 153 Abs. 1 SGB VI normiert das **Umlageverfahren** („Generationsvertrag"); nach § 153 Abs. 2 erfolgt die Finanzierung u. a. durch Beiträge.
- § 157 SGB VI nennt die Beitragsbemessungsgrundlage als Basis der Beitragserhebung, wobei diese nach
- § 161 SGB VI die beitragspflichtigen Einnahmen der Mitglieder darstellen.
- Ausweislich § 162 S. 1 Nr. 1 SGB VI sind solche Einnahmen das Arbeitsentgelt aus der versicherungspflichtigen Beschäftigung (§ 1 SGB VI); damit sind auch diesbezüglich die §§ 14 ff. SGB IV anzuwenden.

II. Problem. Lösungsmöglichkeiten

Es gelten also auch in der Rentenversicherung die gleichen Grundsätze wie in der KV (vgl. oben).

Allerdings ist für die **RV** ein **zusätzlicher Aspekt** maßgeblich: Die **Beitragsbemessungsgrundlage**[13] hat gerade für die **Berechnung der Renten**[14] (vgl. §§ 63 ff. SGB VI) wesentliche Bedeutung, da sie die Zahl der **Entgeltpunkte** (§ 70 SGB VI) bedingt.

Somit würde die Anwendung der **Zuflußtheorie** für den **Rentenanspruch** zu – negativen – Auswirkungen auf dessen Höhe führen und in der Folge zu einer entsprechenden (negativen) individuellen Betroffenheit der *K*.

Ziel der RV sollte es sein, die Alterssicherung auch nicht partiell dem arbeitsrechtlichen Belieben des Arbeitgebers (ausgedrückt in rechtswidrigen Vereinbarungen) anheimzugeben.

---

[11] Dazu insg. KassKomm/*Peters* § 9 SGB XI Rn. 2, 4.

[12] Etwa KassKomm/*Peters* § 20 SGB XI Rn. 5 ff.

[13] Also im Grundsatz das Einkommen des Versicherten bis zur jeweiligen Beitragsbemessungsgrenze, vgl. §§ 157, 161 ff. SGB VI.

[14] Ausf. *Schulin/Igl*, Sozialrecht, 7. Aufl. 2002, Rn. 698 ff.

Frage 2: Beitragsnachforderung gegenüber *K* denkbar?

Zur Beantwortung dieser Frage war erforderlichenfalls zu unterstellen, daß bei § 14 SGB IV die Anspruchstheorie gilt.

Es geht hier um die Frage, ob *K* **persönlich** Beiträge nachzuzahlen hat. Dabei ist zwischen Pflicht zur **Zahlung** und zur **Tragung des Beitrages** zu unterscheiden.

I. Zahlung der Beiträge

1. § 253 SGB V regelt für die KV (als Ausnahme zu § 252 SGB V, der den Grundsatz enthält, daß die Beitragszahlung der Beitragstragung folgt) die **Zahlung der Beiträge aus Arbeitsentgelt** bei einer versicherungspflichtigen Beschäftigung durch eine Verweisung auf das SGB IV. Nach § 28 d S. 1 SGB IV ist der KV-Beitrag Bestandteil des **Gesamtsozialversicherungsbeitrags**, den nach § 28 e Abs. 1 S. 1 SGB IV der **Arbeitgeber zu zahlen** hat.

2. Für die RV wird die Zahlung der Beiträge in **§ 174 Abs. 1 SGB VI** in der gleichen Weise geregelt.

3. Für die PflV wird ebenfalls von dem auch in der KV (§ 252 SGB V) und der RV (§ 173 SGB VI) enthaltenen Grundsatz „Beitragszahlung folgt Beitragstragung" ausgegangen (**vgl. § 60 Abs. 1 S. 1 SGB XI**). Der Verweis auf die Regelungen des SGB V (§ 252 S. 2, §§ 253 bis 256) führt − über § 253 SGB V − wiederum zu §§ 28 d bis 28 n und § 28 r SGB IV. Damit wird auch dieser Beitrag Bestandteil des Gesamtsozialversicherungsbeitrages und ist allein vom Arbeitgeber zu zahlen (§ 28 e SGB IV).

II. Zwischenergebnis

Gem. § 28 e Abs. 1 SGB IV hat der **Arbeitgeber** den Gesamtsozialversicherungsbeitrag zu zahlen.

Damit steht allein *A* in der **Pflicht**, die **Beitragsnachforderung zu begleichen**; *K* ist somit keiner Nachforderung seitens der Einzugsstelle ausgesetzt.

III. Tragung der Beiträge

1. Die **Verteilung der Beitragslast** in der KV richtet sich nach **§§ 249 ff. SGB V**; nach § 249 Abs. 1 SGB V trägt grundsätzlich der versicherungspflichtig Beschäftigte den Beitrag **zur Hälfte**.

Entsprechendes regelt **§ 168 Abs. 1 Nr. 1 SGB VI** für die RV und **§ 58 Abs. 1 S. 1 SGB XI für die PflV**; es kann unterstellt werden, daß der Sachverhalt sich nicht in einem Bundesland abspielt, das die (hälftige) Finanzierung der PflV nicht durch die Aufhebung eines Feiertages ausgeglichen hat (mit der Folge des § 58 Abs. 3 SGB XI[15]).

2. Hinsichtlich des vom Arbeitnehmer zu tragenden Teils des Gesamtsozialversicherungsbeitrages hat der Arbeitgeber einen (**Ausgleichs-)Anspruch gem.** § 28 g S. 1 SGB IV; danach müßte *K* entsprechend an *A* die Hälfte der Beitragsnachforderung zahlen.

Zu beachten ist jedoch § 28 g S. 2 SGB IV, der das **Innenverhältnis** zwischen Arbeitgeber und Arbeitnehmer regelt. Der Sache nach handelt es sich um eine konkludente Aufrechnung.[16]

Somit könnte *A* nur im Wege des § 28 g S. 2 SGB IV gegen *K* vorgehen.

IV. Subsumtion. Zwischenergebnis

Grundsätzlich darf nach § 28 g S. 3 SGB IV ein unterbliebener Abzug **nur bei den nächsten drei Lohn- oder Gehaltszahlungen** nachgeholt werden, es sei denn, den Arbeitgeber trifft daran kein Verschulden.

Ein Fall des § 28 g S. 4 SGB IV, durch den die den Arbeitnehmer schützende Einschränkung des Ausgleichsanspruchs des Arbeitgebers aufgehoben würde, liegt nicht vor: Daß die *K* grob fahrlässig oder vorsätzlich ihre Pflicht verletzt hat, ist nicht ersichtlich.

Da Lohnzahlungen aber nicht mehr stattfinden, ist bereits § 28 g S. 2 SGB IV nicht anwendbar. Ebenso ist deswegen S. 3 irrelevant.[17]

V. Ergebnis

Somit kann die *K* weder von der Einzugsstelle noch von *A* zur Zahlung der Nachforderung herangezogen werden.

Frage 3 besteht aus zwei Teilfragen, – erstens – ob das AlG richtig berechnet worden ist und – zweitens – welche Aussichten bestehen, ein höheres AlG zu erreichen

A. Berechnung des AlG

I. Die Regelungen

Für einen Anspruch auf AlG sind die **§§ 117 ff. SGB III** maßgeblich.

---

[15] Hier wäre der Beitrag in Höhe von einem Prozent vom Beschäftigten allein zu tragen.

[16] *BSGE* 67, 290, 292; dazu insg. KassKomm/*Seewald*, § 28 g SGB IV Rn. 2.

[17] Ein u. U. unverschuldetes Unterlassen des Abzuges (mit der Folge, daß auch noch später „aufgerechnet" werden kann) wäre wohl ohnehin nicht gegeben.

1. Voraussetzungen, § 117 Abs. 1 SGB III

Voraussetzungen für einen Anspruch dem Grunde nach sind **Arbeitslosigkeit**, die **Meldung beim AA als arbeitslos** sowie die **Erfüllung der Anwartschaftszeit.**
All das kann nach dem Sachverhalt unterstellt werden; denn im Ergebnis ist ein Anspruch bejaht worden, der lediglich der Höhe nach streitig ist.

2. Höhe des AlG

Grundsätzlich berechnet man die Höhe des AlG aus einem Prozentsatz des pauschalierten Nettoentgelts (= **Leistungsentgelt**), das sich seinerseits aus dem im Bemessungszeitraum erzielten Bruttoentgelt (= **Bemessungsentgelt**) ergibt (§ 129 SGB III).[18]

3. Bemessungsentgelt

Die Feststellung dieses **Bemessungsentgelts**[19] könnte vorliegend **problematisch** sein. Es ist in § 132 Abs. 1 S. 1 SGB III definiert als „das im Bemessungszeitraum durchschnittlich auf die Woche entfallende Arbeitsentgelt", wobei aber Entgelt, von dem Beiträge nicht zu erheben sind, außer Betracht bleibt (§ 132 Abs. 1 S. 2 SGB III).
Maßgeblich ist somit das **beitragspflichtige Entgelt.** Gemäß § 134 Abs. 1 S. 1 SGB III ist dabei im Rahmen einer versicherungspflichtigen Beschäftigung – diese Voraussetzung liegt hier vor (§ 25 SGB III) – das **erzielte** Arbeitsentgelt zugrunde zu legen.
Zu fragen ist also, wann Arbeitsentgelt i. S. d. Regelungen des Leistungsrechts (im SGB III) „erzielt" ist.
a) Im SGB III findet sich **kein Verweis auf § 14 SGB IV;** allerdings besteht auch kein gesetzlicher Ausschluß (vgl. § 1 Abs. 1 S. 2 SGB IV).
b) Nach dem **Wortlaut des § 132 Abs. 2 S. 1 SGB III** kommt als Bemessungsentgelt wohl nur **Entgelt** in Betracht, das „gezahlt worden ist"; das spricht insoweit für die Geltung der Zuflußtheorie.
Aus **§ 132 Abs. 2 S. 2 SGB III** könnte dagegen auf die **Anspruchstheorie** geschlossen werden („... beansprucht werden kann ...", „... Tage mit Anspruch auf Entgelt ...").
c) Als speziellere Regeln sind diesbezüglich jedoch § 134 Abs. 1 S. 1 und S. 2 SGB III einschlägig.
aa) Nach **fr. Rspr.** wurde die dem § 134 Abs. 1 S. 1 SGB III entsprechende Regelung dahingehend ausgelegt, daß es allein auf den Zufluß – also den tatsächlichen Erhalt – von Arbeitslohn ankommt. Die Anwendung dieser „rei-

---

[18] Für Kinderlose 60 %, ansonsten unter bestimmten Voraussetzungen 67 %.
[19] Dazu insg. *Ruhm*, Arbeitsförderungsrecht SGB III, 2000, Rn. 336 ff.

nen **Zuflußtheorie**"[20] wurde damit begründet, daß Ziel des AlG eine zeitnahe, rasche und einfache Bestimmung des Bemessungsentgelts sei; außerdem sei (nur) die Sicherung des Lebensstandards, der vor Eintritt der Arbeitslosigkeit tatsächlich bestanden hat, bezweckt; schließlich sollte damit verhindert werden, daß nach dem Ausscheiden aus dem Beschäftigungsverhältnis zum Schein Lohnerhöhungen vereinbart werden, um auf diese Weise ein höheres AlG zu erreichen (Verhinderung von Manipulationen).

Das *BSG* ist schon unter der Geltung des AFG von dieser Auslegung ausdrücklich abgerückt.[21] Ziel dieser **(neuen) Rspr.** war es, eine **Korrektur vertragswidriger oder rechtswidriger Lohnabrechnungen** zu ermöglichen.

Das soll durch die (vom *BSG* so bezeichnete) kombinierte Anspruchs- und Zuflußtheorie bewirkt werden, wonach diejenigen Teile des Arbeitsentgelts zu berücksichtigen sind, die dem Arbeitnehmer nach dem Ausscheiden infolge nachträglicher Vertragserfüllung für den Bemessungszeitraum zugeflossen sind.

Zur **Begründung** wurden folgende **Aspekte** angeführt:

(1) Arbeitslose, denen der **geschuldete Lohn** zunächst **rechtswidrig vorenthalten**, später jedoch nachgezahlt worden ist, dürfen **nicht schlechter gestellt** werden als diejenigen, deren Arbeitsentgelt rechtzeitig und vollständig ausgezahlt worden ist.

(2) Das gilt gerade auch unter dem Gesichtspunkt des **Art. 3 Abs. 1 GG**.

(3) Auch die durch diese Rspr. entstehende **Prüfung einer arbeitsrechtlichen Verpflichtung** nach (nachträglichem) Zufluß von Arbeitsentgelt durch die Sozialversicherungsträger ist zumutbar, insbesondere im Hinblick auf den Versicherten, der keinen unmittelbaren Einfluß auf die rechtzeitige und vollständige Auszahlung des Lohns hat.

(4) Dazu kommen **tatsächliche Gesichtspunkte**: Es haben sich nämlich die Fälle gehäuft, in denen aufgrund eines vom **Arbeitnehmer** angestrengten Arbeitsgerichtsverfahrens **untertariflich entlohnt** oder das Arbeitsentgelt fehlerhaft eingruppiert worden war und statt dessen erst später nachgezahlt worden ist.

bb) Der **Gesetzgeber** hat darauf reagiert und die *BSG*-Rspr. übernommen; die Regelung des § 134 SGB III wurde schließlich noch erweitert auf die Fälle, in denen die nachträgliche Lohnnachzahlung nur wegen Zahlungsunfähigkeit des Arbeitgebers unterblieben ist (Abs. 1 S. 2 2. Alt.).

4. Subsumtion zu § 134 (Abs. 1) SGB III

Das **AlG** ist im vorliegenden Fall also **zu niedrig**, weil das Bemessungsentgelt zu niedrig angesetzt worden ist.

---

[20] Vgl. *BSG* SozR 3–4100 § 112 AFG Nr. 10.
[21] *BSG* SozR 3–4100 § 112 AFG Nr. 22.

5. Ergebnis

Die Bewilligung ist rechtswidrig, jedoch bestandskräftig.

B. Aussichten auf höheres AlG

Gefragt ist nach den Erfolgsaussichten von Bemühungen um ein höheres AlG. In Frage kommen ein **erneutes Verwaltungsverfahren**, u. U. ein Widerspruchs- oder ein Gerichtsverfahren.
Ziel der *K* muß es in jedem Fall sein, die Wirkungen des ergangenen AlG-Bescheides zu beseitigen und einen **neuen Bescheid mit richtiger Berechnung** zu erhalten.

I. Erneutes Verwaltungsverfahren

Angesichts der **Bestandskraft** der (ersten) AlG-Bewilligung sind ein Widerspruchsverfahren und ein folgendes Gerichtsverfahren offenbar aussichtslos (vgl. § 84 Abs. 1, Abs. 3 i. V. m. §§ 66, 67, §§ 87, 88 SGG).
In Frage kommt jedoch die Anstrengung eines erneuten Verwaltungsverfahrens; dabei ist zu beachten, daß das **SGB X** − anders als die Verwaltungsverfahrensgesetze in §/Art. 51 − eine diesbezügliche **spezielle Regelung nicht** enthält. Es sind insofern **allein** die **§§ 44 ff.** SGB X anzuwenden.

1. „Formelle" Voraussetzungen

Hier ist in erster Linie an einen Antrag auf Rücknahme des AlG-Bescheids gem. § 44 Abs. 1 SGB X zu denken.

a) Antrag

aa) Antragserfordernis. Einschlägig für einen Antrag auf AlG sind § 323 Abs. 1 S. 1 und 2 SGB III (vgl. auch § 18 S. 2 Nr. 1 SGB X); das Antragserfordernis ist von der *K* seinerzeit offenbar beachtet worden.
Ein Antrag auf Rücknahme ist an sich nicht notwendig,[22] da auch eine Rücknahme von Amts wegen zulässig ist (arg. aus § 44 Abs. 4 S. 3 SGB X). Allerdings wird allgemein nicht von einer diesbezüglichen Verpflichtung der Verwaltung ausgegangen.
Empfehlenswert ist ein Antrag jedenfalls im Hinblick auf § 44 Abs. 4 S. 3 SGB X (u. U. günstigere Berechnung des Verjährungszeitraums).

---

[22] KassKomm/*Steinwedel*, § 44 SGB X Rn. 27.

Eine **Pflicht zur Neufestsetzung** nach der Rücknahme ergibt sich unmittelbar aus dem Prinzip der Gesetzmäßigkeit der Verwaltung; der früher
gestellte Leistungsantrag – hier der K – bleibt beachtlich, so daß ein neuer
(zusätzlicher) Antrag auf erneute Festsetzung des AlG an sich entbehrlich
ist.

bb) Zeitpunkt des Antrags. Insofern ist § 324 Abs. 2 S. 1 SGB III einschlägig;
eine Beantragung nach dem leistungsbegründenden Ereignis (Arbeitslosigkeit der K) wäre jedenfalls unschädlich.

b) Weitere „formelle" Voraussetzungen/Zulässigkeit des Antrages

Es ist anzunehmen, daß die weiteren formellen Voraussetzungen wie
Antragstellung bei der **zuständigen Behörde**[23] (oder ersatzweise nach
§ 16 Abs. 1 und 2 SGB I) beachtet werden. Auch die **Beteiligtenfähigkeit**
(§§ 10, 12 ff. SGB X) ist unproblematisch zu erfüllen, zumal ein derartiges
Verfahren bereits stattgefunden hat.

c) Bescheidungsinteresse/Sachentscheidungsinteresse/Rechtsschutzinteresse

Wie im gerichtlichen Verfahren ist auch im Verwaltungsverfahren ein
Antrag nur zulässig, wenn der Antragsteller ein **schutzwürdiges Interesse**
an der beantragten **Entscheidung** hat; im SGB X (auch im VwVfG) ist dieses Erfordernis nicht genannt, gilt aber als Ausdruck allgemeiner Rechts-
grundsätze auch im Verfahren der Exekutive.

Hier könnte die Tatsache, daß über das AlG der K bereits eine bestands-
kräftige Entscheidung getroffen worden ist, einer erneuten Entscheidung
entgegenstehen.

§ 77 SGG geht von einer **Bindung aller Beteiligten** durch einen bestandskräftigen Verwaltungsakt aus. Danach wäre der Verfügungssatz der
AlG-Bewilligung bestandskräftig geworden.

Zu den gesetzlichen Bestimmungen im Sinne des § 77 letzter Hs.
SGG, durch die etwas anderes geregelt werden kann, gehören die §§ 44 ff.
SGB X. § 44 SGB X ermöglicht die **Durchbrechung der materiellen Bestandskraft** eines rechtswidrigen, nicht begünstigenden Verwaltungsaktes.[24] Die Behörde ist ggf. zu einem sog. **Zugunstenbescheid**,[25] der das
AlG für die Vergangenheit und die Zukunft richtig festsetzt, verpflichtet
(übrigens selbst dann, wenn über den gleichen Streitgegenstand ein rechts-
kräftiges Urteil vorliegt).

Somit gibt es im Sozialrecht – innerhalb der Vierjahresfrist des § 44
Abs. 4 SGB X – **praktisch keine materielle Bestandskraft.**

K hat demnach ein Bescheidungsinteresse.

---

[23] Dies regeln § 327 Abs. 1 SGB III i. V. m. § 30 Abs. 3 SGB I (örtlich zuständiges
AA) und §§ 367 S. 1, 370 Abs. 1 S. 1, 371 Abs. 1 S. 1 SGB III (sachliche Zuständigkeit).
[24] Vgl. auch KassKomm/*Steinwedel*, § 44 SGB X Rn. 2.
[25] *Schulin/Igl*, Sozialrecht, 7. Aufl. 2002, Rn. 1090.

2. Materielle Voraussetzungen/Begründetheit des Antrages

Begründet ist der Antrag, wenn das AA verpflichtet ist, den **AlG-Be-scheid** für die Vergangenheit **zurückzunehmen und** einen **neuen** (auf Grundlage dann zutreffender Berechnung) zu erlassen.

a) Eingreifen spezieller Aufhebungsregelungen

§ 330 SGB III enthält spezielle Aufhebungsregelungen, die **gegenüber** **§§ 44 ff. SGB X vorrangig** sind. Keiner der dort geregelten Tatbestände ist jedoch im vorliegenden Fall erfüllt.

b) Voraussetzungen des § 44 Abs. 1 SGB X

aa) Erlaß eines VA. Erlassen wurde der (ursprüngliche) AlG-Bescheid.
bb) Unrichtige Rechtsanwendung/Unrichtiger Sachverhalt. Wenn man davon ausgeht, daß das für das AlG maßgebende Arbeitsentgelt unzutreffend er-mittelt worden ist, könnte dies u. U. nur als unrichtige Aufarbeitung des Tat-sachenstoffs angesehen werden, weil das Arbeitsentgelt (und seine Höhe) Tatbestandsmerkmal des § 132 SGB III ist. Allerdings ist das Arbeitsentgelt in § 134 SGB III legal definiert; eine **unzutreffende Anwendung dieser Norm** muß als **unrichtige Rechtsanwendung** bewertet werden.

(1) Anwendung des § 134 SGB III

Der **Anspruch** der *K*, den diese beim Ausscheiden aus dem Arbeitsver-hältnis hatte, ergibt sich aus ihrem **Arbeitsvertrag**, ihrer Tätigkeit und dem zwingenden Recht, hier einem allgemeinverbindlichen Tarifvertrag.

Als **Arbeitsentgelt** (insbesondere bzgl. dessen Höhe) ist dieser An-spruch aber nur maßgebend, wenn die geschuldeten Arbeitsentgelte **zuge-flossen** sind (§ 134 Abs. 1 S. 2 1. Alt. SGB III); das ist hier insoweit nicht der Fall, als die *K* untertariflich bezahlt wurde.

Nach § 134 Abs. 1. S. 2 2. Alt. SGB III gilt geschuldetes Arbeitsentgelt als zugeflossen, wenn die tatsächliche Auszahlung nur wegen der Zah-lungsunfähigkeit des Arbeitgebers unterblieben ist.

Hier ist die **tatsächliche Auszahlung** in der geschuldeten Höhe unter-blieben.

Die *K* hat ihren **Lohnanspruch erfolgreich eingeklagt**; die (Nach-) Zahlung des geschuldeten (Rest-)Betrages ist nur wegen der Insolvenz des *K* unterblieben.

(2) Zwischenergebnis

Der AlG-Berechnung ist ein unzutreffendes Arbeitsentgelt bei versiche-rungspflichtiger Beschäftigung (§ 134 SGB III) zugrunde gelegt worden; damit wurde § 134 SGB III unrichtig angewandt.

cc) Sozialleistungen zu Unrecht nicht erbracht. Das **Bemessungsentgelt** (§ 132 SGB III) ist ebenfalls **zu gering berechnet**; gleiches gilt für das Nettoentgelt sowie notwendigerweise auch für das AlG.

„Zu Unrecht nicht erbracht" sind Sozialleistungen – dazu gehört das AlG, vgl. § 11 S. 1 SGB I, §§ 1, 116, 117 ff. SGB III –, wenn ein **Anspruch nicht** im vollen, gesetzlich geschuldeten Umfang **erfüllt** wird, wenn also ein Verwaltungsakt für dieselbe Person untrennbar begünstigend und belastend ist.

dd) Kausalität. Die (teilweise) Nichterbringung des AlG beruht auch auf der unrichtigen Rechtsanwendung („ ... deshalb ...").

Die Bedeutung des Kausalitätserfordernisses, demzufolge der Zufluß des geschuldeten Arbeitslohns „nur wegen der Zahlungsunfähigkeit" unterblieben ist, braucht hier nicht problematisiert zu werden; denn damit sollen lediglich Manipulationen zu Lasten der BA aufgrund nachträglicher Lohnvereinbarungen (ohne entsprechende Lohnzahlungen) vermieden werden.

d) Rechtsfolge (objektiv-rechtlich)

Bei Verwirklichung der Tatbestandsvoraussetzungen des § 44 Abs. 1 SGB X – diese liegen hier vor – tritt die **unbedingte objektiv-rechtliche Pflicht** der Verwaltung **zur Rücknahme** ein. Ein diesbezügliches **Ermessen** besteht – anders als bei der entsprechenden Regelung des §/Art. 48 Abs. 1 VwVfG – **nicht**.

Hier kommt eine **teilweise Rücknahme** in Betracht, da der AlG-Bescheid nur insoweit rechtswidrig ist, als er (lediglich) einen Teil des zu beanspruchenden AlG versagt hat. Somit ist die Behörde zu einem Ergänzungsbescheid verpflichtet, könnte aber auch – insoweit hat sie Ermessen – den früheren Bescheid insgesamt aufheben.

e) Mitverursachung und -verschulden der K?

Nach dem **Sachverhalt** ist **nicht** ersichtlich, daß die K in wesentlicher Beziehung und vorsätzlich durch unrichtige Angaben die Fehlerhaftigkeit des Bescheides erwirkt hätte (vgl. § 44 Abs. 1 S. 2 SGB X). Somit bleibt es bei der gesetzlichen Regelung, daß dieser Bescheid für die Vergangenheit (ex tunc) zurückgenommen werden muß.

f) Rechtsfolge (subjektiv-rechtlich)

Bei Rechtswidrigkeit des Erstbescheides hat der Betroffene einen **Anspruch auf Wiederaufgreifen des Verfahrens** (anders als nach § 51 VwVfG), auf teilweise Aufhebung sowie außerdem auf Neubescheidung (unstr., vgl. auch o. 1. a) aa)); da der Verwaltung kein Ermessen eingeräumt ist, korrespondiert dieser Anspruch „direkt" mit der objektiv-rechtlichen Verpflichtung der Verwaltung.

3. Ergebnis

Demnach hat die *K* einen Anspruch auf einen AlG-Ergänzungsbescheid auf der Grundlage des geschuldeten und fiktiv zugeflossenen Arbeitslohns (vgl. § 134 Abs. 1 S. 2 SGB III). Dazu wäre es zweckmäßig, beim ArbA einen entsprechenden Antrag zu stellen, dem bei richtiger Sachbehandlung stattzugeben wäre.

II. Widerspruchsverfahren?

1. Abweisung des Antrags

Denkbar ist, daß das **ArbA** keinen (AlG-Ergänzungs-)Bescheid erläßt (und eine entsprechende Nachzahlung bewirkt), sondern den **Antrag auf Rücknahme ablehnt.**

Wenn die *K* gleichwohl zu dem ihr zustehenden AlG kommen will, müßte sie diesen – die Rücknahme ablehnenden – Bescheid anfechten und die Verwaltung zum Erlaß des beantragten (Ergänzungs-)Bescheides verpflichten lassen.

a) Statthaftigkeit des Widerspruchs

Der Widerspruch ist statthaft, wenn im Klagefall eine Anfechtungs- oder Verpflichtungsklage zu erheben wäre (vgl. § 78 Abs. 1, 3 SGG). Hier wäre zulässige Klageart eine kombinierte Anfechtungs- und Leistungsklage gem. § 54 Abs. 4 SGG.

Somit müßte *K* zunächst durch ihren Widerspruch gegen die Ablehnung ein Vorverfahren anstrengen, § 78 Abs. 1 S. 1 SGG.

b) Weitere Zulässigkeitsvoraussetzungen

– Es handelt sich um eine Angelegenheit der Arbeitsförderung (§ 51 Abs. 1 SGG analog).
– Der Widerspruch muß nach § 83 SGG auch erhoben werden.
– Form und Frist richten sich nach § 84 SGG.
– Der Widerspruch muß schließlich bei einer „richtigen" Behörde gem. § 84 Abs. 1 oder Abs. 2 SGG eingereicht werden.

c) Widerspruchsbefugnis

Die Voraussetzungen des § 54 Abs. 1 S. 2 SGG analog sind unproblematisch erfüllt.

d) Begründetheit

Der Widerspruch ist begründet, wenn das Verwaltungshandeln rechtswidrig oder unzweckmäßig[26] war und dadurch eine Rechtsverletzung bewirkt wurde.

---

[26] *Meyer-Ladewig*, SGG, § 78 Rn. 2a.

Da dem AA in **§ 44 Abs. 1 SGB X kein Ermessen** eingeräumt ist, sind **allein Rechtmäßigkeitserwägungen** für die Frage der objektiv-rechtlichen Verpflichtung der Arbeitsverwaltung und des korrespondierenden Anspruchs der *K* maßgebend.

So wie die Rechtslage oben dargestellt wurde, wäre dem Widerspruch abzuhelfen.

Will die Ausgangsbehörde dem Widerspruch nicht abhelfen, wird die Widerspruchsbehörde zuständig: § 85 Abs. 2 Nr. 3 SGG verweist auf die vom Verwaltungsrat der BA bestimmte Stelle.

Wird wiederum nicht abgeholfen, ist Klage beim *SG* zulässig (§ 78 SGG).

2. Untätigbleiben des AA/der Widerspruchsbehörde

Ein Vorverfahren bei Untätigkeit des AA ist (verständlicherweise) nicht erforderlich (Umkehrschluß aus § 78 SGG).

Denkbar ist auch, daß die Widerspruchsbehörde untätig bleibt (vgl. § 88 Abs. 2 SGG zur Klagfrist); weitere Schritte im Widerspruchsverfahren sind in diesem Fall nicht zu unternehmen.

III. Klagemöglichkeiten

Die Klagemöglichkeiten sind – wie bereits erwähnt – vom Verhalten des AA abhängig. In jedem Fall ist die Zuständigkeit der *SG*e gegeben (§ 51 Abs. 1 SGG).

1. Bei ablehnenden Entscheidungen

In Betracht kommt – wie ebenfalls erwähnt – die kombinierte Anfechtungs- und Leistungsklage. Die – außer dem Widerspruchsverfahren – erforderlichen Sachurteilsvoraussetzungen können unterstellt werden.

Die Klage wäre entsprechend der oben getroffenen Feststellungen auch begründet und somit insgesamt erfolgreich.

2. Bei Untätigkeit der Behörde

Falls das AA untätig bleibt, ist **Verpflichtungsklage** zu erheben (§ 54 Abs. 1 S. 1 SGG), und zwar unter Beachtung der Frist gem. § 88 Abs. 1 SGG. Für die Entscheidung gilt § 131 Abs. 2 oder Abs. 3 SGG.

Derselbe ist zu beachten, wenn nicht bereits die Ausgangsbehörde, sondern erst die Widerspruchsbehörde untätig bleibt, also über den Widerspruch nicht entscheidet.

Fall 5. Mehr oder weniger geholfen

Sachverhalt

Teil I: Im Mai 2003 beantragte der in Regensburg wohnende Stefan Staub (*S*) bei der Stadt Regensburg die Übernahme der Kosten für einen blindengerechten PC im Wert von 6.000 €. Staub studierte zu diesem Zeitpunkt in Regensburg Jura im sechsten Semester. Er bezog (seinen regelmäßigen Bedarf deckende) Einkünfte in Höhe von 610 € im Monat aus einer Tätigkeit als Angestellter bei einer Vermögensberatung, die er im Umfang von 19 Stunden pro Woche ausübte. Staub begründete seinen Antrag damit, daß er von Geburt an erblindet sei und spezielle Mittel zur elektronischen Texterfassung und Textverarbeitung benötige, um die durch seine Behinderung hervorgerufenen Kommunikationsschwierigkeiten auszugleichen, ohne fremde Hilfe in Anspruch nehmen zu müssen. Da er lediglich über ein Sparguthaben von 1.500 € verfüge, könne er selbst für die Anschaffung nicht aufkommen. Die Stadt lehnte mit Schreiben vom 24. 5. 2003 den Antrag ab, denn es sei im Verlaufe des gesamten Jurastudiums nicht erforderlich, mit einem eigenen PC zu arbeiten. Zwar verfüge die Universität nicht über ausreichende PC-Arbeitsplätze für blinde Studenten, jedoch könnten die wenigen schriftlich einzureichenden Arbeiten mit einer speziellen Schreibmaschine erstellt werden. Gegen die Entscheidung legte Staub am 14. 6. 2003 Widerspruch ein, der durch Widerspruchsbescheid vom 22. 8. 2003 abgewiesen wurde.

Staub möchte seinen Anspruch gerichtlich durchsetzen. Er sucht deshalb am 11. 9. 2003 Rechtsanwalt Rabel auf und bittet diesen, die Erfolgsaussichten einer Klage zu prüfen. Dabei weist er darauf hin, daß er Anfang September von der privaten Stiftung „Blindenhilfe" 5.000 € für die Anschaffung von Kommunikationsmitteln erhalten hat. Zudem möchte er den PC in den nächsten Tagen von den Stiftungsmitteln und seinem Ersparten anschaffen. Zum einen müsse er eine Seminararbeit anfertigen, zum anderen habe er gehört, daß Mitte September die Computerpreise anziehen werden. Er hat allerdings Bedenken, ob er nach dem Kauf überhaupt noch einen Bedarf geltend machen kann. Rabel meint, soweit er sich erinnern könne, sei im Sozialhilferecht auf den Zeitpunkt der Widerspruchsentscheidung abzustellen; allerdings könne das im Einzelfall anders sein, und der PC solle ja längere Zeit gebraucht werden. Was die geplante Anschaffung des PC angehe, so sehe das BSHG wohl keine Ansprüche für die Vergangenheit vor. Andererseits dürfe sich die Stadt nicht ihrer Leistungspflicht entziehen. Wenn diese ihre Geschäfte nicht ordentlich führe, müsse es eben einen Zahlungsanspruch geben. Rabel verspricht, ein umfassendes Gutachten zu erstellen.

Teil II: Bei der Stadt Regensburg stellt die Sachbearbeiterin Barbara Brack (*B*) Anfang September 2003 folgenden Sachverhalt fest: Der mit Staub zusammenwohnenden Friederike Fromm (*F*) wurde aufgrund eines Bescheids vom 28. 3. 2003 ab dem 1. 4. 2003 Hilfe zum Lebensunterhalt in Höhe ihres Bedarfs von 500 € monatlich gewährt, und zwar unter Berücksichtigung des Umstandes, daß Fromm weder über Einkommen noch über Vermögen verfügte. Mitte August beantragte Fromm die Kostenübernahme für die Anschaffung eines Fernsehgeräts; gleichzeitig wies sie darauf hin, das Finanzamt werde ihr Ende September eine Steuererstattung für das Jahr 2002 in Höhe von 1.200 € zahlen. Brack überlegt, ob sie den Bescheid vom 28. 3. 2003, evtl. teilweise, aufheben soll. In jedem Fall möchte sie die Steuererstattung zur Anrechnung bringen. Hinsichtlich des Fernsehgeräts ist sie der Ansicht, zur Erfüllung der täglichen Kommunikationsbedürfnisse genüge ein Radiogerät.

Wie sich weiter aus den Akten ergibt, litt Staub, der Ende Februar 30 Jahre alt geworden ist und sich um keinerlei Krankenversicherung gekümmert hat, seit April 2003 an einer arteriellen Durchblutungsstörung im linken Bein, die zu Schmerzen beim Laufen führte. Die Stadt hatte ihm zur Behandlung ein Arzneimittel gewährt, das zwar nicht die Krankheitsursache bekämpfte, aber die Symptome linderte. Insofern überlegt Brack, ob nicht die AOK, bei der Staub ab Studienbeginn als Student versichert war, die Behandlungskosten erstatten müsse. Staub gehöre als Arbeitnehmer zu den Pflichtversicherten, Befreiungstatbestände seien für ihn nicht mehr einschlägig; im übrigen könne er auch von der Stadt zur freiwilligen Versicherung angemeldet werden. Allerdings hatte die AOK auf Nachfrage Zweifel, ob die Durchblutungsstörung als Krankheit angesehen werden könne, weil Staub sehr wohl noch gehen könne und sie sich deshalb nur auf die private Lebensführung auswirke.

Bearbeitervermerk: Zu Teil I ist unter Eingehen auf alle aufgeworfenen Rechtsfragen und auf die von den Beteiligten vorgebrachten Argumente das Gutachten des Rabel zu erstellen.

Hinweis: Der Bezirk der Oberpfalz hat durch eine Verordnung alle in Art. 10 Abs. 2 S. 1 AGBSHG genannten Aufgaben auf die örtlichen Träger delegiert. Die Durchführungsverordnungen zum BSHG sind im *Sartorius I* abgedruckt.

Zu Teil II sind auf der Grundlage der von Barbara Brack angestellten Überlegungen in einem umfassenden Gutachten Vorschläge zu unterbreiten, wie die Stadt vorgehen könnte und sollte. Dabei sind evtl. verschiedene Handlungsalternativen in Betracht zu ziehen, konkrete Berechnungen aber nicht vorzunehmen.

Lösung

Die Klausur hat das Sozialhilferecht zum Gegenstand. Es ist zu erwarten, daß diese Materie nicht vertieft gelehrt bzw. gelernt worden ist. Jedoch sind vertiefte Kenntnisse für die Lösung auch nicht erforderlich. Weitgehend wird auf Berechnungen verzichtet, zu erörtern sind vor allem Fragen, die mit den Grundprinzipien des Sozialhilferechts im Zusammenhang stehen. Im ersten Teil wurde auf eine ältere Entscheidung des *BVerwG* (E 99, 149 = NJW 1996, 2588) zurückgegriffen. Im zweiten Teil sind einige neuere, durchgängig aber bereits veröffentlichte Entscheidungen aus jüngerer Zeit eingearbeitet. Der Schwerpunkt liegt hier zudem auf einer sozialversicherungsrechtlichen Problemstellung. Insgesamt ist zu beachten, daß beide Teile zumindest in weiten Teilen einen erheblichen Schwierigkeitsgrad aufweisen. Deshalb ist noch einmal ausdrücklich darauf hinzuweisen, daß von den Bearbeitern nicht eine perfekte Lösung, sondern die Fähigkeit zum Erkennen und zur methodisch richtigen Bearbeitung der im Sachverhalt angesprochenen Probleme zu erwarten ist.

Teil I. Erfolgsaussichten einer Klage des S

Vorbemerkung: In der Sache geht es sowohl um einen Anspruch auf Eingliederungshilfe als auch um einen Zahlungsanspruch, der nicht unmittelbar dem BSHG entnommen werden kann. Um die Problematik besser hervorheben und die Argumente im Sachverhalt ausreichend ansprechen zu können, wurde anstelle der Prüfung einer bereits erhobenen Klage (mit eventueller Klageänderung) ein anwaltliches Gutachten als Aufgabenstellung gewählt, wobei offene Handlungsmöglichkeiten einzubeziehen sind. Erkennbar ist aber, daß Staub den PC möglichst bald anschaffen will, das Gutachten diesen Wunsch also berücksichtigen muß.

Sinnvollerweise werden die Bearbeiter zunächst die materiell-rechtlichen Fragen prüfen und sich dann erst deren gerichtlicher Durchsetzung zuwenden. Jedoch kann im Gutachten auch die Begründetheit nach der Zulässigkeit einer Klage abgehandelt werden. Das entspricht der herkömmlichen Darstellung und stößt auf keine Schwierigkeiten, wenn die Bearbeiter zuvor wenigstens erkannt haben, welche Ansprüche im vorliegenden Fall eine Rolle spielen. Allerdings wird dann entweder die Prüfung bei konsequentem Vorgehen insgesamt kopflastig (bei der Statthaftigkeit der Klage) oder es werden (als zulässig anzusehende) Verweise auf die Begründetheitsprüfung erforderlich (diesen Weg verfolgt die Musterlösung). Die Wahl des Prüfungsaufbaus bleibt also den Bearbeitern überlassen.

I. Sachurteilsvoraussetzungen

1. Rechtsweg

Die Eröffnung des Verwaltungsrechtswegs richtet sich nach der Generalklausel des § 40 Abs. 1 S. 1 VwGO. Gemäß der Zuordnungstheorie läge deshalb eine öffentlich-rechtliche Streitigkeit vor, weil sich der zugrundeliegende Anspruch bzw. das Rechtsverhältnis zwischen den Beteiligten nach Sozialhilferecht beurteilt und das BSHG Hoheitsträger als solche berechtigt und verpflichtet. Nähere Ausführungen sind entbehrlich. Eine abdrängende Sonderzuweisung zu den Sozialgerichten ist in § 51 SGG nicht enthalten.

2. Zuständiges Gericht

Sachlich zuständig ist gem. § 45 VwGO das VG, örtlich zuständig gemäß § 52 Nr. 5 VwGO i. V. m. Art. 1 Abs. 2 Nr. 2 AGVwGO das VG Regensburg.

3. Beteiligtenbezogene Voraussetzungen

S ist gem. § 61 Nr. 1, 1. Alt. VwGO beteiligungsfähig.
Die Stadt ist gem. § 61 Nr. 1, 2. Alt. VwGO beteiligungsfähig und wird gem. § 62 Abs. 3 VwGO i. V. m. Art. 38 GO durch ihren 1. Bürgermeister vertreten.

Hier kann evtl. die passive Prozeßführungsbefugnis geprüft werden, vgl. II.1.

4. Statthafte Klageart

a) Zunächst wollte S die Verpflichtung zur Kostenübernahme gem. §§ 28, 39, 40 Abs. 1 Nr. 2 BSHG erreichen. Diese wäre, wie allgemein die Gewährung von Sozialhilfeleistungen, durch einen Verwaltungsakt (i. S. v. § 31 S. 1 SGB X) zu regeln;[1] wenn auch Geld geleistet wird, bedarf es doch zumindest der Feststellung der Anspruchsberechtigung und der Festsetzung des

---

[1] Ohne Begründung Fichtner/*Wenzel/Fichtner*, BSHG, § 4 Rn. 11.

Bedarfs. Statthafte Klageart wäre damit die Verpflichtungsklage gem. § 42 Abs. 1, 2. Alt. VwGO.

b) Fraglich ist, ob dasselbe gilt, wenn S den PC im Zeitpunkt der Klageerhebung bereits angeschafft hätte. In diesem Fall entfällt der Bedarf des S. Sofern es darauf zeitlich ankommt (vgl. unten II.2.), würde ein Sozialhilfeanspruch nur noch bestehen, wenn Ausnahmen von dem Grundsatz „keine Sozialhilfe für die Vergangenheit" zulässig wären. Bei dieser Annahme bliebe es bei einer Verpflichtungsklage.[2] Handelte es sich hingegen um einen Erstattungs- oder Aufwendungsersatzanspruch (vgl. unten II.3.), würde sich die Situation ändern. Die Zahlung ist ein Realakt, eines Verwaltungsakts bedarf es − wie auch in den Parallelfällen des § 121 BSHG[3] oder einer öffentlich-rechtlichen GoA − nicht. Damit müßte eine allgemeine Leistungsklage erhoben werden.

c) Evtl. könnten einige Bearbeiter prüfen, ob die Zulässigkeit einer bereits erhobenen Verpflichtungsklage durch den späteren Kauf des PC berührt würde. Entsprechende Ausführungen sind an sich nicht veranlaßt. Der Klageantrag müßte auf Leistung umgestellt werden.

aa) Grundsätzlich ändert das den Streitgegenstand (der Begriff muß nicht näher definiert werden)[4] insofern, als es nicht mehr auf die Rechtswidrigkeit der Versagung der Hilfe, sondern des Nichteintretens für die Selbsthilfe ankommt. Allerdings erscheint es gut vertretbar, unter Bezug auf §§ 173 VwGO, 264 Nr. 3 ZPO anzunehmen, daß keine Klageänderung vorläge, weil hier der Klagegrund − von der nachträglichen Anschaffung des PC abgesehen − der gleiche geblieben bzw. nur insofern verändert worden ist, als dies gerade durch das den ursprünglichen Anspruch berührende Ereignis bedingt ist.[5] § 264 Nr. 3 ZPO erfaßt Fälle, in denen statt der Sache das Surrogat oder Schadensersatz gefordert wird. Im Hinblick auf die schwierige Einordnung des von S geltend gemachten Anspruchs (vgl. unten) darf auf tiefergehende Ausführungen verzichtet werden.

bb) Soweit von einer Klageänderung ausgegangen wird, richtet sich deren Zulässigkeit nach § 91 VwGO. Sollte die beklagte Stadt widersprechen, ist zu prüfen, ob die Klageänderung sachdienlich ist. Dafür sind Gesichtspunkte der Prozeßökonomie ausschlaggebend. Da hier die tatsächliche Grundlage des ursprünglichen und des neuen Klageantrags im wesentlichen gleich ist und die hinzukommenden Voraussetzungen keiner neuen Ermittlung bedürfen, ist Sachdienlichkeit zu bejahen.

5. Klagebefugnis

Die Verpflichtungsklage ist nur zulässig, wenn S klagebefugt ist, § 42 Abs. 2 VwGO. Dasselbe gilt im Ergebnis für die Leistungsklage. Da auch

---

[2] In diesem Sinn offensichtlich *Ost/Mohr/Estelmann*, Grundzüge des Sozialrechts, S. 366.
[3] Vgl. *Schmitt/Hillermeier*, BSHG, § 121 Rn. 13.
[4] Vgl. dazu nur *Hufen*, Verwaltungsprozeßrecht, 5. Aufl. 2003, § 10 Rn. 6 ff.
[5] Vgl. Schoch/Schmidt-Aßmann/Pietzner/*Ortloff*, VwGO, § 91 Rn. 28.

bei dieser eine Popularklage ausgeschlossen ist, muß § 42 Abs. 2 VwGO analog angewendet werden. Ein Recht des S ist möglicherweise insofern verletzt, als S einen Anspruch auf Sozialhilfe nach §§ 28, 39, 40 Abs. 1 Nr. 2 BSHG oder auf Zahlung nach § 121 BSHG analog bzw. nach den Grundsätzen einer öffentlich-rechtlichen GoA haben könnte.

6. Durchführung des Vorverfahrens

a) Ein Vorverfahren war nicht bereits wegen § 68 Abs. 1 S. 2 1. Alt. i.V. m. Art. 15 Nr. 13 AGVwGO unstatthaft, weil nicht die Bezirke, sondern wegen der Delegation die örtlichen Träger für die Erbringung der Eingliederungshilfe zuständig sind (vgl. Bearbeiterhinweis). *b)* Das Vorverfahren wurde ordnungsgemäß (vgl. § 70 VwGO) und erfolglos durchgeführt. Allerdings hätte es dieses Verfahrens für eine Leistungsklage nach ganz überwiegend vertretener Meinung nicht bedurft – und zwar unabhängig davon, daß S praktisch gesehen selbst die Voraussetzungen für die Erhebung der Leistungsklage anstelle der Verpflichtungsklage schafft.

Sollte i.ü. angenommen werden, daß für die Zahlung der Erlaß eines VA erforderlich ist, so wäre ein neues Vorverfahren wegen der zulässigen Klageänderung entbehrlich.

7. Klagefrist

a) Die Verpflichtungsklage muß innerhalb der Monatsfrist des § 74 Abs. 2 VwGO ordnungsgemäß (§§ 81, 82 VwGO) erhoben werden. Hingegen ist eine Frist für die Erhebung der Leistungsklage nicht vorgesehen. *b)* Die Monatsfrist berechnet sich nach §§ 57 Abs. 2 VwGO, 222 ZPO, 187 ff. BGB, wobei die Frist ab der nach VwZG erfolgten Zustellung des Widerspruchsbescheids (§§ 73 Abs. 3 S. 2 VwGO) zu berechnen ist. Der Bescheid kann frühestens am Tag seines Erlasses zugestellt worden sein, die Monatsfrist endet also nicht vor Ablauf des 22. 9. 2003.

II. Begründetheit

Die Klage ist begründet, wenn S ein Anspruch auf Zahlung der 6.000 € zusteht bzw. er einen Anspruch auf Gewährung der Sozialhilfe in Form eines Verwaltungsaktes hat, § 113 Abs. 5 VwGO.

1. Passivlegitimation

a) Passiv legitimiert ist gem. § 78 Abs. 1 Nr. 1 VwGO (Verpflichtungsklage) oder dem darin zum Ausdruck kommenden Rechtsträgerprinzip (Leistungsklage) die Stadt Regensburg.

Nach gut vertretbarer a. A. ist die passive Prozeßführungsbefugnis als Zulässigkeitsvoraussetzung in § 78 VwGO geregelt.[6]

---

6 Vgl. zu dieser Frage nur *Schenke*, Verwaltungsprozeßrecht, 8. Aufl. 2002, Rn. 543 ff.

Insoweit kommt es nur auf die Rechtsfähigkeit der Stadt, nicht aber auf den betroffenen Aufgabenkreis an; es spielt also keine Rolle, daß im Rahmen der Delegation die Stadt eine übertragene und nicht mehr eine eigene (vgl. Art. 1 Abs. 1 S. 1 AGBSHG) Aufgabe erfüllt.

b) Zu prüfen ist auch gleich[7] die Zuständigkeit der Stadt als örtlicher Träger der Sozialhilfe (§ 96 Abs. 1 BSHG). An sich wären die Bezirke als überörtliche Träger (§ 96 Abs. 2 BSHG i. V. m. Art. 5 Abs. 1 AGBSHG) nach §§ 100 Abs. 1 Nr. 2, 81 Abs. 1 Nr. 3, 40 Abs. 1 Nr. 2 BSHG i. V. m. § 1 Abs. 1 DVO § 81 Abs. 1 Nr. 3 zuständig. Jedoch handelt es sich dabei um Hilfen i. S. v. Art. 10 Abs. 2 S. 1 Nr. 10 AGBSHG, die durch eine Verordnung (vgl. Bearbeitervermerk) der Stadt übertragen worden sind. Bei der Delegation handelt die Stadt – allgemeinen verwaltungsrechtlichen Grundsätzen entsprechend – nach außen hin selbständig; der Bezirk verfügt nur über Weisungsrechte (Art. 10 Abs. 4 AGBSHG).

2. Maßgeblicher Beurteilungszeitpunkt

a) Unabhängig von der Anschaffung des PC kommt es schon im Hinblick auf den Erhalt der Stiftungsmittel darauf an, welcher Beurteilungszeitpunkt für eine Klage erheblich ist. Dabei ist zu beachten, daß alle neuen Umstände erst nach Abschluß des Widerspruchsverfahrens eingetreten sind bzw. eintreten sollen. Entscheidend für die Bestimmung des maßgeblichen Beurteilungszeitraums ist das materielle Recht. Grundsätzlich gilt im Sozialhilferecht, daß auch bei einer auf Eingliederungshilfe bezogenen Verpflichtungsklage nicht auf den Zeitpunkt der letzten mündlichen Verhandlung vor dem *VG*, sondern auf den Zeitpunkt der letzten Behördenhandlung abzustellen ist.

b) Zu beachten ist aber, daß sich der Zeitpunkt wesentlich danach bestimmt, für welchen Zeitraum die Behörde entschieden hat. Nur in der Regel beschränkt sich die Entscheidung wegen der häufig wechselnden Lebensumstände auf einen kurzen Zeitraum. Sowohl eine positive als auch eine ablehnende Entscheidung kann einen längeren Zeitraum umfassen. Das gilt für laufende wie für einmalige Hilfe. Deshalb ist entscheidend, worauf sich der VA bezog. Für die Auslegung sind Tenor und Gründe entscheidend. Aus diesen ergibt sich, daß sich die Regelung auf die gesamte Zeit des Jurastudiums beziehen sollte. Zudem spielt für die Auslegung auch eine Rolle, ob die Hilfe, über die entschieden worden ist, von ihrer Art her für einen längeren Zeitraum gedacht ist.

Den maßgeblichen Zeitpunkt beurteilt das *BVerwG* folgendermaßen: „Im Bereich der Eingliederungshilfe gelten die vorstehenden Grundsätze für eine mögliche zeitliche Erweiterung der verwaltungsgerichtlichen Kontrolle nicht nur für Bescheide des Sozialhilfeträgers, durch die „laufende" Leistungen für einen begrenzten, längeren Zeitraum

---

[7] Vgl. *Würtenberger*, Verwaltungsprozeßrecht, 1998, Rn. 598; gesonderte Prüfung ist ebenfalls vertretbar.

(z. B. die Kosten für Schulgeld, Unterkunft und Verpflegung im Rahmen einer Ausbildung – s. dazu *BVerwGE* 89, 81) abgelehnt werden. Sie sind vielmehr auch dann anzuwenden, wenn der Sozialhilfeträger die Kostenübernahme für ein Hilfsmittel (§ 40 Abs. 1 Nr. 2 BSHG) von längerer Gebrauchsdauer, das der Hilfesuchende für einen in die Zukunft hineinreichenden Bedarfszeitraum begehrt, für die Dauer dieses Zeitraums abgelehnt hat. So liegt es hier. Denn der Beklagte hat den Antrag des Klägers auf Übernahme der Kosten eines blindengerechten Personal-Computers zum Zweck des Studiums, wie sich aus der Begründung der angefochtenen Bescheide ergibt, für die gesamte Studiendauer (einschließlich des 1. Staatsexamens) abgelehnt. Im Hinblick auf diesen Regelungszeitraum durfte das Berufungsgericht die Überprüfung der angefochtenen Bescheide nicht auf die Sach- und Rechtslage bei Erlaß des Widerspruchsbescheides beschränken, sondern mußte den *gesamten* Regelungszeitraum (bis zum Zeitpunkt seiner Entscheidung) in die Prüfung miteinbeziehen."[8]

Damit steht fest, daß auf den Zeitpunkt der gerichtlichen Entscheidung (i. d. R. letzte mündliche Verhandlung) abzustellen ist.

3. Anspruch trotz Selbsthilfe?

Da *S* den PC möglichst bald anschaffen will, ist es sinnvoll, im weiteren diese Sachverhaltsgestaltung als Grundlage für die Prüfung des Anspruchs gegen die Stadt zugrunde zu legen.

Es kann aber auch erst der „reguläre" Sozialhilfeanspruch durchgeprüft und erst im Anschluß auf die veränderte Rechtslage nach Anschaffung des Hilfsmittels eingegangen werden.

Zunächst stellt sich die Frage, auf welcher Rechtsgrundlage ein Anspruch auf Zahlung beruhen kann, wenn sich ein Hilfesuchender die Hilfe bereits selbst beschafft hat. Denn grundsätzlich gilt, daß sich die Sozialhilfe nicht auf die Vergangenheit bezieht, sondern eine gegenwärtige Notlage erfordert.

a) Das *BVerwG* erkennt einen Anspruch trotz Selbsthilfe oder Hilfe durch Dritte in zwei Fällen grundsätzlich an: „in Eilfällen um der Effektivität der gesetzlichen Gewährung des Sozialhilfeanspruchs willen und bei Einlegung von Rechtsbehelfen um der Effektivität des Rechtsschutzes willen".[9]

b) Unklar ist, auf welche rechtlichen Grundlagen der Anspruch auf „nachträgliche Sozialhilfe" gestützt werden kann. Es kommt zunächst in Betracht, einfach davon auszugehen, daß in den genannten Sonderfällen die Voraussetzungen des Sozialhilfeanspruchs modifiziert werden (vgl. auch schon I.4.b). Möglicherweise liegt diese Annahme der Rspr. des *BVerwG* zugrunde, denn in dieser Rspr. wird nicht auf eine spezielle, vom allgemeinen Anspruch abweichende Anspruchsgrundlage hingewiesen. Jedoch werden dann zugleich die gesetzlichen Vorgaben außer acht gelassen. § 8 BSHG erfaßt die genannten Fallgestaltungen jedenfalls nicht, und § 121 BSHG regelt

---

[8] *BVerwGE* 99, 149, 154 f.
[9] Vgl. nur *BVerwGE* 96, 152, 155 ff.

nur einen Ausschnitt daraus; die Norm ist hier bereits deshalb nicht anwendbar, weil nicht ein Dritter Aufwendungsersatz fordert. Zumindest sollten die Bewerber nach den Angaben im Sachverhalt erkennen, daß hier ein Sonderfall vorliegt, für den bei dogmatisch genauer Betrachtung eine Rechtsgrundlage aus allgemeinen Grundsätzen abzuleiten ist.

Sicher ist, daß es sich bei dem Anspruch nicht um einen Schadensersatz- oder Entschädigungsanspruch handelt, und auch die allgemeine Einstufung als Sekundäranspruch ist nicht genau, weil Voraussetzungen des Primäranspruchs relevant bleiben. Ebenfalls fraglich ist ein allgemeiner Rechtsgrundsatz, nachdem sich in bestimmten Fällen ein Sachleistungsanspruch in einen Kostenerstattungsanspruch umwandelt. Dann wäre möglicherweise auch die Kritik an der Rspr. des *BVerwG* relevant.[10] Jedoch läßt sich § 121 BSHG ein Rechtsgedanke entnehmen, der auch auf den nicht geregelten Fall des selbst herbeigeführten Bedarfswegfalls übertragbar ist, und die Grundprinzipien des Sozialhilferechts, insbesondere auch § 2 BSHG, sprechen nicht gegen, sondern wegen des Erfordernisses einer effektiven Hilfe für eine bestehende Regelungslücke. Andererseits erfaßt § 121 BSHG Sonderfälle, und er greift insbesondere nur vor Bestehen eines Sozialhilferechtsverhältnisses (§ 5 BSHG) ein. Deshalb erscheint es besser, den Anspruch auf eine öffentlich-rechtliche GoA zu stützen (§§ 679, 683 BGB analog).[11] Zwar bestehen gegen eine Übertragbarkeit der GoA in Verwaltungsrechtsverhältnisse Bedenken,[12] jedoch ist diese zum einen von der Rspr. anerkannt;[13] zum anderen sind die Bedenken im Bereich von öffentlich-rechtlichen Schuldverhältnissen weniger gravierend als bei der Eingriffsverwaltung.

Die Bearbeiter sollen die Problematik keineswegs in dieser Tiefe behandeln. In Lehrbüchern zur Sozialhilfe wird der Anspruch nach Bedarfsdeckung nicht immer klar behandelt. Erforderlich ist deshalb nur, daß sich die Bearbeiter mit der Frage auseinandersetzen, ob der Anspruch unmittelbar auf Vorschriften des BSHG oder auf andere Erwägungen zu stützen ist – gerade hier ist Platz für eigenständige Überlegungen und „methodisch richtige Phantasie" wichtiger als ein bestimmtes Ergebnis.

4. Voraussetzungen der Eingliederungshilfe

a) Persönliche Voraussetzungen im allgemeinen

aa) S ist wesentlich behindert i. S. v. § 2 Abs. 1 S. 1 SGB IX, vgl. § 39 Abs. 1 S. 1 BSHG. Hierdurch ist seine Fähigkeit, an der Gesellschaft teilzunehmen, eingeschränkt, weil *S* als Blinder keine üblichen PCs benutzen kann.

---

[10] Vgl. *Spranger*, ZfsH/SGB 1999, 590 ff.

[11] Vgl. ausf. zu der gesamten Problematik *Rothkegel*, Die Strukturprinzipien des Sozialhilferechts, 2000, S. 76 ff.

[12] Für Beschränkung auf Eilfälle *Maurer*, Allgemeines Verwaltungsrecht, 14. Aufl. 2002, § 29 Rn. 11.

[13] Vgl. *Ossenbühl*, Staatshaftungsrecht, 5. Aufl. 1998, 8. Teil III. 1. c.

bb) Ferner müßte S bedürftig sein i. S. v. § 28 Abs. 1 BSHG. Hier genügt es, zunächst auf die allgemeinen wirtschaftlichen Voraussetzungen einzugehen (vgl. auch nachfolgend 5.).

(1) Hinsichtlich der Berücksichtigung des Einkommens (§ 76 Abs. 1 BSHG) gilt die besondere Einkommensgrenze des § 81 Abs. 1 Nr. 3 BSHG,[14] die S offensichtlich durch seine Einkünfte als Arbeitnehmer nicht erreicht; auf die Absetzungsbeträge (§ 76 Abs. 2, 2 a BSHG) kommt es deshalb nicht an. Sonstiges Einkommen steht ihm nicht zur Verfügung. Die Voraussetzungen des § 85 Abs. 1 BSHG liegen nicht vor.

(2) Vermögen (vgl. § 88 Abs. 1 BSHG) besitzt S in Form des Sparguthabens in Höhe von 1.500 €. Dabei handelt es sich um einen kleineren Barbetrag i. S. v. § 88 Abs. 2 Nr. 8 BSHG i. V. m. § 1 Abs. 1 S. 1 Nr. 1 b) DVO § 88 Abs. 2, sogenanntes Schonvermögen, das S nicht einsetzen muß.

(3) S lebt mit F zusammen. Gemäß § 28 Abs. 1 S. 1 i. V. m. § 122 S. 1 BSHG kommt es auch darauf an, ob nicht die F in zumutbarer Weise zur Bedarfsdeckung beitragen kann, sofern unterstellt wird, daß S und F in eheähnlicher Lebensgemeinschaft, d. h. in einer gegenseitigen Verantwortungs- und Einstehensgemeinschaft[15] „aus einem Topf wirtschaften".

Der Sachverhalt legt das nahe, ist aber insoweit offen.

Jedoch erhält F HLU und verfügt damit über kein Einkommen, vgl. § 76 Abs. 1 BSHG; Vermögen hat sie nicht.

b) PC als Hilfsmittel

aa) Bei dem PC könnte es sich um eine Hilfe zur Ausbildung (§ 40 Abs. 1 Nr. 4 oder 5 BSHG) handeln. Dagegen spricht allerdings, daß der Einsatz des PC nicht nur auf Studienzwecke beschränkt ist, sondern „ganz allgemein" die Kommunikationsmöglichkeiten verbessert. Auf die Voraussetzungen des § 13 Abs. 2 DVO § 47 kommt es deshalb nicht an.

bb) Vielmehr ist der PC ein „anderes Hilfsmittel" i. S. v. § 40 Abs. 1 Nr. 2 BSHG. Er dient zum Ausgleich der durch die Behinderung bedingten Mängel, § 9 Abs. 1 DVO § 47. Daß es in § 9 Abs. 2 DVO § 47 nicht genannt ist, spielt keine Rolle, da die Aufzählung – ebenso wie jene in § 40 BSHG – nur beispielhaft ist.

cc) Damit bleibt zu prüfen, ob das Hilfsmittel „erforderlich und geeignet" ist (§ 9 Abs. 3 DVO § 47), wobei zu berücksichtigen ist, welche Funktion ein Hilfsmittel gem. § 39 Abs. 3 BSHG (vgl. auch § 10 SGB I) erfüllen soll. Zu diesen Funktionen gehört auch, daß Behinderten eine angemessene Tätigkeit ermöglicht werden soll, ohne daß dafür nur Hilfsmittel i. S. v. § 40 Abs. 1 Nr. 4 BSHG einzusetzen wären. Es muß angestrebt werden, „die Folgen der Blindheit zum Zweck des Studiums soweit wie möglich zu be-

---

[14] Ab dem 1. 7. 2002 844 €, s. Fn. 2 zu § 81 I Nr. 3 BSHG.
[15] *BVerfGE* 87, 234, 264.

seitigen und die Studiensituation des Klägers der Lage nichtbehinderter
Studenten anzunähern, also es ihm zu ermöglichen, in der Umgebung von
Nichthilfeempfängern ähnlich wie diese zu leben".[16] Deshalb darf der Begriff der Erforderlichkeit nicht eng verstanden werden; auf ein weniger
wirksames Hilfsmittel wie eine speziell ausgestattete Schreibmaschine muß
sich S nicht verweisen lassen.

Es genügt eine grobe Prüfung; die Studenten müssen die Anspruchsvoraussetzungen
des § 40 im einzelnen nicht kennen.

dd) Grundsätzlich könnte überlegt werden, ob der PC nicht auch als Hilfsmittel nach § 33 Abs. 1 SGB V zu gewähren wäre.[17] Jedoch erscheinen
schon die Leistungsvoraussetzungen als äußerst unsicher (kein „bereites"
Mittel); zudem setzt § 33 SGB V voraus, daß das Hilfsmittel notwendig
zur wesentlichen Verbesserung elementarer Grundbedürfnisse ist.[18] Deshalb muß die Zugehörigkeit des S zum versicherten Personenkreis (vgl.
dazu unten, 2. Teil II.) hier nicht geklärt werden.
ee) Ein Anspruch gegen einen Rehabilitationsträger gem. § 6 Nr. 1–6 SGB IX
wäre gem. § 39 Abs. 5 BSHG vorrangig.[19] In Frage kommt ein Anspruch
gem. § 33 Abs. 3 Nr. 6 SGB IX. Gem. § 33 Abs. 1 SGB IX werden die erforderlichen Leistungen erbracht. Das ist nicht der Fall, weil S die von ihm ab-
zugebenden Arbeiten auch auf einer speziellen Schreibmaschine anfertigen
kann (a. A. vertr.).

5. Voraussetzungen des Aufwendungsersatzanspruchs im besonderen

a) S muß nicht nur zum Zeitpunkt der Widerspruchsentscheidung, sondern
auch zum Zeitpunkt der Bedarfsdeckung durch Selbsthilfe noch bedürftig gewesen sein. Insofern ist zu prüfen, ob der Einsatz der von der Stiftung gewährten Mittel und des Sparguthabens zumutbar war, vgl. § 28 Abs. 1 S. 1 BSHG.

Hierzu führt das *BVerwG* aus: „Nach der Rechtsprechung des erkennenden Senats darf
sich der Hilfesuchende in Fällen, in denen der Sozialhilfeträger wie hier die Hilfegewährung rechtswidrig abgelehnt hat, um der Effektivität des Rechtschutzes willen selbst helfen und vom Sozialhilfeträger die Übernahme der hierdurch entstandenen Kosten verlangen, wenn es ihm nicht (länger) zuzumuten war, die Entscheidung des Sozialhilfeträgers oder – was hier allein in Betracht kommt – des Verwaltungsgerichtshofs abzuwarten (vgl. *BVerwGE* 94, 127, 133; 96, 152, 157; m. w. N.). Dieser Rechtsprechung liegt die
Überlegung zugrunde, daß die Einklagbarkeit abgelehnter Sozialhilfe ineffektiv wäre,
wenn der Träger der Sozialhilfe durch unberechtigtes Bestreiten des Anspruchs den Be-

---

[16] *BVerwGE* 96, 152, 153.

[17] Vgl. Fichtner/Wenzel/*Meusinger*, BSHG, § 40 Rn. 9.

[18] Vgl. zur Ausstattung eines behinderten Studenten mit einem Notebook und behin-
dertengerechter Software *BSG* SozR 3–2500 § 33 Nr. 40: hier wird ausdrücklich darauf
hingewiesen, daß der „soziale Ansatz der Eingliederungshilfe weiter reicht als die in den
einzelnen Zweigen der Sozialversicherung vorgesehenen speziellen Rehabilitationsmög-
lichkeiten".

[19] Im Gegensatz zu § 2 BSHG genügt hier das Bestehen eines Anspruchs auf Leistungen, der Bezug ist nicht erforderlich; vgl. *Mergler/Zink*, BSHG-Kommentar, § 39 Rn. 102.

ginn der Sozialhilfeleistung auf Jahre hinausschieben oder gar den mit dem bekanntgewordenen Bedarf entstandenen Anspruch vereiteln könnte (s. *BVerwGE* 94, 127, 133). Daraus ergibt sich, daß über die durch Selbstbeschaffung (Selbsthilfe) eingetretene Bedarfsdeckung nur dann hinweggesehen werden kann, wenn die Notlage des Hilfesuchenden im Zeitpunkt der Selbstbeschaffung noch gegenwärtig war, d. h. in diesem Zeitpunkt der sozialhilferechtlich anzuerkennende (gegenständliche) Bedarf und die finanzielle Hilfebedürftigkeit andauerten und der Nachrang der Sozialhilfe (§ 2 Abs. 1 BSHG) dem Anspruch des Hilfesuchenden nicht entgegenstand."[20]

b) Die Stiftung hat dem *S* Geld zur Verfügung gestellt, damit Kommunikationsmittel angeschafft werden konnten. Dieses Geld wurde *S* offensichtlich geschenkt, es handelte sich um einen sog. verlorenen Zuschuß, über den *S* verfügen konnte und der bei *S* verbleiben sollte. Er wirkt anspruchsvernichtend.[21]

§ 85 Abs. 1 Nr. 1 BSHG ist nicht von Bedeutung, für eine Prüfung des § 78 Abs. 2 BSHG fehlen Anhaltspunkte.

c) Jedoch hat sich in der Zwischenzeit weder etwas an der Erforderlichkeit des Hilfsmittels geändert, noch muß *S* sein Sparguthaben einsetzen. In Höhe von 1.000 € bleibt sein Anspruch also auch bei Abstellen auf den maßgeblichen Beurteilungszeitpunkt bestehen.

Ergebnis: *S* hat einen Anspruch auf Zahlung von 1.000 €; im übrigen ist seine Klage unbegründet.

Teil II. Vorschläge für das Handeln der Stadt

I. Vorgehen in Bezug auf *F*

1. Gewährung der HLU

a) Vorüberlegung

B muß den Bescheid nicht aufheben, wenn sie die veränderten Verhältnisse für die Zukunft berücksichtigen will. Der Bescheid über die HLU ist grundsätzlich (vgl. bereits Teil I) kein Dauerverwaltungsakt, § 48 SGB X deshalb nicht anwendbar. Eine (Teil-)Aufhebung wäre also nur möglich nach §§ 45, 47 SGB X, jedoch gibt der Sachverhalt keinerlei Anlaß, deren Voraussetzungen zu prüfen. Vielmehr hat die Stadt die Möglichkeit, die HLU neu zu berechnen und den Ende September zu erwartenden Umständen anzupassen. Evtl. könnte der Anspruch auf Steuererstattung nach § 90 Abs. 1 BSHG übergeleitet werden; jedoch ist im Sachverhalt ausdrücklich nach der Anrechenbarkeit, nicht nach einer Anspruchsüberleitung gefragt; sollten die Bearbeiter dennoch § 90 Abs. 1 BSHG prüfen, ist dies nicht feh-

---

[20] Vgl. *BVerwGE* 99, 149, 157.
[21] *BVerwG*, a.a.O.

lerhaft und kann positiv gewertet werden, sofern auf das Problem der Gleichzeitigkeit[22] eingegangen wird.

b) Einsatz der Einkommensteuererstattung

aa) Soweit die Erstattung als Einkommen anzusehen ist, muß dieses von *F* eingesetzt werden, vgl. § 11 Abs. 1 S. 1 BSHG. Die Erstattung erfüllt grundsätzlich den Einkommensbegriff des § 76 Abs. 1 BSHG, vgl. auch § 1 DVO § 76. Insbesondere dient sie der Bedarfsdeckung.

bb) Fraglich ist nur, ob eine sog. Zeitraumidentität, d. h. eine Identität zwischen Bedarfszeitraum (hier ab 1. 4. 2003) und dem Zeitraum, für den das Geld zufließt, erforderlich ist. Nach der sog. Identitätsthese könnte die Erstattung nicht als Einkommen angerechnet werden, weil sie für das Jahr 2002 erfolgt. Sie wäre als Vermögen anzusehen (§ 88 Abs. 1 BSHG), wäre dann allerdings Schonvermögen i. S. v. § 88 Abs. 2 Nr. 8 BSHG (vgl. § 1 DVO § 88 Abs. 2). Zu Recht hat aber das *BVerwG* diese These aufgegeben und folgt in seiner jüngsten Rspr. der sog. Zuflußtheorie. Danach ist Einkommen „alles das …", was jemand in der Bedarfszeit wertmäßig dazuerhält, und Vermögen das, was er in der Bedarfszeit bereits hat";[23] schon wegen der Ungenauigkeit kommt es auf die Zweckbestimmung nicht an. Dazu das *BVerwG:*

„Zur Abgrenzung von Einkommen und Vermögen nach dem, was zufließt, und dem, was bereits vorhanden ist, ist weiter zu berücksichtigen, daß Einnahmen grundsätzlich aus bereits bestehenden Rechtspositionen erzielt werden (z. B. Auszahlung des Gehalts als Erfüllung der Gehaltsforderung; hier: Steuererstattung als Erfüllung des Steuererstattungsanspruchs). Da eine auf Geld oder Geldeswert gerichtete (noch nicht erfüllte) Forderung einen wirtschaftlichen Wert darstellt, gehört sie, wenn sie dem Inhaber bereits zusteht (z. B. noch nicht erfüllte Gehaltsforderungen für zurückliegende Monate; dagegen baut sich die Gehaltsforderung für den laufenden Monat erst auf), zu seinem Vermögen. Das führt jedoch nicht zu einer Konkurrenz dergestalt, daß die Forderung als Vermögen und daneben die Leistung aus der Forderung als Einkommen zu berücksichtigen wären. Vielmehr ist der Regelung in § 76 BSHG zu entnehmen, daß im Falle der Erfüllung einer (Geld-)Forderung sozialhilferechtlich grundsätzlich nicht das Schicksal der Forderung interessiert, sondern das Gesetz insofern allein auf die Erzielung von Einkünften in Geld oder Geldeswert als Einkommen abstellt. Das gilt allerdings nicht für Fälle, in denen mit bereits erlangten Einkünften Vermögen angespart wurde, z. B. bei Banken, Sparkassen oder Versicherungen. Denn andernfalls wertete man den Rückgriff auf Erspartes unzulässig erneut als Einkommen. Dementsprechend gilt § 76 BSHG auch nicht für die Auszahlung solcher Forderungen, die als fällige und liquide Forderungen bewußt nicht geltend gemacht, sondern angespart wurden.
Die Auszahlung einer Steuererstattung ist ein Zufluß i. S. des § 76 Abs. 1 BSHG. Der Zuordnung als Einkommen im Jahr der Auszahlung steht nicht entgegen, daß Grund für die Steuererstattung die zuviel entrichtete Steuer im Vorjahr ist. Auch wenn bereits dem Anspruch auf Steuererstattung ein Vermögenswert zukommt, hindert das die Zuordnung ihrer Auszahlung als Einkunft i. S. des § 76 Abs. 1 BSHG nicht, weil der Erstattungsgläubiger die zu hoch entrichtete Steuer nicht freiwillig „angespart" hat, sondern die Steuererstattung nicht früher erhalten konnte."[24]

---

[22] Vgl. *BVerwGE* 110, 5 = NJW 2000, 601.

[23] *BVerwGE* 108, 296, 299 = NJW 1999, 3649.

[24] *BVerwGE* 108, 296, 300 f.; vgl. zum Problem auch *Schoch,* Sozialhilfe, 3. Aufl. 2001, S. 256 f.

cc) Dementsprechend ist die Steuererstattung zu berücksichtigen. Sie ist nach §§ 3 Abs. 3 S. 1, 8 DVO § 76 auf einen angemessenen Zeitraum aufzuteilen. Da sie sich auf ein Jahr bezieht, ist sie auf 12 Teilbeträge zu verteilen, die monatlich zur Anrechnung gelangen.

2. Gewährung des Fernsehgerätes

a) F erfüllt nach den Angaben die persönlichen Voraussetzungen für eine HLU gem. § 11 Abs. 1 S. 1 BSHG. Von *S,* der zur Bedarfs- und Einsatzgemeinschaft gehört (§ 122 S. 1 BSHG, vgl. Teil I), kann keine Unterstützung erwartet werden, da dessen Einkommen nur seinen eigenen Bedarf deckt.

b) Laut Sachverhalt erhält die *F* HLU gemäß ihrem Bedarf. Gemeint ist damit offensichtlich der regelmäßige Bedarf, d. h. gezahlt werden laufende Leistungen in Form des Regelsatzes (§ 22 BSHG) und des Mehrbedarfs (§ 23 BSHG).

c) Mit der Beantragung der Kostenübernahme für das Fernsehgerät macht *F* einen Anspruch auf Gewährung einer einmaligen Leistung geltend. Dafür existieren zwei Voraussetzungen: der Bedarf darf nicht schon durch laufende Leistungen gedeckt sein und er muß zum notwendigen Lebensunterhalt (§§ 11 Abs. 1 S. 1, 12 Abs. 1 BSHG) gehören.

aa) Das Fernsehgerät fällt unter § 21 Abs. 1a Nr. 6 BSHG. Es besitzt höheren Anschaffungswert, d. h. dessen Anschaffung kann nicht aus den laufenden Leistungen bezahlt werden, ohne daß eine genaue Berechnung erforderlich wäre.

Der Wert übersteigt 6 % des Regelsatzes von 530 DM (umgerechnet 265 €), so vorgesehen in einem Entwurf für die noch nicht erlassene DVO § 21 Abs. 1b.

Gebrauchsgüter sind nicht nur Hausratsgegenstände.

bb) Damit bleibt die Frage, ob ein Fernsehgerät zum notwendigen Lebensunterhalt zählt.

Die Entscheidung dazu ist ein „Klassiker", weil sich an dem Wandel der Rspr.[25] der Wandel der Lebensverhältnisse nachverfolgen läßt, jedoch darf nicht davon ausgegangen werden, daß sie allen Bearbeitern bekannt ist;[26] erforderlich ist nur, daß diese sich um eine Subsumtion und in diesem Rahmen um die Auslegung der Norm bemühen.

HLU soll nicht das Existenzminimum gewähren, sondern dient in vertretbarem Umfang auch den Beziehungen zur Umwelt und der Teilnahme am kulturellen Leben (vgl. §§ 1 Abs. 2, 12 Abs. 1 BSHG).[27] Insofern bezieht sich „notwendig" auf die Lebenssituation unterer Einkommensgruppen (vgl. auch § 22 Abs. 3 S. 3 BSHG). Ein gewisser Anhaltspunkt ergibt

---

[25] Vgl. früher *BVerwGE* 48, 237; 80, 349; 95, 145.

[26] Noch Wiedergabe der alten Rspr. bei *Gitter/Schmitt,* Sozialrecht, S. 316.

[27] Zu Kabelanschlußgebühren, die nicht nach § 12 Abs. 1 S. 1 BSHG, sondern ggf. als notwendige Kosten der Unterkunft nach § 3 Abs. 1 S. 1 RegelsatzVO zu ersetzen sind, vgl. *BVerwGE* 115, 256 ff.

sich deshalb aus dem Verbreitungsgrad eines bestimmten Gegenstandes. In dem so bestimmten Rahmen der Vertretbarkeit bleibt der konkret-individuelle Bedarf entscheidend, die Wahl des Mediums zu Zwecken der Information, Bildung und Unterhaltung ist dem Hilfeempfänger überlassen.

Ausgeschlossen ist damit i.ü., auf den möglicherweise gesunkenen Informations- und Bildungswert des Fernsehens abzustellen.

Deshalb kann (zumindest ein gebrauchtes) Fernsehgerät zum notwendigen Lebensunterhalt gehören.[28]

II. Vorgehen in Bezug auf S

Die Stadt könnte versuchen, von der AOK als Krankenversicherungsträger die Behandlungskosten erstattet zu bekommen. In diesem Rahmen ist zu untersuchen, ob die Gewährung der Sozialhilfeleistung rechtmäßig war und ob S einen krankenversicherungsrechtlichen Anspruch auf die Behandlung besaß. Ferner bleibt zu untersuchen, ob für S eine freiwillige Versicherung begründet werden kann.

Die einzelnen Fragen können in beliebiger Reihenfolge geprüft werden, da noch kein Anspruch geltend gemacht wurde, sondern nur Vorüberlegungen anzustellen sind.

1. Rechtsgrundlage

In Betracht kommt ein Erstattungsanspruch nach den §§ 102 ff. SGB X. Sowohl Stadt als auch AOK sind Leistungsträger, die Sozialleistungen erbringen (vgl. §§ 4 Abs. 2 und 9, 21 und 28 SGB I). Die einzelnen Normen knüpfen an unterschiedliche Voraussetzungen an und lassen sich dementsprechend voneinander unterscheiden. Bei unaufschiebbaren Leistungen der Eingliederungshilfe kommt eine vorläufige Leistung in Betracht (§ 44 BSHG), ein Erstattungsanspruch ergäbe sich dann aus § 102 SGB X (vgl. § 44 Abs. 2 BSHG). Ob bei der Entscheidung über die Hilfegewährung Zuständigkeiten unklar waren, läßt sich dem Sachverhalt nicht entnehmen.

Darauf kommt es auch nicht an, weil die Stadt Krankenhilfe (§§ 28 Abs. 1, 37 BSHG) geleistet hat. Zwar ist die Konkurrenz der einzelnen besonderen Hilfen zueinander nicht gesetzlich geklärt, eine Abgrenzung ergibt sich in erster Linie aus den jeweiligen Voraussetzungen für die Hilfearten. Dennoch soll die Eingliederungshilfe nach § 40 BSHG vorrangig sein. Hier steht jedoch die Behandlung der Krankheit in keinem Zusammenhang zur Behinderung des S (vgl. § 39 Abs. 3, 4 BSHG), so daß ohne weitere Diskussion[29] von der Gewährung einer Krankenhilfe ausgegangen werden kann. Rechtsgrundlage des Erstattungsanspruchs ist dann § 104

---

[28] So jetzt *BVerwGE* 106, 99 = NJW 1998, 1967 f.
[29] Vgl. i.ü. zu streitigen Fällen *Schoch*, Sozialhilfe, S. 313 f., 333 f.

SGB X, und zwar wegen der Systemnachrangigkeit (§§ 2 BSHG, 104 Abs. 1 S. 2 SGB X) der Sozialhilfe gegenüber Sozialversicherungsleistungen; trotz der Formulierung in § 104 Abs. 1 S. 1 SGB X muß auf § 103 SGB X nicht eingegangen werden, weil dieser eine andere Fallgestaltung regelt.

Zu prüfen sind dann Rechtmäßigkeit der Leistungserbringung durch die Stadt und Anspruch gegen die Krankenkasse (§ 104 Abs. 1 S. 1 SGB X); sachliche und zeitliche Kongruenz läge vor, der Umfang der Erstattung richtete sich nach § 104 Abs. 3 SGB X.

2. Rechtmäßigkeit der Sozialhilfeleistung

a) Hinsichtlich der formellen Voraussetzungen bestehen keine Bedenken; die Stadt ist als örtlicher Träger der Sozialhilfe sachlich und örtlich zuständig, §§ 96 Abs. 1, 99 und 97 BSHG.

b) Auch auf die Bedürftigkeit ist nicht näher einzugehen. Zwar gilt hier die allgemeine Einkommensgrenze des § 79 BSHG, jedoch liegt das Einkommen des *S* auch unter dieser Grenze.[30]

c) Fraglich ist nur, ob die Voraussetzungen des § 37 BSHG vorliegen. Wie im SGB V muß *S* krank sein und die Krankheit zur Behandlungsbedürftigkeit führen (vgl. § 27 Abs. 1 S. 1 SGB V).

Das hier relativ einfache – an eine neuere Entscheidung des *BSG*[31] mit etwas pikanterem Gegenstand angelehnte – Krankheitsbild gibt den Bearbeitern Gelegenheit, zum sicherlich bekannten Krankheitsbegriff Stellung zu nehmen. Dabei ist von der allgemeinen Definition auszugehen (regelwidriger Körper- oder Geisteszustand, der zu Funktionsstörungen, gemessen am Leitbild eines gesunden Menschen, führt + Behandlungsbedürftigkeit, hier im Sinne einer Linderung der Beschwerden). [Anders als im tatsächlich entschiedenen Fall ist hier die Abgrenzung zwischen altersbedingten Funktionseinbußen und regelwidrigen Körperzuständen kein Problem.] Einzugehen ist auf das Argument, es sei nur die private Lebensführung betroffen. Dazu hat das *BSG* bezogen auf den (allerdings problematischer erscheinenden) Fall von organisch bedingten Erektionsstörungen, folgendes ausgeführt:[32]

„Unerheblich ist ferner die Argumentation der Beklagten, daß der begrenzte Versorgungsbereich der gesetzlichen Krankenversicherung dort ende, wo der private Lebensbereich prägend in den Vordergrund trete; [die Überwindung der erektilen Dysfunktion, die für den Einzelnen subjektiv von unterschiedlichem Gewicht sei, müsse der selbstverantwortlichen Entscheidung außerhalb der gesetzlichen Krankenversicherung überlassen werden]. Die gesetzliche Regelung, insbesondere in § 27 Abs 1 Satz 1 SGB V, läßt keinen Raum für entsprechende Erwägungen. Es handelt sich im vorliegenden Fall jedenfalls nicht um eine Verhaltensweise oder einen Zustand, der als persönliche Eigenart nicht der ärztlichen Behandlung bedarf (Senatsurteil vom 28. Februar 1980, *BSGE* 50, 47, 48 f) und dem Bereich der individuellen Unterschiede im Leitbild eines gesunden Men-

---

[30] Vgl. *Aichberger*, Fn. 4 zu § 79.
[31] *BSG* SozR 3–2500 § 27 Nr. 11 = Breith. 2000, S. 251.
[32] *BSG* a.a.O.

schen zuzurechnen wäre. Es geht im vorliegenden Verfahren weder darum, eine im physiologischen Bereich vorhandene sexuelle Potenz (wie auch immer) zu steigern, noch darum, ein Defizit im Vergleich mit einer Idealnorm auszugleichen (s. KassKomm/*Höfler*, § 27 SGB V Rn. 34, Stand: 1998), sondern darum, die nicht mehr bestehende Erektionsfähigkeit als normale Körperfunktion jedenfalls zeitweise (kasuell, situativ) wiederherzustellen."

Auch gegen die Behandlung mit dem gewährten Arzneimittel bestehen keine Einwände. Diese beseitigt das Grundleiden nicht, sondern behandelt dieses symptomatisch: bessere oder wirksamere Behandlungsmöglichkeiten werden aber nicht genannt; für einen Ausschluß des Arzneimittels sind keine Anhaltspunkte ersichtlich.

Das bedarf keiner Erwähnung, da der Sachverhalt auf Details verzichtet.

3. Anspruch des S nach dem SGB V

a) Fraglich ist, ob S zum versicherten Personenkreis gehört. Denkbar ist eine Versicherung als Student nach § 5 Abs. 1 Nr. 9 SGB V. Von der Immatrikulation des S kann ausgegangen werden. Jedoch ist er im Februar 30 Jahre alt geworden und hat damit die in der genannten Vorschrift enthaltene Altersgrenze überschritten. Das könnte nach dem 2. Hs. irrelevant sein, wenn die Überschreitung auf persönlichen Gründen beruhen würde. Es mag hier naheliegen, daß dies wegen der Behinderung des S der Fall ist. Jedoch gibt der Sachverhalt keine näheren Anhaltspunkte. Die Weiterversicherung setzt nämlich voraus – was aus der Formulierung „Überschreitung... rechtfertigen" geschlossen werden kann –, daß die besonderen Umstände für die längere Ausbildungsdauer kausal sind. Insofern bedürfte es weiterer Aufklärung.

Im Rahmen eines Gutachtens muß in jedem Fall der Möglichkeit nachgegangen werden, daß die Voraussetzungen für eine studentische Pflichtversicherung nicht mehr vorliegen. Das Ende der Mitgliedschaft richtet sich nach § 190 Abs. 9 SGB V. Allerdings ist fraglich, ob sich die Bestimmung auch auf das Überschreiten der Altersgrenze bezieht. Es kann sowohl die Ansicht vertreten werden, daß mit Vollendung des 30. Lebensjahrs die Mitgliedschaft erlischt, als auch, daß § 190 Abs. 9 SGB V für alle Beendigungsfälle aus Gründen der Rechtssicherheit auf das Ende des Semesters abstellt.[33] Spätestens endete die Mitgliedschaft damit Ende März 2003.

b) S könnte nach § 5 Abs. 1 Nr. 1 pflichtversichert sein, da er als Angestellter gegen Entgelt beschäftigt ist. Es darf aber nicht übersehen werden, daß er zugleich die Voraussetzungen für eine Versicherungsfreiheit nach § 6 Abs. 1 Nr. 3 SGB V erfüllt: Da er weniger als halbtags arbeitet und keine gegenteiligen Anhaltspunkte vorliegen (entscheidend ist immer der Einzelfall, eine nach Arbeitsstunden bemessene Grenze hat nur Indizwirkung),

---

[33] Vgl. dazu nur Wannagat/*Becker*, SGB V, § 190 Rn. 28 m. w. N.

widmet er sich hauptsächlich dem Studium und ist deshalb „ordentlich Studierender". Damit entfällt auch eine Versicherungspflicht als Arbeitnehmer (§ 6 Abs. 3 S. 1 SGB V). Frage ist nur, ob sich der Tatbestand ausschließlich auf die Fälle bezieht, in denen eine studentische Pflichtversicherung besteht. Hier sind verschiedene Lösungen denkbar; das *BSG* hat, unter Rückgriff auf die Entstehungsgeschichte, eine entsprechende Wechselbezüglichkeit abgelehnt:[34]

„Die Gründe, die dafür genannt werden, in entsprechender Anwendung der zeitlichen Grenzen für die Versicherungspflicht in § 5 Abs. 1 Nr. 9 SGB V die Geltung von § 6 Abs. 1 Nr. 3 SGB V zu beschränken, überzeugen nicht. Die Versicherungsfreiheit nach § 6 Abs. 1 Nr. 3 SGB V braucht nicht deshalb auf Studenten, die nach § 5 Abs. 1 Nr. 9 SGB V versicherungspflichtig sind, beschränkt zu werden, weil sonst Personen allein durch die Einschreibung als Studenten auf Dauer in einer Beschäftigung versicherungsfrei sein könnten. Diese in der Literatur häufig vertretene Ansicht (vgl. Gerlach in Hauck/Haines Sozialgesetzbuch, § 6 SGB V Rn. 71 ff. – Stand Juli 1989; GKV-Komm/ *Zipperer* § 6 SGB V – Stand April 1995 – Rn. 33 und Breuer in GemeinschaftsKomm zum SGB, § 6 SGB V Rn. 75 – Stand November 1990) ist unzutreffend. Die Beklagte weist zu Recht darauf hin, daß die Versicherungsfreiheit nach § 6 Abs. 1 Nr. 3 SGB V schon bisher auf Werkstudenten beschränkt ist, also auf solche Studierende, die ungeachtet der ausgeübten Beschäftigung ihrem Erscheinungsbild nach Student sind. Damit sind die Krankenkassen hinreichend davor geschützt, daß Personen die Einschreibung als Student benutzen, um die Versicherungspflicht in einer hauptberuflich oder überwiegend ausgeübten Beschäftigung zu vermeiden."

Der schwächere Schutz durch eine freiwillige Versicherung rechtfertigt im Hinblick auf die sonstigen Durchbrechungen eine erweiternde Auslegung nicht. Gegen diese sprechen, auch im Hinblick auf die Befreiungsmöglichkeiten (§ 8 Abs. 1 Nr. 5 SGB V), unter dem Gesichtspunkt der Rechtssicherheit eher Bedenken. Dennoch erscheint die gegenteilige Ansicht vertretbar, wobei es allerdings nicht überzeugend ist, dies auf § 6 Abs. 3 S. 2 SGB V zu stützen.

4. Begründung einer freiwilligen Versicherung durch den SH-Träger

a) Damit bliebe nur die Möglichkeit, für *S* einen Versicherungsschutz nach dem SGB V über eine freiwillige Krankenversicherung zu begründen. Insofern kann immerhin auf § 13 Abs. 1 BSHG hingewiesen werden, ohne dessen Voraussetzungen im einzelnen zu prüfen. Denkbar wäre, die Anmeldung als „Feststellung einer Sozialleistung" i. S. v. § 91 a BSHG anzusehen.

b) Zunächst ist allerdings darauf hinzuweisen, daß die Frist zum Beitritt nach § 9 Abs. 1 Nr. 1, Abs. 2 Nr. 1 SGB V, die drei Monate beträgt, abgelaufen ist. Insofern könnte nur § 91 a S. 2 BSHG helfen.

c) Jedoch umfaßt die Feststellung nicht die Begründung von Versicherungsverhältnissen. Für weitreichende (und auch mit Belastungen verbundene)

---

[34] *BSG* SozR 3–2500 § 6 Nr. 17 = Breith. 2000, S. 358.

Statusentscheidungen sind allein die Betroffenen selbst zuständig; das läßt sich schon aus dem Wortlaut des § 91 a S. 1 BSHG schließen, ebenso aus der Natur von Versicherungs- und Mitgliedschaftsverhältnis in einer Sozialversicherung. Deswegen ist, wie das *BSG* jüngst noch einmal bestätigt hat, der Sozialhilfeträger nicht einmal befugt, das Bestehen eines Versicherungsverhältnisses feststellen zu lassen:[35]

„Das in § 91 a BSHG dem Sozialhilfeträger eingeräumte Recht, Ansprüche des Unterstützten geltend zu machen, bezieht sich nur auf Leistungsansprüche und nicht auf Entscheidungen über den versicherungsrechtlichen Status. Der Sozialhilfeträger, der einen Erstattungsanspruch geltend macht, ist deshalb an die Feststellung des Beginns der freiwilligen Mitgliedschaft gebunden (*BSG* SozR 2200 § 176 c Nr. 3 – noch zu § 1531 RVO). Er ist nicht befugt, für einen Unterstützten den Beitritt zur freiwilligen Krankenversicherung zu erklären und die Mitgliedschaft feststellen zu lassen (*BSGE* 70, 72, 78 = SozR 3–5910 § 91 a Nr. 1 S. 6). Schließlich kann er nicht auf Feststellung der beitragsfreien Pflichtversicherung klagen, wenn die Krankenkasse gegenüber dem Versicherten eine beitragspflichtige freiwillige Mitgliedschaft festgestellt hat (*BSG* SozR 3–5910 § 91 a Nr 2)."

---

[35] *BSG* SozR 3–5910 § 91 a Nr. 6.

Fall 6. Versichert trotz Ehrenamt oder Selbstgefährdung

Sachverhalt

Teil I: Der im Jahre 1945 geborene Bernhard (*B*) war lange Zeit als Beamter im mittleren Dienst der Finanzverwaltung tätig. Im Frühjahr 2002 wurde er in den vorläufigen („einstweiligen") Ruhestand versetzt (vgl. §§ 25 Abs. 1, 30 BRRG, Art. 51, 54 BayBG). Seitdem bezieht er eine beamtenrechtliche Versorgung in Höhe von 65 v. H. der ruhegehaltsfähigen Dienstbezüge. Außerdem hat er nach beamtenrechtlichen Grundsätzen bei Krankheit Anspruch auf Fortzahlung seiner Pension und auf Beihilfe.

Im Herbst 2002 wird Bernhard in seiner Heimatgemeinde zum ehrenamtlichen ersten Bürgermeister (vgl. Art. 34 Abs. 2 GO [Bayern]) gewählt und erhält seitdem eine Entschädigung gemäß Art. 134 KWBG (Gesetz über Kommunale Wahlbeamte). Diese beträgt monatlich 2.700,– Euro (vgl. Anl. 1 zum KWBG), wobei ein Drittel dieses Betrages der Abgeltung des entstehenden Aufwandes dient, während die übrigen zwei Drittel eine zusätzliche „Anerkennung" der ehrenamtlichen Tätigkeit zum Ausdruck bringen.

Bernhard kennt zwar die Vorschrift des § 115 BRRG, meint jedoch, daß er in seiner Situation den Schutz der Sozialversicherung nicht benötige und deshalb auch keine Sozialabgaben von seiner Entschädigung als Bürgermeister zu zahlen habe.

Teil II: An einem Freitagnachmittag sitzt der Arbeiter Alexander (*A*) nach Dienstschluß noch knapp zwei Stunden in der dem Werkstor gegenüber befindlichen Kneipe „Zum rostigen Nagel", um im Kollegenkreis den Geburtstag seines Freundes Konrad (*K*) nachzufeiern. Man trennt sich allerdings nach einigen Bieren, obwohl die Stimmung bereits recht gut ist, um am heimischen Fernseher ein wichtiges Fußballspiel miterleben zu können. Alexander hat mit 36 Kilometern die weiteste Heimfahrt vor sich. Da Konrads Wohnung am Weg liegt, nimmt Alexander ihn in seinem Pkw mit, um ihn zu Hause abzusetzen. Zum Zeitpunkt des Fahrtantritts beträgt Alexanders Blutalkoholwert 0,9 Promille. Im Autoradio hören beide, daß auf der sonst als der kürzesten und auch günstigsten Verbindung benutzten Schnellstraße wegen eines Unfalls momentan zähflüssiger Verkehr herrscht. Daraufhin wählt Alexander einen „Schleichweg", wobei er allerdings eine etwa 10 km längere Fahrtstrecke in Kauf nehmen muß.

Alexander erreicht sein Ziel jedoch nicht: Beim Einbiegen in die Bukephalosstraße entgeht ihm, daß diese wegen Bauarbeiten momentan nur in einer Richtung befahrbar ist. Alexander bemerkt dies nicht, weil er kurz vor dem Abbiegen noch mit ca. 80 km/h fährt und sich während des Abbiegevorganges noch eine Zigarette anzündet. Deshalb übersieht er auch die betreffenden Straßenverkehrsschilder zur vorgeschriebenen Fahrtrichtung (vgl. Zeichen Nr. 209 bis 214 zu § 41 Abs. 2 StVO) und zum Einfahrt-Verbot (Zeichen Nr. 267 zu § 41 Abs. 2 StVO). Nach dem Einbiegen umkurvt er noch zügig eine auf „seiner Fahrbahnseite" stehende Straßenwalze, wodurch ihm jedoch das dahinter ausgebaggerte drei Meter tiefe Loch in der Fahrbahn entgeht. In diese Vertiefung stürzt Alexander mit seinem Fahrzeug. Da er sich nicht angeschnallt hatte, endet der Unfall für ihn tödlich. Konrad war hingegen angeschnallt und wurde praktisch nicht verletzt.

Wilfriede (*W*), die Witwe des Alexander, macht gegenüber der für Alexander zuständigen Berufsgenossenschaft einen Anspruch auf Rente geltend. Der entsprechende Antrag wird jedoch mit dem Hinweis abgelehnt, daß Alexander aus einer Reihe von Gründen, zumindest aber wegen des Zusammentreffens aller dieser Gründe, den Tod selbst verschuldet habe, so daß eine Rente – bedauerlicherweise – nicht gezahlt werden könne.

Bearbeitervermerk: Beide Teile der Aufgabe sind zu bearbeiten. Dabei sind in einem Gutachten, das auf alle aufgeworfenen Rechtsfragen eingeht, in der vorgegebenen Reihenfolge folgende Fragen zu beantworten:

Zu Teil I:

Besteht für Bernhard Versicherungspflicht in der

a) gesetzlichen Krankenversicherung

b) gesetzlichen Rentenversicherung

c) gesetzlichen Unfallversicherung

Teil II:

Hat Wilfriede Anspruch auf eine Rente aus der gesetzlichen Unfallversicherung?

Hinweis: § 3 Nr. 12 Einkommensteuergesetz (EStG) hat folgenden Wortlaut (Auszug): „Steuerfrei sind aus einer Bundeskasse oder Landeskasse bezahlte Bezüge, die in einem Bundesgesetz oder Landesgesetz oder einer auf bundesgesetzlicher oder landesgesetzlicher Ermächtigung beruhenden Bestimmung oder von der Bundesregierung oder einer Landesregierung als Aufwandsentschädigung festgesetzt sind und als Aufwandsentschädigung im Haushaltsplan ausgewiesen werden. Das gleiche gilt für andere Bezüge, die als Aufwandsentschädigung aus öffentlichen Kassen an öffentliche Dienste leistende Personen gezahlt werden, soweit nicht festgestellt wird, daß sie für Verdienstausfall oder Zeitverlust gewährt werden oder den Aufwand, der dem Empfänger erwächst, offenbar übersteigen."

Lösung

Die Bearbeitung des **Falles 1** erfordert Grundkenntnisse im Sozialversicherungsrecht und betrifft ein allg. Problem des SGB IV, dessen Lösung sich aus einer sorgfältigen Prüfung der einschlägigen Vorschriften ergibt. Die Kenntnis der diesbezüglichen Rspr. des *BSG* ist nicht erforderlich.

Besondere Kenntnisse des Steuerrechts sind nicht verlangt, es genügt vielmehr die Lektüre des Gesetzes (§ 3 Nr. 12 EStG).

Die erforderlichen Kenntnisse hinsichtlich der Tätigkeit eines Bürgermeisters nach Bayerischem Gemeinderecht gehören zum Pflichtstoff „Kommunalrecht" und dürfen deswegen als bekannt vorausgesetzt werden.

Die Bearbeitung des **Falles 2** betrifft eine Standardfrage des Unfallversicherungsrechts, die dogmatisch und infolgedessen prüfungstechnisch unterschiedlich beantwortet werden kann. Erwartet wird ein folgerichtiger, vertretbarer Aufbau und eine möglichst überzeugende Argumentation in der Frage des Vorliegens bzw. Nichtvorliegens von Versicherungsschutz.

Teil I

A. Versicherungspflicht in der gesetzlichen KV

Versicherungspflicht besteht bei Versicherung kraft Gesetzes.

I. Einschlägige Regelungen: §§ 5–8 SGB V

Regelungssystem:

Die **Versicherungspflicht** in der Gesetzlichen KV ergibt sich aus § 5 Abs. 1 Nr. 1–12 SGB V für Arbeiter, Angestellte und sonstige Beschäftigte sowie Gleichgestellte (z. B. § 5 Abs. 3, Abs. 4 a SGB V).

Die Regelungen zur **Versicherungsfreiheit** finden sich in den §§ 6 und 7 SGB V. Inwiefern eine **Befreiung von der Versicherungspflicht** möglich ist, besagt § 8 SGB V.

II. § 5 Abs. 1 Nr. 1 SGB V

Es handelt sich hier um den bedeutsamsten Tatbestand der Versicherungspflicht, bei dem – dem Wortlaut nach – drei Tatbestandsmerkmale erfüllt sein müssen:

- Erstens muß eine **Beschäftigung** vorliegen, für die
- zweitens – **Arbeitsentgelt** gezahlt wird (oder zumindest dem Beschäftigten zusteht), und
- es muß sich – drittens – möglicherweise um **Arbeiter, Angestellte oder zur Berufsausbildung Beschäftigte** handeln.

1. Beschäftigung

„Beschäftigung" wird in § 7 Abs. 1 S. 1 SGB IV als nichtselbständige Arbeit, insbesondere in einem Arbeitsverhältnis, definiert. In S. 2 hat der Gesetzgeber „Anhaltspunkte" gegeben, in denen typische Merkmale einer Beschäftigung genannt sind, die aber nicht automatisch zu einer abschließenden Bewertung führen.[1]

a) Arbeit

Arbeit ist eine freiwillige, dem allg. **Erwerbsleben** zugängliche Tätigkeit, mit der – i. d. R. in einem Arbeitsverhältnis – eine Dienstleistung erbracht und ein **Arbeitserfolg**[2] herbeigeführt werden soll.[3]

aa) Tätigkeit/Dienstleistung; Arbeitserfolg. Die vom **Bürgermeister** erwarteten und i. d. R. erbrachten Tätigkeiten sind **Dienstleistungen** für die Gemeinde: Ihm obliegen vielfältige Führungsaufgaben gegenüber der Gemeindeverwaltung (z. B. als Vorgesetzter der Gemeindebediensteten, vgl. Art. 43 Abs. 3 GO oder bei der Leitung und Verteilung der Geschäfte, vgl. Art. 46 Abs. 1 S. 1 GO) sowie Organisations- und Durchführungsleistungen gegenüber dem Gemeinderat (Vorbereitung und Leitung der Sitzungen, Kontrolle und Ausführung der Beschlüsse des Gemeinderats, vgl. Art. 46 Abs. 2, 53, 59 GO).

Dementsprechend werden auch vom ehrenamtlichen Bürgermeister „Arbeitserfolge" verlangt.

---

[1] KassKomm/*Seewald*, § 7 SGB IV Rn. 47a.

[2] Freilich nicht i. S. d. § 631 Abs. 2 BGB (hierzu Palandt/*Sprau*, 62. Aufl. 2003., Einf. v. § 631 Rn. 1).

[3] Vgl. dazu insg. KassKomm/*Seewald*, § 7 SGB IV Rn. 10 ff.

bb) Arbeitsverhältnis. (1) Ein Arbeitsverhältnis aufgrund eines darauf bezogenen **Arbeitsvertrages** liegt hier nicht vor. Das ist ausweislich des Wortlauts[4] des § 7 Abs. 1 S. 1 SGB IV auch **nicht** unbedingt notwendig.

(2) Allerdings muß eine irgendwie geartete **rechtlich relevante Beziehung** zwischen einem Beschäftigten und der (juristischen) Person oder Behörde vorhanden sein, die als **Anknüpfungspunkt** für die Bewertung einer Tätigkeit als **fremdnützige**,[5] **berufliche Arbeit** und somit für die daraus resultierende Versicherungspflicht dienen kann. Hier beruht die (von B geschuldete) Tätigkeit auf der Grundlage einer **öffentlich-rechtlichen Sonderrechts-Beziehung**, die zwischen der Gemeinde und ihrem Bürgermeister durch die Annahme einer entsprechenden Wahl, also nicht durch eine Ernennung, begründet worden ist (vgl. Art. 4, Hs. 2 KWBG); die aus diesem Sonderrechtsverhältnis folgenden Pflichten ergeben sich aus den einschlägigen gesetzlichen Regelungen (Beamtenrecht, vgl. insbesondere Art. 34 KWBG sowie die GO[6]).

(3) Zweifelhaft könnte aber generell sein, ob ein beamtenrechtliches Dienstverhältnis, insbesondere auch – wie hier – von **Ehrenbeamten**, unter § 7 Abs. 1 SGB IV und somit unter § 5 Abs. 1 Nr. 1 SGB V fallen kann.

Dagegen spricht, daß § 5 Abs. 1 Nr. 1 SGB V nur **Arbeiter** und **Angestellte** nennt, nicht jedoch Beamte, so daß möglicherweise deren Tätigkeit bereits grundsätzlich nicht versicherungspflichtig sein könnte. Weiterhin könnte man erwägen, daß Beamte i. d. R. durch das **Beamtenversorgungsrecht** in einem Umfang sozial gesichert sind, wie es für Angestellte und Arbeiter durch die Kranken-, Unfall- und RV geschieht.

Auf der anderen Seite ist folgendes zu bedenken: Die grundsätzliche Möglichkeit von „Arbeit" und „Beschäftigung" im **Beamtenverhältnis** liegt insofern nahe, als das **SGB V** ausdrücklich Beamte (sowie weitere Berufsgruppen des öffentlichen Dienstes) von der Versicherungspflicht ausnimmt (s. **§ 6 Abs. 1 Nr. 2 SGB V**); somit geht das G offensichtlich davon aus, daß zu den Beschäftigten i. S. d. § 5 Abs. 1 Nr. 1 SGB V und somit auch i. S. d. § 7 Abs. 1 S. 1 SGB IV auch Beamte zählen.

Außerdem gilt – und dies ist im vorliegenden Fall vor allem zu berücksichtigen –, daß **Ehrenbeamte keine Versorgung** erhalten dürfen (§ 115 Abs. 2 S. 1 BRRG) und deshalb in dieser Tätigkeit insoweit nicht beamtenrechtlich abgesichert sind.

Somit liegt hier eine Tätigkeit vor, die durchaus als „Beschäftigung" in Frage kommt.

Diese Überlegungen können ebenso gut an anderer Stelle gebracht werden, etwa zu Beginn der Prüfung von § 5 Abs. 1 Nr. 1 SGB V oder am Ende der Prüfung, ob eine Beschäftigung gegeben ist (hier 3.).

---

[4] „Insbesondere".
[5] Vgl. *BSGE* 5, 168, 171; 25, 102, 104; 42, 36, 37; Wannagat/*Brandenburg/Woltjen*, SGB IV, § 7 Rn. 16.
[6] S. o. A. II. 1. a), aa).

cc) Tätigkeit im Berufsleben; eine dem allg. Erwerbsleben zugängliche Tätigkeit. Arbeit liegt nur bei generell **wirtschaftlich sinnvoller Tätigkeit** vor, die für den Betreffenden – zumindest teilweise – Lebensaufgabe und Lebensgrundlage ist; das bedeutet allerdings nicht, daß der Zweck der Tätigkeit selbst erwerbswirtschaftlicher Art sein muss; er kann vielmehr auch ideeller Art sein,[7] insbesondere auf die Verfolgung gemeinnütziger Ziele (und Ziele des öffentlichen Wohls) gerichtet sein.

Diese Voraussetzungen sind hier gegeben, wenn man einerseits den **Umfang** der wahrzunehmenden Aufgaben und andererseits die dabei erzielte **Entschädigung**[8] betrachtet.

In diesem Zusammenhang wäre die Rspr. insbesondere des *BSG*[9] zu erwähnen, die im Hinblick auf ehrenamtliche Tätigkeit zwischen der Wahrnehmung von – einerseits – „Repräsentationsaufgaben" und – andererseits – „Verwaltungsaufgaben" unterscheidet: Die Wahrnehmung von Repräsentationsaufgaben ist nicht „Arbeit" und kommt somit nicht als „Beschäftigung" i. S. v. § 7 Abs. 1 SGB IV in Betracht (Beispiel: Tätigkeit als Mitglied eines Gemeinderats). Die Wahrnehmung von „Verwaltungsaufgaben" ist hingegen „Arbeit" i. S. d. § 7 Abs. 1 S. 1 SGB IV. Bei diesbezüglich „gemischten Tätigkeiten" soll maßgeblich sein, welche Aufgaben überwiegen. Auch nach diesen Maßstäben der Rspr. übt *B* eine Arbeit i. S. d. § 7 Abs. 1 S. 1 SGB IV aus.[10]

Weiterhin muß die Tätigkeit dem allg. Erwerbsleben zugänglich sein.

Auch diese Voraussetzung liegt hier vor: *B* übt ganz überwiegend (**„Verwaltungs"-)Aufgaben** aus, die jedenfalls von Rechts wegen jedermann offenstehen.

dd) Freiwilligkeit. Dies ist ein **ungeschriebenes Merkmal** von „Arbeit" (und „Beschäftigung").[11] Nicht freiwillig in diesem Sinne arbeiten z. B. Strafgefangene oder auch solche Personen, die zu einer ehrenamtlichen Tätigkeit aufgrund öffentlichen Rechts verpflichtet sind (vgl. z. B. Art. 19 Abs. 1 S. 2, Abs. 2, 3 GO).

Hier hat *B* die ehrenamtliche Tätigkeit jedoch freiwillig übernommen.

b) Nichtselbständige Arbeit

Zweifel am Vorliegen dieser gesetzlich ausdrücklich normierten Voraussetzung könnten deshalb bestehen, weil (auch) der (ehrenamtliche) Bürgermeister wesentliche **Leitungsfunktionen** und eine weitgehende **Eigenverantwortung** bei der Wahrnehmung der kommunalen Aufgaben hat und – zumindest tatsächlich – über ein hohes Maß an **Selbständigkeit** verfügen muß.

---

[7] KassKomm/*Seewald*, § 7 SGB IV Rn. 26; *BSGE* 10, 94, 96; 16, 98, 100; 44, 94, 97 ff.

[8] Die Entschädigung hat an dieser Stelle freilich noch nichts mit der Frage zu tun, ob es sich dabei um „Arbeitsentgelt" handelt (vgl. dazu unten 3.); sie ist insoweit (nur) Anhaltspunkt für eine wirtschaftlich sinnvolle Tätigkeit.

[9] *BSGE* 8, 170, 175; 17, 73, 74; 66, 150 = SozR 3–2200 § 1248 Nr. 1 S. 3; *BSGE* 78, 34, 39 = SozR 3–2940 § 2 Nr. 5 S. 25 f.; *BSG* NZS 1999, 151.

[10] Vgl. etwa *LSG Rheinland-Pfalz* vom 10. 8. 2000 – L 5 K 20/98 – Die Sozialversicherung 2001, S. 139 f. m. w. N.

[11] KassKomm/*Seewald*, § 7 SGB IV Rn. 35.

Zu beachten ist allerdings auch, daß im Wortlaut des G der Gemeinderat als das „erste" Hauptorgan der Gemeinde erscheint (vgl. Art. 29 GO).

Die rechtliche Beurteilung (und damit die Abgrenzung von Beschäftigung und Selbständigkeit) ist nach den in der Rspr. entwickelten Kriterien vorzunehmen, die neuerdings[12] − wenn auch nur teilweise − als **gesetzliche** „**Anhaltspunkte**" normiert worden sind (§ 7 Abs. 1 S. 2 SGB IV) und als verbindliche **Auslegungshilfen** zu beachten sind.

aa) Tätigkeit nach Weisungen. Als **weisungsabhängig** kann die Tätigkeit des **Bürgermeisters** unter folgenden Gesichtspunkten verstanden werden: Zum einen hat er die Pflicht, die Beschlüsse des Gemeinderats auszuführen; zum anderen muß er Anordnungen, die gegenüber der Gemeinde im Rahmen der Rechts- und Fachaufsicht ergehen,[13] befolgen.[14] Als „Weisungsgeber" handeln diesbezüglich also der **Gemeinderat** und die **Aufsichtsbehörden**.

Selbständig − wenngleich nicht frei von rechtlichen und aufsichtlichen Bindungen − ist der Bürgermeister hinsichtlich der in **Art. 37 GO** genannten Aufgaben (vgl. dort im einzelnen) sowie bei der Vorbereitung und Leitung der Sitzungen des Gemeinderats und der Ausschüsse (vgl. Art. 46, 53, 33 GO; als weisungsabhängig kann der Bürgermeister im Fall des Art. 46 Abs. 2 S. 3 GO betrachtet werden); weisungsungebunden ist er auch im Hinblick auf die **rechtliche Kontrolle** der Gemeinderatsbeschlüsse.[15]

Somit liegt unter diesem Gesichtspunkt (§ 7 Abs. 1 S. 2 SGB IV − 1. Anhaltspunkt) eine wohl als gemischt zu bewertende Tätigkeit vor, bei der − rechtlich betrachtet − die **Aspekte**, die **gegen die Selbständigkeit** sprechen, **überwiegen**

(a. A. angesichts der einschlägigen Rspr. im Ergebnis wohl nicht mehr vertretbar).

bb) Einordnung in die Arbeitsorganisation (des Weisungsgebers). Mit diesem Merkmal hat der Gesetzgeber einen in der Rspr. entwickelten Gesichtspunkt übernommen, wonach „**bei Diensten höherer Art**" (z. B. bei leitenden Angestellten) statt eines faktisch nur sehr begrenzten Weisungs- und Direktionsrechts eine „**funktionsgerechte, dienende Teilhabe am Arbeitsprozeß**"[16] das maßgebende Merkmal für das Vorliegen von Beschäftigung ist. Dabei kommt dem Merkmal der Eingliederung in einen übergeordneten Organismus das entscheidende Gewicht zu.[17] Die Dienstleistung muß ihr **Gepräge vom Betrieb** (das ist im sozialversicherungsrechtlichen Sinne die Gesamt-Organisation, in der die Arbeit verrichtet wird) erhal-

---

[12] G v. 20. 12. 1999 (BGBl. 2000 I S. 2).

[13] Vgl. Art. 109, 112, 115, 116 GO.

[14] Dazu insg. *Seewald*, in: Steiner (Hrsg.), Besonderes Verwaltungsrecht, 7. Aufl. 2003, I. (Kommunalrecht) Rn. 351 ff.

[15] Vgl. Art. 59 Abs. 2 GO sowie *Seewald*, in: Steiner (Hrsg.), Besonderes Verwaltungsrecht, 7. Aufl. 2003, I. (Kommunalrecht) Rn. 218.

[16] Vgl. KassKomm/*Seewald*, § 7 SGB IV Rn. 74.

[17] Grundlegend *BSGE* 16, 289, 294.

ten. Solange jemand nicht in einem eigenen, sondern für ihn in diesem Sinne fremden Betrieb tätig ist, der also nicht der Verwirklichung eigener (insbesondere wirtschaftlicher) Interessen dient, und solange er der **objektiven Ordnung** dieses Betriebes unterliegt, ist er abhängig tätig; das kann selbst dann vorliegen, wenn der Betreffende als einziger im Betrieb über besonderes „Know-how" verfügt.

Diese Voraussetzungen sind im Hinblick auf die Tätigkeit eines Bürgermeisters, also im Hinblick auf die Tätigkeit des *B*, gegeben.

cc) Zwischenergebnis. Somit führt bereits die Anwendung der **gesetzlichen Anhaltspunkte** zu dem (Zwischen-)Ergebnis, daß es sich bei der Tätigkeit des *B* um (abhängige) Beschäftigung i. S. d. § 7 Abs. 1 S. 1 SGB IV sowie § 5 Abs. 1 Nr. 1 SGB V handelt.

Andere Gesichtspunkte, die von der Rspr. entwickelt worden sind, die weiterhin zu beachten sind und die gegen dieses Ergebnis sprechen könnten, sind in diesem Fall nicht ersichtlich.

2. Gegen Arbeitsentgelt beschäftigt

Mit dieser Voraussetzung des **§ 5 Abs. 1 Nr. 1 SGB V** wird auf **§ 14 SGB IV** verwiesen. Ob die an *B* gezahlte Entschädigung als Arbeitsentgelt i. S. d. SGB IV und des SGB V zu bewerten ist, beurteilt sich demnach nicht nach dem „Wesen" einer solchen Geldzahlung oder ihrer Bezeichnung; man könnte insofern u. U. unter Rückgriff z. B. auf Art. 20 a GO oder Art. 134 KWBG zu der (falschen) Vermutung kommen, daß eine **Entschädigung** niemals „Entgelt" sein könne.

Vielmehr sind allein die gesetzlichen Kriterien maßgebend.

a) Voraussetzungen des § 14 Abs. 1 S. 1 SGB IV

Die Voraussetzungen des § 14 Abs. 1 S. 1 SGB IV sind offensichtlich gegeben: Es handelt sich um **laufende Einnahmen,** auf die sogar[18] ein Rechtsanspruch besteht (Art. 134 Abs. 1 S. 1 KWBG); die Bezeichnung als „Entschädigung" ist offensichtlich (Wortlaut!) sozialversicherungsrechtlich irrelevant; ein **Zusammenhang** zwischen **Beschäftigung** und **Geldzahlung** liegt ebenfalls vor.

Somit handelt es sich um Arbeitsentgelt.

b) Voraussetzungen des § 14 Abs. 1 S. 3 SGB IV

Diese Regelung macht zwei **Ausnahmen** von S. 1, die u. U. dazu führen, daß die Bezüge des *B* trotz Vorliegens o. g. Voraussetzungen nicht als Arbeitsentgelt gelten.

aa) Ein Fall des § 3 Nr. 26 EStG (abgedruckt in *Aichberger,* Fn. 2 zu § 14 SGB IV) liegt offensichtlich nicht vor.

---

[18] Was aber unerheblich ist, vgl. § 14 Abs. 1 S. 1 SGB IV.

bb) Denkbar ist, daß die Geldzahlungen an *B* – erstens – **Aufwandsentschädigung i. S. d.** (Einkommen-)Steuerrechts sind und – zweitens – dort (ganz oder teilweise) **steuerfrei** gestellt sind; daran knüpft das Sozialversicherungsrecht hinsichtlich der Bewertung als Arbeitsentgelt an. Einschlägig ist insoweit § 3 Nr. 12 EStG, dessen S. 2 hier in Frage kommt. Danach sind Bezüge, die als Aufwandsentschädigung aus öffentlichen Kassen an öffentliche Dienste leistende Personen gezahlt werden, **steuerfrei, soweit nicht festgestellt** wird, daß sie für **Verdienstausfall** oder **Zeitverlust** gewährt werden oder den **Aufwand**, der dem Empfänger erwächst, offenbar **übersteigen**.

Unproblematisch ist *B* eine „öffentliche Dienste leistende Person". Zu prüfen ist jedoch, ob und inwieweit die Geldzahlung an *B* eine (1) Aufwandsentschädigung darstellt, die für Verdienstausfall oder Zeitverlust gewährt wird oder (2) – alternativ – den Aufwand, der dem *B* durch seine Tätigkeit erwächst, offensichtlich übersteigt.

(1) Zweifel bestehen hinsichtlich des Vorliegens einer **„Aufwands"-Entschädigung**; dabei ist die Bezeichnung letztlich nicht maßgebend. Art. 20 a GO nennt die Maßstäbe für die Bemessung der dort normierten Entschädigung, also insbesondere Ersatz für Verdienstausfall und Zeitversäumnis oder einen adäquaten Nachteil (vgl. Abs. 2); somit regelt Art. 20 a GO offensichtlich eine Aufwandsentschädigung, so wie sie auch § 3 Nr. 12 EStG versteht. Jedoch schließt Art. 20 a Abs. 3 GO diese Maßstäbe für die Bemessung der Entschädigung für u. a. ehrenamtliche Bürgermeister – nur diese sind gemeint, wie der Verweis auf Art. 20 a Abs. 1 und Abs. 2 GO („ehrenamtlich tätige Gemeindebürger") ergibt – ausdrücklich aus.

Maßstäbe für die **Bemessung der Entschädigung** für ehrenamtliche Bürgermeister nennt hingegen Art. 134 Abs. 2 S. 2 KWBG. Hieraus folgt, daß es sich bei den Geldzahlungen an *B* gerade **nicht** um die Abgeltung von **Verdienstausfall und Zeitverlust** handelt, so daß insoweit eine im Grundsatz steuerfreie „Aufwandsentschädigung" i. S. d. § 3 Nr. 12 S. 2 EStG vorläge.

(2) Nach dem Sachverhalt dient jedoch nur ein Drittel der **Entschädigung** der Abgeltung des tatsächlichen Aufwands, während **zwei Drittel** des Betrages den **Charakter einer zusätzlichen Entlohnung** besitzen. Dieser Teil (1.800,– Euro) übersteigt den tatsächlichen Aufwand somit deutlich, also „offenbar" i. S. d. § 3 Nr. 12 S. 2, 2. Alt. Insoweit liegt keine steuerfreie Aufwandsentschädigung i. S. d. § 3 Nr. 12 EStG vor.

Demnach sind zumindest zwei Drittel der an *B* gezahlten Entschädigung **Arbeitsentgelt** und nicht zugleich eine steuerfreie Aufwandsentschädigung; die Ausnahmen des § 14 Abs. 1 S. 2 SGB IV greifen also in Höhe von 1.800,– Euro nicht ein.

3. Arbeiter, Angestellte, zur Berufsausbildung Beschäftigte

§ 5 Abs. 1 Nr. 1 SGB V nennt ausdrücklich nur Arbeiter, Angestellte sowie zu ihrer Berufsausbildung Beschäftigte. *B* fällt mit seiner Tätigkeit als ehrenamtlicher Bürgermeister nicht unter eine dieser Personengruppen. Es ist allerdings anerkannt, daß auch **Beamte** (einschließlich der Ehrenbeamten) als **Versicherungspflichtige** in der GKV, und zwar auch nach dieser Vorschrift, in Frage kommen.[19]

4. Zwischenergebnis

B gehört somit zum Kreis der versicherten Personen, soweit auf § 5 Abs. 1 Nr. 1 SGB V abgestellt wird.

III. Versicherungsfreiheit

Möglicherweise entfällt eine **Versicherungspflicht** wegen des Eingreifens eines Befreiungstatbestandes.[20] Solche **Ausnahmen** sind in den §§ 5 Abs. 5, 6, 7 und 8 SGB V geregelt.

1. (Keine) Geringfügigkeit

Offensichtlich nicht einschlägig ist § 7 SGB V i. V. m. § 8 SGB IV; für die **Entgelt-Geringfügigkeitsgrenze** (Nr. 1) ist das ganz offensichtlich; auch Abs. 1 Nr. 2 ist offenbar nicht anwendbar. Inzwischen ist zudem die Zeit-Geringfügigkeitsgrenze entfallen,[21] so daß Erwägungen in dieser Hinsicht entbehrlich sind.

2. § 6 Abs. 1 Nr. 2 SGB V

B ist in seiner Tätigkeit als ehrenamtlicher Bürgermeister „aktiver", im Berufsleben stehender **Beamter**. Allerdings hat er aus dieser Tätigkeit **keine** der in Hs. 2 genannten **Ansprüche bei Krankheit** (Beihilfe und Fortzahlung der Bezüge oder – alternativ – Heilfürsorge); dies folgt aus § 115 Abs. 2 S. 1 BRRG sowie aus dem Fehlen entsprechender Anspruchsgrundlagen in Art. 134–138 a (Abschnitt VI) KWBG.
Somit liegt dieser gesetzliche Befreiungstatbestand nicht vor.

3. § 6 Abs. 1 Nr. 6 SGB V

Im vorliegenden Fall ist zu bedenken, daß *B* (auch) ein **Beamter im Ruhestand** ist und daraus Ansprüche auf **beamtenrechtliche Versorgung**,

---

[19] Vgl. KassKomm/*Peters*, § 5 SGB V Rn. 13 und o. A. II. 1. a), bb) (1).
[20] Dazu ausf. *Schulin/Igl*, Sozialrecht, 7. Aufl. 2002, Rn. 174.
[21] M. W. v. 1. 4. 2003 durch G. v. 23. 12. 2002 (Zweites G für moderne Dienstleistungen am Arbeitsplatz), BGBl. I S. 4621, 4623.

auch auf Beihilfe im **Krankheitsfall** hat. Hinsichtlich seines Status als Ruhe-
standsbeamter kommt Versicherungsfreiheit gem. § 6 Abs. 1 Nr. 6 SGB V in
Betracht; die dort genannten Voraussetzungen sind laut Sachverhalt gegeben.
Zu fragen ist aber, ob sich eine Versicherungsfreiheit nach § 6 Abs. 1
SGB V jeweils ausschließlich auf die dort genannten Tätigkeiten (hier inso-
fern auf Bernhards Eigenschaft als Ruhestandsbeamter) bezieht oder ob sie
auch dann (weiter-)wirkt, wenn wie hier eine an sich versicherungspflichtige
Beschäftigung hinzutritt. Diesen Fall regelt **§ 6 Abs. 3 SGB V**. Danach verbleiben − anders als noch in den Regelungen der RVO − (u. a.) die nach § 6
Abs. 1 SGB V versicherungsfreien Personen in diesem Status, auch wenn
ein (weiterer) Tatbestand des § 5 Abs. 1 Nr. 1 oder 5 bis 12 erfüllt wird.
Dies gilt allerdings nur, solange diese zeitlich parallel zusammenfallen.[22]
    Insoweit sind hier alle Voraussetzungen gegeben: **Versicherungsfreiheit**
liegt gem. **§ 6 Abs. 1 Nr. 6 SGB V** vor; es greift damit auch nicht die Ausnahme von § 6 Abs. 3 S. 2 SGB V. Außerdem ist *B* gleichzeitig Beamter im
einstweiligen Ruhestand und ehrenamtlicher Bürgermeister.

IV. Ergebnis

B ist in der gesetzlichen KV auch nicht infolge seiner Tätigkeit als ehrenamtlicher Bürgermeister versicherungspflichtig.

B. Versicherungspflicht in der gesetzlichen RV

I. Einschlägige Regelungen: §§ 1, 5 SGB VI

Insoweit gilt das gleiche Regelungssystem wie im SGB V.

II. Versicherungspflicht

Einschlägig ist § 1 S. 1 Nr. 1 SGB VI.
Auch diese Regelung wird hinsichtlich der Beschäftigung des *B* durch
§ 7 SGB IV sowie in bezug auf die Frage, ob Arbeitsentgelt vorliegt, von
§ 14 SGB IV ausgeformt. Daß *B* mit seiner Tätigkeit als ehrenamtlicher Bürgermeister diese Voraussetzungen erfüllt, wurde bereits geprüft. **§ 1 S. 1
Nr. 1 SGB VI** spricht i.ü. nur von „**Personen**" (nicht von Arbeitern und
Angestellten[23]), so daß sich die Frage, ob auch (**Ehren-**)**Beamte** in der gesetzlichen RV versicherungspflichtig sein können, hier nicht stellt. I.ü.

---

[22] *Wollenschläger/Wannagat*, SGB IV, § 6 Rn. 43.
[23] Die Unterscheidung zwischen Angestellten und Arbeitern ist in der RV (noch)
maßgeblich für die Zuständigkeit des Versicherungsträgers (§§ 128 ff. SGB VI); vgl. dazu
auch KassKomm/*Gürtner*, § 1 SGB VI Rn. 2; KassKomm/*Niesel*, § 133 SGB VI Rn. 4 ff.

zeigt § 5 Abs. 1 Nr. 1 SGB VI, daß Beamte (und ähnliche Berufsgruppen) durchaus als zum versicherten Personenkreis gem. SGB VI gehörig („dem Grunde nach") betrachtet werden können.

III. Versicherungsfreiheit

Diese ist geregelt in § 5 SGB VI.

Wie bereits im Hinblick auf das SGB V erwähnt, liegt keine Versicherungsfreiheit wegen geringfügiger Beschäftigung vor (vgl. § 5 Abs. 2 SGB VI i. V. m. § 8 Abs. 1 SGB IV).

1. § 5 Abs. 1 Nr. 1 SGB VI

Möglicherweise ist *B* in seiner Tätigkeit als **ehrenamtlicher Bürgermeister** nach Maßgabe dieser Bestimmung versicherungsfrei. Dann muß es sich bei dem ehrenamtlichen Bürgermeister um einen „Beamten" i. S. d. § 5 Abs. 1 Nr. 1 SGB VI handeln; dafür könnte – auf den ersten Blick – sprechen, daß der Ehrenbeamte durchaus ein Unterfall des (allg.) Beamten ist; dies ergibt sich z. B. aus § 5 Abs. 2 S. 2 Nr. 2 BRRG.

Bei genauer Betrachtung zeigt sich freilich, daß **§ 5 Abs. 1 Nr. 1 SGB V nicht alle Arten von Beamten**, sondern nur die dort ausdrücklich erwähnten meint. Somit fallen Ehrenbeamte nicht unter diese Regelung.

Auch eine **analoge Anwendung** des § 5 Abs. 1 Nr. 1 SGB V auf Ehrenbeamte kommt im Ergebnis **nicht** in Betracht. Nach der Rspr. insbesondere des *BSG* sind die gesetzlichen Regelungen über die Versicherungsfreiheit abschließend und wegen ihres Ausnahmecharakters eng auszulegen; eine erweiterte Anwendung auf andere als die gesetzlich geregelten Fälle, auch im Wege der Analogie, ist nicht zulässig.[24]

Zum gleichen Ergebnis kommt man auch aufgrund folgender Erwägung: Die in § 5 Abs. 1 Nr. 1 SGB VI normierte **Versicherungsfreiheit** beruht darauf, daß die dort genannten Personen eine **soziale Sicherung** aufgrund der **beamtenrechtlichen Vorschriften** haben. Dies ist jedoch – wie o. gezeigt – bei Ehrenbeamten und somit auch bei *B* hinsichtlich seiner Tätigkeit als ehrenamtlicher Bürgermeister[25] nicht der Fall.

2. § 5 Abs. 1 Nr. 2 SGB VI

B. könnte wegen seiner Tätigkeit als ehrenamtlicher Bürgermeister möglicherweise aufgrund dieser Vorschrift versicherungsfrei sein. Allerdings stehen ihm die dort erwähnten **Ansprüche auf soziale Sicherung** bei

[24] *BSGE* 51, 157, 159 f. = SozR 2200 § 1303 Nr. 17.

[25] Vgl. § 115 Abs. 2 S. 1 BRRG, sowie die einschlägigen Regelungen des KWBG (dort in Abschnitt VI, Art. 134 ff.).

verminderter Erwerbsfähigkeit und im Alter gerade nicht zu. Also kommt Versicherungsfreiheit für den *B* auch nach dieser Regelung nicht in Frage.

3. § 5 Abs. 4 SGB VI

Diese Norm regelt Fälle, in denen ein **Sicherungsbedürfnis** in der gesetzlichen RV deswegen **entfällt**, weil das Sicherungsziel bereits erreicht ist. Die in § 5 Abs. 4 SGB VI genannten Personen sind **personenbezogen**[26] bei Erfüllung eines jeden sonstigen, die Versicherungspflicht an sich begründenden Tatbestandes versicherungsfrei.

Die Regelung ist also durchaus **vergleichbar** mit der des § 6 Abs. 3 SGB V.

Es ist also zu prüfen, ob *B* angesichts der Tatsache, daß er als Ruhestandsbeamter bereits eine „Pension" (= beamtenrechtliche Versorgung) erhält, auch im Hinblick auf seine Tätigkeit als ehrenamtlicher Bürgermeister versicherungsfrei ist.

Ein Fall des § 6 Abs. 4 Nr. 1 SGB VI liegt offensichtlich nicht vor: Diese Vorschrift **verweist** auf die Bestimmungen über **Vollrente wegen Alters**, § 35 SGB VI (und die ihnen nach § 302 SGB VI gleichgestellten Renten[27]), § 36 bis 40 SGB VI. *B* erhält keine dieser Renten.

Zu prüfen ist somit **§ 6 Abs. 4 Nr. 2 SGB VI.**

B bezieht nach beamtenrechtlichen Vorschriften eine Versorgung; allerdings handelt es sich — wie im Sachverhalt ausdrücklich vermerkt — nicht um Leistungen, die „nach Erreichen einer Altersgrenze" gewährt werden. Daß der Zeitpunkt des Eintritts in den vorläufigen, einstweiligen Ruhestand vor dem Zeitpunkt der gesetzlichen Altersgrenze liegt, zeigt insbesondere Art. 54 Abs. 1 BayBG.

Also findet auch dieser Fall der Versicherungsfreiheit auf *B* keine Anwendung.

V. Ergebnis

B ist hinsichtlich seiner Tätigkeit als ehrenamtlicher Bürgermeister in der gesetzlichen RV versicherungspflichtig.

---

[26] KassKomm/*Gürtner*, § 5 SGB VI Rn. 37.
[27] KassKomm/*Gürtner*, § 5 SGB VI Rn. 38.

C. Versicherungspflicht in der gesetzlichen UV

I. Regelungen

Die Versicherungspflicht in der gesetzlichen UV ist in den §§ 2–4 SGB VII geregelt. Auch das SGB VII unterscheidet zwischen Versicherung kraft Gesetzes und Versicherungsfreiheit.

Zusätzlich – und abweichend von SGB V und SGB VI – gibt es im SGB VII eine **Versicherung kraft Satzung**. Diese kann sich jedoch nur auf die in § 3 Abs. 1 SGB VII genannten Personengruppen erstrecken; *B*, der – wie o. gezeigt – in einem Beschäftigungsverhältnis zu seiner Gemeinde steht, gehört **nicht** zu diesem Personenkreis.

II. Versicherung kraft Gesetzes

1. § 2 Abs. 1 Nr. 1 SGB VII

B ist als Ehrenbeamter „**Beschäftigter**" entsprechend der Definition des § 7 Abs. 1 S. 1 SGB IV,[28] und damit grundsätzlich nach § 2 Abs. 1 Nr. 1 SGB VII versicherungspflichtig.

2. Versicherung von ehrenamtlich tätigen Personen kraft Gesetzes

§ 2 Abs. 1 SGB VII führt weiterhin eine Reihe von **ehrenamtlichen Tätigkeiten** an, bei deren Wahrnehmung die betreffenden Personen von Gesetzes wegen versichert sind, vgl. § 2 Abs. 1 Nr. 5 d und e, Nr. 9, Nr. 10, Nr. 12 SGB VII; auch die in Nr. 17 genannten Pflegepersonen gem. § 19 SGB XI sind (in einem weit verstandenen Sinn) ehrenamtlich – wenn auch nicht in einer öffentlich-rechtlichen Beziehung – tätig, wie sie sich aus der entsprechenden Qualifikation des Gesetzgebers in § 45 Abs. 1 S. 1 SGB XI ergibt. B. fällt zwar nach dem Wortlaut als **ehrenamtlicher Bürgermeister** einer Gemeinde (die eine Gebietskörperschaft des öffentlichen Rechts[29] ist, vgl. Art. 1 S. 1 GO) unter § 2 Abs. 1 Nr. 10; allerdings sind ehrenamtliche Tätigkeiten i. S. dieser Regelungen nur solche, bei denen **kein Entgelt** gezahlt wird;[30] das ist aber (wie o. dargelegt) bei der Tätigkeit des *B* der Fall.

3. Versicherungsfreiheit

Erörterungswürdig ist diesbezüglich **§ 4 Abs. 1 Nr. 1 SGB VII**. Danach käme eine Versicherungsfreiheit insoweit in Betracht, als für *B* beamten-

---

[28] S. o. A. II. 1.

[29] Vgl. dazu *Seewald*, in: Steiner (Hrsg.), Besonderes Verwaltungsrecht, 7. Aufl. 2003, I. (Kommunalrecht) Rn. 54 ff.

[30] Vgl. dazu *Leube*, in: Kater/Leube, Gesetzliche Unfallversicherung SGB VII, 1997, § 2 Rn. 251 f. m. w. N.

rechtliche Unfallfürsorgevorschriften (oder entsprechende Grundsätze) gelten (§ 4 Abs. 1 Nr. 1 Hs. 1 SGB VII). § 115 Abs. 2 S. 2 BRRG verweist auf § 68 Beamtenversorgungsgesetz, wonach **Ehrenbeamte** bei einem **Dienstunfall** gewisse Ansprüche auf Unfallfürsorge haben.[31] Allerdings sind **Ehrenbeamte** nach § 4 Abs. 1 Nr. 1 Hs. 2 SGB VII ausdrücklich von diesem Tatbestand **ausgenommen**, so daß es bei der Versicherungspflicht des *B* verbleibt.

4. Ergebnis

B gehört im Hinblick auf seine Tätigkeit als ehrenamtlicher Bürgermeister zum Kreis der versicherten Personen gem. § 2 Abs. 1 Nr. 1 SGB VII.

Teil II

I. Witwenrente: Rechtsgrundlagen

W macht einen **Anspruch auf Witwenrente** geltend. Einschlägig hierfür sind die §§ 63, 65 SGB VII i. V. m. den Regelungen über den Versicherungsfall.

Erwähnenswert sind zudem § 40 Abs. 1 SGB I und § 72 Abs. 2 SGB VII. Ein **Antrag** ist **nicht** erforderlich, vgl. §§ 19 S. 2 SGB IV, 18 SGB X, arg. § 65 Abs. 5 SGB VII. Es werden die Leistungen der Gesetzlichen UV – anders als die der KV und RV – prinzipiell v. A. w. erbracht.[32]

1. § 63 Abs. 1 S. 1 Nr. 3, § 65 Abs. 1 SGB VII

W ist laut Sachverhalt **Witwe** des *A* und kommt somit als Inhaberin eines Anspruchs auf Witwenrente in Betracht.

2. § 63 Abs. 1 S. 2 SGB VII

Maßgebliche Voraussetzung dieses Anspruchs ist der „**Tod infolge eines Versicherungsfalles**" (dazu nachfolgend II.).

II. Tod infolge eines Versicherungsfalles

1. Tod des Ehegatten

Diese Voraussetzung ist erfüllt; *A* ist verstorben.

---

[31] Vgl. dazu insgesamt §§ 30 ff. – Abschnitt V – Beamtenversorgungsgesetz.
[32] § 19 S. 2 SGB IV, dazu auch KassKomm/*Krasney*, § 18 SGB X Rn. 5.

2. Versicherungsfälle des SGB VII

§ 7 Abs. 1 SGB VII nennt als Versicherungsfälle die Arbeitsunfälle und die Berufskrankheiten. Hier ist an einen **Arbeitsunfall** des A zu denken, und zwar nicht an einen Arbeitsunfall im engeren Sinne (§ 8 Abs. 1 SGB VII), sondern an den Arbeitsunfall in der Variante des **Wegeunfalls** (Abs. 2 Nr. 1 bis 4).

Für alle Arbeitsunfälle gelten allg. die Voraussetzungen des § 8 Abs. 1 SGB VII; die Besonderheit des Wegeunfalls liegt darin, daß damit die **versicherten Tätigkeiten** über die Tätigkeit im Rahmen eines Beschäftigungsverhältnisses hinaus auf das **Zurücklegen von Wegen** nach und von dem Ort der Tätigkeit ausgedehnt werden (§ 8 Abs. 2 SGB VII).

Die Prüfungsvoraussetzungen und die Prüfungsabfolge ist strukturell nicht unterschiedlich im Vergleich zu der Prüfung eines Arbeitsunfalls i. e. S.

Zu prüfen ist demnach das Vorliegen einer versicherten Tätigkeit, eines Unfalls mit den in § 8 Abs. 1 S. 2 bezeichneten Folgen sowie − u. U. − der rechtlich relevante Kausalzusammenhang zwischen der versicherten Tätigkeit und dem Unfall.

3. Versicherte Tätigkeit

Zu untersuchen ist zunächst, ob eine **versicherte Tätigkeit** (und: welche Art davon) Ursache für das Unfallereignis und den **dadurch eingetretenen Tod** war.

a) § 2 Abs. 1 Nr. 1 SGB VII − Beschäftigung

I. e. S. war A versichert bei den **Tätigkeiten**, die er im Rahmen seiner Beschäftigung erledigt hat. Das sind die Arbeiten im Betrieb, soweit sie **betriebsdienlich (und nicht privatnützlich**[33]) sind.

Ersichtlicherweise ist der Unfall hier nicht infolge einer derartigen Tätigkeit (als „versicherter Tätigkeit") eingetreten. Allerdings hat sie Bedeutung für den versicherungsrechtlich maßgeblichen Ort der Tätigkeit: Dieser ist Bezugspunkt für den Versicherungsschutz, wenn Wege zurückgelegt werden, die nicht zur Beschäftigung selbst („**Betriebswege**"[34]) gehören.

b) § 8 Abs. 2 SGB VII

Als i. S. v. § 8 Abs. 1 S. 1 maßgebliche „versicherte **Tätigkeit**" kommt das **Zurücklegen des** mit der versicherten Tätigkeit (i. e. S.) zusammenhängenden unmittelbaren **Weges** nach und von dem Ort der Tätigkeit in Betracht.

---

[33] Vgl. KassKomm/*Ricke*, § 8 SGB VII Rn. 41.
[34] Wie z. B. die Fahrten eines Postboten oder Fernfahrers.

aa) Ort der Tätigkeit. A ist vom **versicherungsrechtlich maßgebenden Ort** (gem. § 8 Abs. 2 Nr. 1 SGB VII) gestartet; das ist im vorliegenden Falle der Betrieb, in dem A seiner Beschäftigung nachgegangen ist, also der versicherten Tätigkeit i. e. S.

bb) Versicherte Tätigkeit „dem Grunde nach". A befand sich auf dem **Rückweg vom „Ort der Tätigkeit".** Der Unfall des A hat sich zumindest im **äußeren Zusammenhang** mit dem Zurücklegen eines grundsätzlich „versicherten" Weges zugetragen.

Der Versicherungsschutz beim Zurücklegen derartiger Wege ist allerdings nicht ohne weitere Voraussetzungen gegeben; diese ergeben sich zum Teil unmittelbar aus dem G; zum Teil sind weitere (gleichsam **„negative")** **Voraussetzungen** von der Rspr. festgelegt worden.

Z. T. betreffen diese Voraussetzungen die **Wahl der Wegstrecke** selbst; dazu bestimmt § 8 Abs. 2 Nr. 1 SGB VII ausdrücklich, daß nur das Zurücklegen des mit der versicherten Tätigkeit zusammenhängenden „unmittelbaren Weges" als versicherte Tätigkeit i. S. v. § 8 Abs. 1 S. 1 SGB VII gilt.

Zusätzlich hat sich die Rspr. – zu dem gleichen Gesichtspunkt – mit der Frage befaßt, inwieweit einerseits **Wegeabweichungen** den Versicherungsschutz (noch nicht) entfallen lassen und andererseits welche **unfallbringenden Tätigkeiten** beim Zurücklegen des an sich versicherten Weges noch in einem „inneren Zusammenhang"[35] mit dem Weg und damit (auch) mit der versicherten Tätigkeit i. e. S. stehen.

Das *BSG*[36] verneint – je nach Einzelfall – bei gewissen, den Unfall konkret herbeiführenden unvernünftigen Handlungen den inneren Zusammenhang mit der versicherten Tätigkeit und läßt den Versicherungsschutz mithin an der fehlenden Zurechnung scheitern.

Ebenso, wenn nicht sogar besser vertretbar kann eine „selbstgeschaffene Gefahr" als die wesentliche Unfallursache unter dem Gesichtspunkt des rechtlich relevanten Kausalzusammenhangs betrachtet werden, so daß – nach diesem Verständnis – der Unfall nicht „infolge" der versicherten Tätigkeit eingetreten ist, sondern rechtserheblich auf die Ursache „selbstgeschaffene Gefahr" zurückzuführen ist.

cc) Unterbrechung des Weges/Lösung vom Versicherungsschutz. Bei Rückwegen ist eine **Unterbrechung** zulässig, ohne daß der Versicherungsschutz dadurch entfällt.[37] Dies kann **auch aus eigenwirtschaftlichen Gründen** geschehen. Allerdings dürfen diese Unterbrechungen (einmalig oder mehrmalig) i. d. R. (zusammen) **nicht mehr als zwei Stunden** andauern (*BSG* in st. Rspr.[38]).

Laut Sachverhalt ist A vom Ort der Tätigkeit, dem Betrieb, gestartet und hat kurz danach den Rückweg unterbrochen, nämlich durch die Zusammenkunft in der Gaststätte. Diese Unterbrechung hat **weniger als**

---

[35] Dazu *Leube*, in: Kater/Leube, vor § 2–6 Rn. 17.
[36] Vgl. KassKomm/*Ricke*, § 8 SGB VII Rn. 99.
[37] *Leube*, in: Kater/Leube, § 8 Rn. 186.
[38] *BSGE* 55, 141, 144; *BSG* SGb 1995, 169.

zwei Stunden gedauert, so daß dadurch eine Lösung vom Versicherungsschutz nicht eingetreten ist; der **Versicherungsschutz** ist nach Fortsetzung der Rückfahrt wieder **aufgelebt**.

dd) Unmittelbarer Weg (nach und von dem Ort der Tätigkeit). A war nur dann versichert, wenn er sich auf dem „unmittelbaren Weg" nach und von dem Ort der Tätigkeit befunden hat.

Fraglich könnte sein, ob die **streckenmäßige Verlängerung** des ins Auge gefaßten und dementsprechend angetretenen Rückweges noch mit § 8 Abs. 2 Nr. 1 (unmittelbarer Weg) vereinbar ist.

Hierzu gilt grundsätzlich, daß der Versicherte **nicht die kürzeste Strecke** und die schnellste Fortbewegungsart wählen muß. Vielmehr haben die Versicherten in einem (nicht engen) Rahmen eine **Wahlfreiheit**[39] auch bezüglich der Entfernung und des Zeitbedarfs. Auch ob es sich um einen üblichen Weg handelt, ist grundsätzlich ohne Bedeutung.[40]

Allerdings gibt es auch „**schädliche**" **Abweichungen**, und zwar bei sog. Abwegen und sog. Umwegen. **Abwege** sind privat bedingte Wegeteile, bei denen die versicherte Zielrichtung verlassen wird, z. B. von der Wohnung zunächst in die der Arbeit entgegengesetzte Richtung.

Ein derartiger Abweg liegt im vorliegenden Fall nicht vor.

Umwege sind Wegeteile, die − anders als Abwege − generell noch in Richtung des versicherten Ziels gehen (z. B. in Form eines Bogens), den direkten Weg aber verlängern; von Umwegen kann aber nur dann gesprochen werden, wenn diese Verlängerung − erstens − nicht unerheblich ist und − zweitens − aus eigenwirtschaftlichen Gründen vorgenommen worden ist.

Auch diese gleichsam **negative Voraussetzung** liegt im vorliegenden Fall nicht vor; der Umweg dürfte bereits als nicht erheblich bewertet werden; außerdem hatte A keine anderen Gründe für die Wahl der längeren Wegstrecke, als möglichst rasch, unkompliziert und zweckmäßig wieder zu seiner heimischen Wohnung zu gelangen.

ee) Zwischenergebnis. Somit ist das Zurücklegen der Fahrtstrecke durch A als „versicherte Tätigkeit" gem. § 8 Abs. 2 Nr. 1 SGB VII zu bewerten.

4. Unfall

Weitere Voraussetzung des Arbeitsunfalls ist das Vorliegen eines **Unfalls** i. S. v. § 8 Abs. 1 S. 2 SGB VII. Hier sind die Voraussetzungen eines Unfalls entsprechend den Tatbestandsmerkmalen des § 8 Abs. 1 S. 2 SGB V (Alt.: Todesfolge) unproblematisch gegeben. Insbesondere ist **nicht ersichtlich**, daß für den Tod des A ein **rechtlich wesentliches** „**inneres Ereignis**" (Unfall aus innerer Ursache[41]) ausschlaggebend gewesen ist.

---

[39] Ausf. *Leube*, in: Kater/Leube, § 8 Rn. 156 ff.
[40] KassKomm/*Ricke*, § 8 SGB VII Rn. 201.
[41] *Leube*, in: Kater/Leube, § 8 Rn. 18.

Weiterhin ist zwar zu bedenken, daß *A* sich **rechtswidrig** im **Straßenverkehr** verhalten hat; gleichwohl hat er den **Unfall nicht „absichtlich"** herbeigeführt. Lediglich absichtliches Handeln mit dem Ziel einer Selbstschädigung stünde dem Tatbestandsmerkmal „äußeres Ereignis" entgegen;[42] nur in diesem Falle wäre ein Versicherungsfall nicht entstanden (so ausdrücklich die fr. Regelung im Unfallversicherungsrecht, vgl. § 553 S. 1 RVO; dem Gesetzgeber schien eine entsprechende Vorschrift im SGB VII entbehrlich zu sein).

Unschädlich ist im Hinblick auf das Vorliegen eines Unfalls der bloße Vorsatz, also das Handeln in Erkenntnis und mindestens Inkaufnahme (**bedingter Vorsatz**) im Hinblick auf die eingetretene Schädigung (h. M.[43]). Selbst wenn man unterstellt, daß *A* seinen Tod bedingt vorsätzlich verursacht hat, liegt **keine absichtliche (Selbst-)Schädigung** vor, bei der das Tatbestandsmerkmal „äußeres Ereignis" entfiele.

Somit liegt ein Unfall i. S. d. § 8 Abs. 1 S. 2 SGB VII vor.

5. Verschulden

Die BG hat *W* mitgeteilt, daß ihrer Ansicht nach der Anspruch auf Witwenrente wegen einer **schuldhaften Herbeiführung des Unfalls** nicht gegeben ist. Unter dem Gesichtspunkt des „Verschuldens" können mehrere Überlegungen angestellt werden; sie knüpfen daran an, daß *A* unter **Alkoholeinfluß** stand und sich unter mehreren Gesichtspunkten **verkehrswidrig** verhalten hat, als der Unfall eingetreten ist.

Ein besonderer Prüfungsabschnitt zum „Verschulden" ist nicht unbedingt erforderlich, jedoch durch die Argumentation der BG nahegelegt; die hierbei angestellten Erörterungen können ebenso gut in einem anderen Prüfungszusammenhang stattfinden.

Ob **Verschulden** im Hinblick auf das Vorliegen eines Arbeitsunfalls überhaupt rechtlich relevant ist, ob sich dies aus dem G und/oder aus den Grundsätzen der **höchstrichterlichen Rspr.** ergibt, und ob im vorliegenden Falle die entsprechenden Voraussetzungen gegeben sind, ist nachfolgend zu erörtern.

a) § 101 SGB VII

Ein Fremdverschulden gem. **§ 101 Abs. 1 SGB VII** oder eine rechtskräftig festgestellte strafbare Handlung gem. **§ 101 Abs. 2 SGB VII** liegen hier offensichtlich nicht vor.

b) § 7 Abs. 2 SGB VII

Nach dieser Regelung schließt **verbotswidriges Handeln** einen Versicherungsfall nicht aus.

---

[42] KassKomm/*Ricke*, § 8 SGB VII Rn. 32.
[43] *Kater*, in: Kater/Leube, § 7 Rn. 25, *Leube,* ebd., § 8 Rn. 16; KassKomm/*Ricke*, § 7 SGB VII Rn. 8.

Damit hat der **Gesetzgeber** festgelegt, daß die Erhöhung der versicherten Gefahr nicht allein deshalb zum Verlust des Versicherungsschutzes führt, weil ein verbotswidriges Handeln vorliegt.

Nach der Systematik des Gesetzes regelt § 7 Abs. 2 SGB VII die Fälle, in denen zumindest eine versicherte Tätigkeit, möglicherweise auch ein Versicherungsfall vorliegt, der zudem im Rechtssinne durch die versicherte Tätigkeit wesentlich bedingt ist und jedenfalls nicht dadurch ausgeschlossen ist, daß die versicherte Tätigkeit verbotswidriges Handeln darstellt.
Deshalb kann dieser Gesichtspunkt auch an späterer Stelle, sogar nach der Prüfung der Kausalität, angesprochen werden.

Zu beachten ist, daß jedenfalls dieser Schutz des Unfallversicherungsrechts auch bei verbotswidrigem Verhalten nur so weit geht, wie damit nicht die **Grenze** zum Tatbestand der sog. **selbstgeschaffenen Gefahr**[44] überschritten ist (vgl. dazu unten).

Hier hat *A* insoweit verbotswidrig gehandelt, als er gegen verkehrsrechtliche Vorschriften, möglicherweise auch gegen **ordnungsrechtliche und strafrechtliche Vorschriften** verstoßen hat; dazu gehört ein Fahren unter Alkoholeinfluß und mit erhöhter Geschwindigkeit (was hier angenommen werden kann) ebenso wie die Tatsache, daß er den Sicherheitsgurt nicht angelegt hat und auf einer gesperrten Straße entgegen der vorgeschriebenen Fahrtrichtung gefahren ist.
Betrachtet man das Verhalten des *A* unter diesen einzelnen Rechtsverstößen getrennt, so spricht das – jeweils für sich betrachtet – wegen § 7 Abs. 2 SGB VII noch nicht gegen das Vorliegen eines Arbeitsunfalls (hier in der Form des Wegeunfalls).

c) Absichtliche Herbeiführung des Todes

Wie dargestellt,[45] liegt eine solche Situation hier nicht vor.

d) Grob fahrlässiges Selbstverschulden / selbstgeschaffene Gefahr

Es ist allerdings zu bedenken, daß *A* sich letztlich in einer Weise im Verkehr verhalten hat, die – jedenfalls **nach zivilrechtlichen Maßstäben** – als **grob fahrlässig** bezeichnet werden kann. Darauf weist auch die BG hin, indem sie feststellt, daß man die verschiedenen Rechtsverstöße auch in ihrer Gesamtheit betrachten und bewerten muß. Daher liegt es nahe, das Vorliegen einer sog. selbstgeschaffenen Gefahr zu prüfen.

Nach der Rspr. des *BSG* ist bei Vorliegen von „selbstgeschaffener Gefahr" eine versicherte Tätigkeit (und somit Versicherungsschutz) nicht mehr gegeben (wegen Fehlens des notwendigen „inneren Zusammenhangs").[46]

---

[44] *Kater*, in: Kater/Leube, § 7 Rn. 19.
[45] S. o. 4.
[46] S. o. 3.b) bb).

aa) Voraussetzungen nach der Rspr. Eine sog. selbstgeschaffene Gefahrenlage liegt nach der st. **Rspr.** (insbesondere des *BSG*) dann vor, wenn ein Versicherter sich **in hohem Grade leichtfertig** verhalten hat und mit **einer Schädigung rechnen** mußte.[47]

Die **Rspr.** hat in einer Anzahl von **Entscheidungen** dargelegt, in welchen Fällen sich ein Versicherter wegen (verschuldeter) selbstgeschaffener Gefahr in so hohem Maße unvernünftig verhalten und zu einer besonderen Gefährdung beigetragen hat. Dabei ist wie folgt **differenziert** worden: Der Versicherungsschutz ist dann aufgehoben, wenn die Gefahrerhöhung während der Ausübung einer an sich versicherten Tätigkeit – hier: die Rückfahrt vom Ort der Tätigkeit – auf **persönlichen Motiven** beruht (z. B. Wettfahrt auf versichertem Weg, erhöhte Geschwindigkeit infolge Flucht vor der Polizei nach einem Unfall). Der Versicherungsschutz ist dann **nicht** aufgehoben, wenn trotz Vorliegen einer selbstgeschaffenen Gefahrenlage das Motiv dafür noch in der **versicherten Tätigkeit** gesehen werden kann (Beispiele: Das Überqueren von Gleisen an gefährlicher Stelle zwecks Wegeverkürzung; gefährlicher Nebelflug, um rechtzeitig zum Ziel zu kommen).[48]

bb) Rechtsdogmatische Bedeutung der „selbstgeschaffenen Gefahr". Liegt ein **Tatbestand** von **sog. selbstgeschaffener Gefahr** vor, dann handelt es sich meistens um Situationen, die nach den Maßstäben des **Zivilrechts**, des Ordnungswidrigkeitenrechts (und oft wohl auch des Strafrechts) als **schuldhaftes Verhalten** zu bewerten sind.

Da im **Sozialversicherungsrecht** allg., auch im **Unfallversicherungsrecht**, ein Verschulden nur dann eine rechtliche Bedeutung haben soll, wenn der **Gesetzgeber** dies ausdrücklich angeordnet oder zugelassen hat, wird der Versicherungsschutz bei selbstgeschaffener Gefahrenlage nicht wegen eines Schuldvorwurfs ausgeschlossen, obwohl man – rechtssystematisch betrachtet – hierbei an eine schuldhafte Verletzung einer Obliegenheit denken könnte.

Vielmehr wird beim Vorliegen der Voraussetzungen einer selbstgeschaffenen Gefahrenlage (entsprechend den in der **Rspr.** entwickelten Merkmalen) das **Fehlen des inneren Zusammenhangs** zur versicherten Tätigkeit (hier Zurücklegen des Heimweges) angenommen.[49]

Eher überzeugend ist es allerdings, in diesen Fällen einen rechtlich wesentlichen Zusammenhang zwischen versicherter Tätigkeit und Unfall, insbesondere im Hinblick auf den dabei entstandenen Schaden, zu verneinen.

Deshalb ist dieser Gesichtspunkt abschließend und rechtsdogmatisch wohl zutreffender unter dem Aspekt der Kausalität (und nicht im Rahmen der Untersuchung, ob und welche Konsequenz Verschulden hat) zu erörtern (vgl. dazu unten). Die vorliegenden Lösungshinweise folgen dieser Überlegung. Wird eine „selbstgeschaffene Gefahr" als Problem der versicherten Tätigkeit geprüft, so sind Überlegungen zur Kausalität – falls eine „selbstgeschaffene Gefahr" bejaht wird – allenfalls hilfsgutachtlich anzustellen.

---

[47] Etwa *BSGE* 43, 15, 18.
[48] Nachweise bei KassKomm/*Ricke*, § 8 SGB VII Rn. 99.
[49] Vgl. Fn. 48.

6. Kausalitätsanforderungen

Der **Unfall** des *A* muß „infolge" der versicherten Tätigkeit (hier gem. § 8 Abs. 2 SGB VII) entstanden sein. Damit hat der Gesetzgeber das Erfordernis eines Kausalzusammenhangs zwischen versicherter Tätigkeit und Unfall normiert.

a) „Äquivalenz"-Zusammenhang

Zunächst ist erforderlich, daß ein Kausalzusammenhang i. S. d. sog. Äquivalenztheorie besteht. Ein derartiger Zusammenhang ist hier gegeben; denn ohne diese **Heimfahrt** wäre der Tod des *A* jedenfalls nicht in der konkreten Art und Weise eingetreten.

Zu bedenken ist allerdings, daß nicht nur das Zurücklegen des Weges, sondern auch die **besonderen Umstände** (Trunkenheit, Fahrweise, Fahrverhalten, verkehrsrechtliche Verstöße) ebenfalls i. S. der Äquivalenztheorie kausal für den eingetretenen Schaden (Tod des *A*) gewesen sind.

Nach der **Äquivalenztheorie** sind jedoch **alle diese Ursachen gleichwertig**; das führt zur Notwendigkeit, eine wertende Entscheidung darüber zu treffen, ob das **besonders gefährliche Verhalten** des *A* den Schutz der gesetzlichen UV möglicherweise doch ausschließt. Die Beantwortung dieser Frage kann nur dadurch erfolgen, daß die äquivalenten Ursachen einem wertenden Vergleich im Hinblick darauf unterzogen werden, welche der Ursachen für oder gegen die Aufrechterhaltung des Versicherungsschutzes sprechen sollen. Grundlage dafür ist im **Sozialversicherungsrecht** die sog. **Wesentlichkeitstheorie**.

b) Rechtlich wesentlicher Zusammenhang

Diese Theorie stellt auf die **Umstände des Einzelfalles** ab und soll eine Abgrenzung der **Schadensrisiken** aus der betrieblich-unternehmerischen Sphäre von denjenigen aus dem allg., persönlichen Lebensbereich ermöglichen. Nach der Rspr. des *BSG* ist diese **Kausalitätsprüfung** der gesetzlichen UV eine „**individualisierende und konkretisierende**", während die – in ihrer Funktion vergleichbare – Kausalitätsprüfung des Zivilrechts (nach der Adäquanztheorie) eine eher abstrahierende und generalisierende[50] Prüfung ist.

Dabei soll die **Auffassung des „praktischen Lebens"**[51] oder des „täglichen Lebens"[52] oder (nach anderer Formulierung) „die vernünftige Betrachtung des Sachverhalts" maßgeblich sein.[53] Letztlich geht es um eine

---

[50] *BSGE* 63, 277, 280.
[51] *BSGE* 1, 72, 76.
[52] *BSGE* 12, 242, 246; 59, 193, 195.
[53] Vgl. dazu insg. *Kater*, in: Kater/Leube, vor § 7 Rn. 43 m. w. N.

Wertentscheidung und um **Schutzüberlegungen**, bei denen der Versuch gemacht wird, Risikosphären sachgerecht und ausgewogen abzustecken. Eine Situation, in der die von der **Rspr.** entwickelten Tatbestandsmerkmale einer **selbstgeschaffenen Gefahrenlage** gegeben sind, führt dazu, daß in diesen Fällen das **Fehlen des rechtlich wesentlichen Zusammenhang** (i. S. dieser Wesentlichkeitstheorie) verneint wird, und zwar dann, wenn das Motiv zur Schaffung der erhöhten Gefahrenlage nicht mehr in der versicherten Tätigkeit gesehen werden kann.

Wie o. bereits angemerkt,[54] prüft das *BSG* diese Frage unter dem Gesichtspunkt, ob noch ein innerer Zusammenhang zur versicherten Tätigkeit besteht; dabei werden ebenfalls die Kriterien der „Wesentlichkeitstheorie" herangezogen. I.ü. gelten unabhängig von der dogmatischen und prüfungstechnischen Einordnung des Problems die gleichen beweisrechtlichen Maßstäbe, so daß auch die praktischen Ergebnisse unabhängig von der Prüfungsabfolge sind.[55]

Subsumiert man unter diese Voraussetzungen, so ergibt sich folgendes: Bewertet man das **Verhalten** des *A* in gleichsam getrennt-analytischer Weise, also unter den **einzelnen Gesichtspunkten**, die jeweils für sich betrachtet als (schuldhaftes) Fehlverhalten bewertet werden können, so liegt noch keine selbstgeschaffene Gefahrenlage vor. Zu diesem Ergebnis führt auch ein Vergleich mit den Entscheidungen, in denen insbesondere das *BSG* bislang das Vorliegen einer derartigen Gefahrenlage abgelehnt hat.

Etwas anderes könnte sich daraus ergeben, daß sich **hier** *A* unter einer **Vielzahl von Gesichtspunkten** in vorwerfbarer Weise rechtswidrig verhalten hat. Man könnte daran denken, daß die Summe dieser Vorwürfe das Urteil erlaubt, daß *A* sich in hohem Maße leichtfertig verhalten hat, er deshalb mit einer Schädigung rechnen mußte und daß insoweit von einer „selbstgeschaffenen Gefahrenlage" gesprochen werden kann. Es müßte aber auch bei dieser **summarischen Betrachtungsweise** das Motiv der Erhöhung der Gefahrenlage in der Verfolgung persönlicher Interessen gesehen werden können. Anhand dieser Überlegungen ist eine **Abwägung** vorzunehmen.

Vertretbar erscheint sowohl das Ergebnis, daß hier insgesamt die persönlichen Motive überwiegen und ein rechtlich wesentlicher Zusammenhang nicht mehr besteht, so daß kein Versicherungsschutz gegeben ist.

Vertretbar ist allerdings auch das gegenteilige Ergebnis, wonach *A* zwar sicherlich leichtfertig gehandelt hat, es jedoch an einer selbstgeschaffenen Gefahrenlage i. S. d. Rspr. fehlt. Selbst wenn man annimmt, daß tatbestandsmäßig eine selbstgeschaffene Gefahrenlage bewirkt worden ist, läßt sich die Ansicht vertreten, daß das **Motiv** dafür darin lag, lediglich rasch den Rückweg vom Ort der Tätigkeit zu bewältigen.

---

[54] Vgl. 5. d) bb).
[55] KassKomm/*Ricke*, § 8 SGB VII Rn. 18.

III. Ergebnis

W hat einen Anspruch auf Witwenrente nach §§ 63 Abs. 1 Nr. 3, 65 SGB VII, wenn angenommen wird, daß sowohl eine versicherte Tätigkeit als auch die rechtlich wesentliche Kausalverknüpfung mit dem Unfall vorliegt. Die Voraussetzungen eines Arbeitsunfalls i. S. d. § 8 SGB VII wären dann erfüllt.

Wird hingegen die Auffassung vertreten, infolge einer „selbstgeschaffenen Gefahr" sei entweder keine versicherte Tätigkeit oder kein wesentlicher Kausalzusammenhang gegeben, muß – wegen Fehlens eines Arbeitsunfalls – ein Anspruch der W abgelehnt werden. In diesem Fall darf eine Rente nicht gezahlt werden, wie sich aus dem Prinzip der Gesetzmäßigkeit des Verwaltungshandelns (Art. 20 Abs. 3 GG) und dem Gleichheitssatz (Art. 3 Abs. 1 GG) ergibt.

Fall 7. Erwerbsgemindert und gestützt

Sachverhalt

Teil I: Die 1951 geborene Anna Aumann (*A*), die in Regensburg wohnt und weder über eine abgeschlossene Berufsausbildung noch über sonstige berufliche Qualifikationen verfügt, hatte nach einer über drei Jahre dauernden Zeit der Beschäftigungslosigkeit, in der sie von ihren Ersparnissen lebte und nicht arbeitslos gemeldet war, im April 1999 ohne Anlernzeit eine Tätigkeit als Arbeiterin an einer Stanzmaschine bei der Händl GmbH aufgenommen. Am 10.1. 2002 erlitt sie einen schweren Arbeitsunfall, dessen Folge nicht nur die Funktionslosigkeit des rechten Auges und der linken Hand, sondern auch des linken Arms (sog. linksseitiges Schulter-Arm-Syndrom) ist. Anna Aumann übt seit dem Unfall keine Erwerbstätigkeit mehr aus und bezieht eine Dauerrente von der zuständigen Berufsgenossenschaft nach einer MdE von 40 %. Sie beantragte im Juli 2002 bei der LVA Niederbayern-Oberpfalz eine Rente wegen Erwerbsminderung. Dieser Antrag wurde abschlägig beschieden. In der Begründung heißt es, daß die Antragstellerin zwar nicht mehr als Stanzerin arbeiten, aber körperlich leichte Tätigkeiten des allgemeinen Arbeitsmarkts vollschichtig und regelmäßig verrichten könne. Deshalb liege gar keine Erwerbsminderung vor, ohne daß es einer Verweisung auf einen bestimmten anderen Beruf bedürfe. Zudem scheide ein Anspruch auf eine Rente aus der Rentenversicherung bereits wegen des Bezugs der Rente aus der Unfallversicherung aus.
Der dagegen frist- und formgerecht eingelegte Widerspruch blieb ebenfalls ohne Erfolg. Ergänzend wies die zuständige Widerspruchsbehörde darauf hin, daß Anna Aumann zwar unter einer seltenen und besonders schwerwiegenden Einbuße ihrer Leistungsfähigkeit leide; jedoch könne sie als Pförtnerin vollschichtig tätig werden, weil es dabei auf die Gebrauchsfähigkeit des rechten Auges und des linken Arms nicht ankomme. Der Widerspruchsbescheid wurde am Donnerstag, dem 22. 2. 2003, mittels eingeschriebenen Briefes zur Post aufgegeben und förmlich zugestellt; in der Rechtsbehelfsbelehrung heißt es u. a., gegen den Bescheid könne „innerhalb eines Monats schriftlich oder zur Niederschrift Klage erhoben werden, die unter Beifügung ärztlicher Gutachten schriftlich zu begründen ist". Eine Woche später erscheint Anna Aumann beim Rechtsanwalt Rabel (*R*) mit der Bitte, einen Anspruch auf Rente wegen Erwerbsminderung, auch unter Berücksichtigung einer Berufsunfähigkeit, sowie in jedem Fall die Klagemöglichkeiten zu prüfen. Dabei weist sie darauf hin, daß sie zwar in der Lage sei, als Pförtnerin zu arbeiten. Zum einen sei der Hinweis aber erst spät vorgetragen worden, zum anderen habe die LVA gar nicht geprüft, ob offene Pförtnerstellen auf dem Arbeitsmarkt vorhanden sind. Sie könne sich nicht vorstellen, daß eine solche Prüfung in einem Gerichtsverfahren noch nachgeholt werden dürfe.

Teil II: Ferner teilt Anna Aumann dem Rabel folgenden Sachverhalt mit: Ihre allein lebende Mutter, Berta Blank (*B*), bezieht seit 1996 eine Altersrente von der BfA. Sie ist seit einem Schlaganfall auf Unterstützung beim An- und Auskleiden und beim Waschen angewiesen, wobei dafür morgens und abends ein täglicher Aufwand (für eine nicht ausgebildete Pflegeperson) von insgesamt 45 Minuten erforderlich ist. Beim Einkaufen und Reinigen der Wohnung bedarf sie mehrmals in der Woche der Hilfe in einem Umfang von täglich 60 Minuten. Im Januar 2003 wurde Berta Blank, die zunehmend an nicht mehr zu heilenden Durchblutungsstörungen leidet, durch ihren Arzt auf unbegrenzte Zeit das Anlegen von Kompressionsstrümpfen (Mehraufwand beim An- und Auskleiden insgesamt 10 Minuten täglich) und das Einreiben mit einer durchblutungsfördernden Salbe (Zeit zum Auftragen insgesamt 10 Minuten) verschrieben.

Anna Aumann möchte wissen, ob Berta Blank Ansprüche auf Leistungen gegen die Pflege- und/oder Krankenkasse zustehen. Ihre Krankenkasse, die H&M-BKK, komme zwar für die Kosten der Strümpfe und der Salbe auf, womit sich diese Prüfung erübrige; sie habe sich aber geweigert, die Kosten für An- und Auskleiden sowie Einreiben zu übernehmen, weil die verschriebenen Leistungen zwar zur Verhinderung einer Thrombosegefahr dienten, aber von einer Pflegekraft ohne weiteres mit übernommen werden könnten und die Kompressionsstrümpfe oft anstelle der üblichen Strümpfe getragen würden. Insofern stelle sich die Frage, wie sich die verschiedenen Leistungen zueinander verhalten und ob die bereits jetzt angefallenen Kosten von einer Kasse übernommen werden müßten.

Bearbeitervermerk: Zu Teil I und **zu Teil II** ist jeweils unter Eingehen auf alle aufgeworfenen Rechtsfragen und auf die von den Beteiligten vorgebrachten Argumente ein Gutachten des Rabel zu erstellen. Auf § 240 SGB VI wird hingewiesen.

Lösung

Im 1. Teil der Klausur wird das Recht der Erwerbsminderungsrenten geprüft, wie es seit der Neufassung gilt, die zum 1. 1. 2001 in Kraft trat. Der Fall ist angelehnt an eine neuere Entscheidung des *BSG*.[1] Zu prüfen ist sowohl der neugefaßte § 43 SGB VI als auch das Vorliegen einer Berufsunfähigkeit: in dieser Hinsicht enthält § 240 SGB VI eine sehr wichtige (und deshalb wohl bekannte, aber im Bearbeitervermerk sicherheitshalber erwähnte) Übergangsvorschrift, die nicht nur die weitere Verwendung des früher Gelernten erlaubt, sondern in der Praxis den alten Rechtszustand für einige Jahrzehnte in wichtigen Fragen aufrechterhalten wird.

Der 2. Teil hat aktuelle Entwicklungen in der Pflegeversicherung zum Gegenstand. Der Sache nach geht es vor allem um die Abgrenzung zwischen Grund- und Behandlungspflege und damit auch zwischen Pflege- und Krankenversicherung (ohne § 43 II SGB XI unmittelbar einzubeziehen). In diesem Zusammenhang können von den Bearbeitern keine Einzelheiten erwartet werden, zudem sind im Ergebnis verschiedene Ansichten vertretbar. Grundlage des Falls ist wiederum eine Entscheidung des *BSG*.[2] Schließlich sollen sich die Bearbeiter aber auch mit dem (nicht einfach zu klärenden) Verhältnis zwischen den in Betracht kommenden Ansprüchen auseinandersetzen.

In beiden Teilen ist zu bedenken, daß ein Gutachten aus der Sicht eines Rechtsanwalts anzufertigen ist. Einzubeziehen sind deshalb sowohl die Möglichkeiten bestimmter Entwicklungen im Verfahren (Teil 1) als auch Handlungsalternativen und deren wirtschaftliche Folgen (Teil 2).

Teil I. Gutachten des *R*

Vorbemerkung: Schon die Angaben im Sachverhalt legen nahe, zuerst die Ansprüche nach materiellem Recht und im Anschluß die Möglichkeit der gerichtlichen Durchsetzung zu prüfen. Da aber letztere in jedem Fall zu erörtern ist, können die Bearbeiter auch mit der Prüfung der Sachurteilsvoraussetzungen beginnen. Zwar wird oft betont, in einem anwaltlichen Gutachten sei auf die prozessualen Fragen immer im Anschluß an die Untersuchung der materiellen Rechtslage einzugehen, jedoch wird ein Anwalt zu-

---

[1] *BSG* v. 23. 8. 2001, B 13 RJ 13/01 R; Kurzwiedergabe in SGb 2001, S. 675; NZA 2002, 319.
[2] *BSG* SozR 3–2500 § 37 Nr. 3; NZS 2002, 484 ff.; SGb 2002, 570 ff.

nächst einen Blick auf die Durchsetzbarkeit und die dafür einzuhaltenden Fristen werfen. Der Aufbau ist deshalb freigestellt.

Aufbauhinweis: Was die Prüfungsreihenfolge hinsichtlich der in Betracht kommenden Rentenansprüche angeht (dazu § 33 SGB VI), so spricht einiges für ein Ansetzen an der Rente wegen (voller) Erwerbsminderung. Zum einen wird damit der stärkste Anspruch zuerst geprüft, zum anderen legt dies mittlerweile auch die Gesetzessystematik nahe. Jedoch ist diese Reihung ebenfalls nicht zwingend. Denn die Rente wegen Berufsunfähigkeit kann – wie dies zuweilen in gerichtlichen Entscheidungen geschieht – vorangestellt werden, weil sich dann eventuell ein Eingehen auf die Rente wegen voller Erwerbsminderung erübrigt.

I. Rente wegen (teilweiser oder) voller Erwerbsminderung

Zum anwendbaren Recht: In der universitären Ausbildung spielt – ganz anders als in der Praxis – der zeitliche Anwendungsbereich von Rechtsnormen in der Regel keine Rolle. Deshalb ist nicht zu erwarten, daß darauf eingegangen wird. Auch nach der Reform der deutschen Invaliditätsrenten kann ohne weiteres unterstellt werden, daß die im Aichberger abgedruckten Normen anwendbar sind. Dennoch schadet natürlich eine kurze Klärung nicht.

Das zur Erwerbsminderung führende Ereignis ist im Januar 2002 eingetreten. Zwar wird aus den im *Aichberger* abgedruckten Vorschriften nicht immer klar, wann diese in Kraft getreten und damit anwendbar geworden sind (vgl. § 300 Abs. 1 SGB VI); insbesondere die Fußnote zu § 43 SGB VI enthält keinen Hinweis. Sollten Zweifel bestehen, läßt der in § 302 b Abs. 1 SGB I enthaltene Schutz für vor dem 1. 1. 2001 bestehende Renten aber den Schluß zu, daß ab dem 1. 1. 2001 § 43 SGB VI in seiner geltenden (und abgedruckten) Fassung Anwendung findet. Auf den Rentenbeginn (§ 99 SGB VI) kommt es in diesem Zusammenhang nicht an. Ob § 43 Abs. 1 oder Abs. 2 SGB VI zunächst geprüft wird, ist unerheblich.

1. Erfüllung der Versicherungs- und Wartezeit

Die Versicherteneigenschaft sollte nicht gesondert geprüft werden, da es für den Anspruch auf die Erfüllung bestimmter rentenrechtlicher Zeiten, nicht aber auf die Versicherteneigenschaft ankommt. Dennoch ist eine solche Prüfung keineswegs falsch und dient dazu, keine Voraussetzung zu übersehen.

a) Gemäß § 43 Abs. 2 S. 1 Nr. 2 SGB VI müssen Versicherte im Zeitraum von fünf Jahren vor Eintritt der Erwerbsminderung drei Jahre Pflichtbeiträge haben, sog. $^3/_5$-Belegung. Ob „haben" die tatsächliche Zahlung der Beiträge meint, kann hier dahinstehen, da im Sachverhalt dazu ohnehin nähere Angaben fehlen. Die Berechnung des 5-Jahres-Zeitraums erfolgt nach § 26 Abs. 1 SGB X i. V. m. §§ 187 ff. BGB. Die Erwerbsminderung ist durch den Unfall am 10. 1. 2002 eingetreten; relevant ist deshalb die Zeit zwischen dem 10. 1. 1997 und dem 9. 1. 2002.

Bis April 1999 war *A* beschäftigungslos. Die Zeit der Unterbrechung der Tätigkeit verlängert den 5-Jahres-Zeitraum nicht gem. § 43 Abs. 4 Nr. 1 SGB VI, weil *A* nicht arbeitslos gemeldet war und insofern keine Anrechnungszeit nach § 58 Abs. 1 S. 1 Nr. 3 SGB VI gegeben ist; auf das Vorliegen einer Unterbrechung (vgl. § 58 Abs. 2 S. 1 SGB VI) kommt es nicht an.

b) A war ab April 1999, der in jedem Fall als ganzer Monat einzubeziehen ist (§ 122 Abs. 1 SGB VI), als Beschäftigte gem. § 1 S. 1 Nr. 1 SGB VI pflichtversichert. Diese Pflichtversicherung bestand für 9 Monate in 1999, für 2000 und 2001 sowie einen Monat in 2001 (vgl. § 122 Abs. 2 S. 2 SGB VI), also insgesamt für 34 Monate. Eine Beitragszeit von mindestens 3 Jahren, also 36 Monaten (§ 122 Abs. 2 S. 1 SGB VI), ist nicht zurückgelegt.

c) Allerdings kommt es darauf dann nicht an, wenn die Erwerbsminderung aufgrund eines Tatbestandes eingetreten ist, durch den die Wartezeit vorzeitig erfüllt ist, § 43 Abs. 5 SGB VI.

aa) Eine vorzeitige Erfüllung kommt hier nach § 53 Abs. 1 S. 1 Nr. 1 SGB VI in Betracht. Offensichtlich hat A, die auch eine Rente aus der GUV bezieht, einen Arbeitsunfall i. S. v. § 8 Abs. 1 S. 1 SGB VII erlitten.

bb) Ob die versicherungsrechtlichen Voraussetzungen des § 53 Abs. 1 S. 2 SGB VI vorliegen, kann für die $^3/_5$-Belegung dahinstehen, denn § 43 Abs. 5 SGB VI bezieht sich nur auf die in § 53 genannten Ursachen.[3]

cc) Jedoch spielt § 53 Abs. 1 S. 2 SGB VI im Rahmen der anderen, auf die Zurücklegung von Versicherungszeiten bezogenen Voraussetzungen eine Rolle. Grundsätzlich hätte A nämlich auch die allgemeine Wartezeit erfüllen müssen (§ 43 Abs. 2 S. 1 Nr. 3 SGB VI). Diese beträgt nach § 50 Abs. 1 S. 1 SGB VI fünf Jahre; angerechnet werden vor allem Beitragszeiten (§ 51 Abs. 1 SGB VI). Ob die Voraussetzung hier erfüllt ist, stellt der Sachverhalt nicht klar. Da A aber im Moment des Arbeitsunfalls versicherungspflichtig war, ist die Wartezeit ohnehin vorzeitig erfüllt (§ 53 Abs. 1 S. 1 Nr. 1, S. 2 SGB VI).

2. Negative Voraussetzungen und Beginn

a) A hat das 65. Lebensjahr noch nicht vollendet, § 43 Abs. 2 S. 1 SGB VI.

b) Der Bezug der Unfallversicherungsrente ist kein negatives Tatbestandsmerkmal. Das ergibt sich nicht nur aus der Eigenständigkeit der jeweiligen Anspruchsgrundlage und dem Fehlen entsprechender Bestimmungen, sondern wird auch klar aus dem Umstand, daß das SGB VI eine besondere Anrechnungsbestimmung für das Zusammentreffen von Erwerbsminderungsrenten und Renten aus der GUV enthält (§ 93 SGB VI).

Kann auch bei der – nicht zu berechnenden – Höhe der Rente angesprochen werden.

c) Abweichend von § 99 Abs. 1 SGB VI beginnen Renten wegen verminderter Erwerbsfähigkeit, die nach der Reform grundsätzlich zunächst auf Zeit geleistet werden (§ 102 Abs. 2 SGB VI), nicht vor Beginn des 7. Kalendermonats nach dem Eintritt der MdE (§ 101 Abs. 1 SGB VI). Das ist hier der 1. 8. 2002; zu diesem Zeitpunkt hatte die A auch einen Antrag auf Rentenzahlung (der keine Voraussetzung für die Entstehung des Stammrechts, aber für die Zahlung ist) gestellt.

---

[3] Vgl. KassKomm/*Niesel*, § 43 SGB VI Rn. 78.

3. Erwerbsminderung

a) Ausgangspunkt

Teilweise und volle Erwerbsminderung werden im Gesetz definiert, § 43 Abs. 1 S. 2 bzw. Abs. 2 S. 2 SGB VI. Zwei der jeweils genannten Voraussetzungen liegen zweifellos vor: A kann erstens wegen einer Krankheit oder Behinderung nicht mehr ihrer Tätigkeit nachgehen. Eine genaue Abgrenzung ist nicht erforderlich, da die Behandlungsbedürftigkeit ohnehin keine Rolle spielt. Zweitens ist dieser Zustand nicht vorübergehend.

In § 43 SGB VI wird gefordert, daß eine tägliche Erwerbstätigkeit nur noch unter sechs (teilweise EM) oder unter drei (volle EM) Stunden möglich ist. Laut Sachverhalt kann A aber „vollschichtig", d. h. ohne zeitliche Einschränkung, erwerbstätig werden. Sie erfüllt also − auf den ersten Blick zumindest − diese Voraussetzung nicht (§ 43 Abs. 2 S. 3 SGB VI ist offensichtlich nicht einschlägig), und zwar unabhängig davon, daß sie in ihrem alten Beruf nicht mehr tätig werden kann.

b) Konkrete/abstrakte Betrachtung

Die vorstehende Feststellung beendet allerdings die Prüfung noch nicht. Denn zu klären bleibt, was das Tatbestandsmerkmal „unter den üblichen Bedingungen des allgemeinen Arbeitsmarktes" bedeutet, und in diesem Rahmen, inwieweit die konkret für A bestehenden Erwerbsmöglichkeiten eine Rolle spielen. Diese Problematik ist unter dem Stichwort der „konkreten Betrachtungsweise" aus dem früheren Recht bekannt, vor allem im Zusammenhang mit Teilzeittätigkeiten. Sie spielt hier wegen der besonderen Leistungseinschränkungen der A eine Rolle. Dabei darf nicht von den Bearbeitern erwartet werden, daß sie die sog. „Katalog- oder Seltenheitsfälle" im einzelnen kennen;[4] vielmehr genügt es, wenn sie aus den Angaben im Sachverhalt entnehmen, daß für A nur noch wenige Erwerbstätigkeiten überhaupt in Betracht kommen und sich daraus Schwierigkeiten bei der Verweisung auf Beschäftigungsmöglichkeiten ergeben.

Sollten die Bearbeiter das Problem an dieser Stelle nicht erkennen, kann es später bei § 240 SGB VI geprüft werden; entsprechende Ausführungen sind dann ohne weiteres positiv zu bewerten.

aa) Soweit Personen nicht erwerbstätig sind, bedeutet der Hinweis auf deren allgemein bestehende Erwerbsfähigkeit zugleich einen Verweis auf die Möglichkeit, Beschäftigung zu finden. Nach der z. T. stark kritisierten Rspr. des *BSG* zu den früheren §§ 43 und 44 SGB VI war dafür eine konkrete Betrachtungsweise ausschlaggebend: es sollte darauf ankommen, daß der/die Betroffene tatsächlich noch Erwerbsmöglichkeiten besaß; insofern

---

[4] Vgl. *BSG* (GrS) SozR 3–2600 § 44 Nr. 8.

mußte das durch die MdE erhöhte Arbeitsplatzrisiko von der Rentenversicherung getragen werden (vgl. i.ü. zum Verhältnis zur Arbeitslosenversicherung § 125 Abs. 1 SGB III).

Ob dies nach der Neufassung des § 43 SGB VI weiterhin gelten soll, erscheint zunächst zweifelhaft, weil eine Klarstellung in § 43 Abs. 1 oder Abs. 2 SGB VI fehlt, und zudem § 43 Abs. 3 SGB VI die abstrakte Betrachtungsweise vorschreibt. Diese Vorschrift regelt, daß es bei einer Erwerbsfähigkeit von sechs Stunden oder mehr täglich auf die jeweilige Arbeitsmarktlage nicht ankommt. Zu Recht wird allerdings trotzdem in Fällen wie dem vorliegenden an der konkreten Betrachtung festgehalten.[5] Das kann den (den Bearbeitern nicht zugänglichen) Gesetzesmaterialien entnommen werden.[6]

bb) Jedoch bleibt zu untersuchen, welche Folgen sich aus der Einäugigkeit und der praktisch vorhandenen Einarmigkeit der *A* ergeben. Anders als die Vorgängervorschrift, nimmt § 43 auf die „üblichen Bedingungen" des allgemeinen Arbeitsmarktes Bezug.[7]

(1) Die Gebrauchsunfähigkeit des rechten Auges und des linken Arms stellt eine ungewöhnliche Leistungsbeschränkung dar, die Zweifel daran aufkommen lassen, ob *A* für Erwerbstätigkeiten überhaupt einsetzbar ist. Dabei sollte weniger auf spezielle Kategorien als vielmehr eine Einzelfallbetrachtung abgestellt werden.

(2) Daraus ist zunächst der Schluß zu ziehen, daß sich für *A* überhaupt Arbeitsplätze finden lassen müssen, insofern also – entgegen dem allgemeinen Grundsatz – die Nennung von Verweistätigkeiten erforderlich ist. Im vorliegenden Fall hat die LVA auf den Beruf eines Pförtners verwiesen (auf die Differenzierung zwischen leichter und gehobener Pförtnertätigkeit wurde verzichtet), und *A* hat eingeräumt, daß sie diese Tätigkeit wahrnehmen kann.

(3) Kurz anzusprechen ist unter verfahrensrechtlichen Aspekten, ob es eine Rolle spielt, daß dieser Verweis erst im Widerspruchsverfahren erfolgte.

Die Bearbeiter können das auch an dieser Stelle für unproblematisch halten und ein Nachschieben von Gründen später, bei der konkreten Arbeitsmarktlage, ansprechen.

Dabei handelt es sich nicht um die Heilung (vgl. § 41 Abs. 1 Nr. 2 SGB X) eines Formmangels (vgl. § 35 SGB X). Entscheidungserheblicher Zeitpunkt für die Beurteilung der Rechtslage ist für die Anfechtungsklage die letzte Behördenentscheidung, für die Leistungsklage – auch wenn sie

---

[5] Vgl. Hauck/Noftz/*Kamprad*, SGB VI, § 43 Rn. 4, 29 ff., insb. 31 a; KassKomm/*Niesel*, § 43 SGB VI Rn. 30 ff., 47, 62.

[6] Vgl. BT-Drs. 14/4230, S. 25.

[7] Vgl. auch die Parallele in § 119 III Nr. 1 SGB III; dort wird unter üblich verstanden, daß Beschäftigungsmöglichkeiten in nennenswertem Umfang bestehen, ohne daß es aber darauf ankäme, ob die vorhandenen Arbeitsplätze schon besetzt sind, vgl. Niesel/*Brand*, SGB III, 2. Aufl. 2002, § 119 Rn. 24.

zusammen mit einer Anfechtungsklage erhoben wird – der Zeitpunkt der letzten mündlichen Verhandlung; auch unter diesem Aspekt ist es unschädlich, daß die Begründung erst durch die Widerspruchsbehörde vervollständigt wurde. Schließlich wird die Nachholung durch die Widerspruchsbehörde auch nicht als Nachschieben von Gründen behandelt,[8] selbst wenn – entgegen der überw. M. – von der Begründung als Basis für die Entscheidung über die Einlegung eines Rechtsbehelfs inhaltliche Richtigkeit verlangt wird.[9] Grund für die alleinige Problematisierung des Nachschiebens im Prozeß dürfte im Ergebnis vor allem der Gewaltenteilungsgrundsatz sein.

Tiefergehende Erörterungen sind neben der Feststellung der Relevanz und „Verwertbarkeit" der Begründung nicht zu erwarten. I.ü. wäre ein Nachschieben inhaltlich zulässig: Bei der Entscheidung über den Rentenanspruch ist kein Ermessen auszuüben, und der VA wird durch die weitere Begründung nicht in seinem Wesen verändert.

(4) Offen ist, ob Pförtnerarbeitsplätze überhaupt auf dem Arbeitsmarkt vorhanden sind. Darüber sind evtl. noch Auskünfte einzuholen.

In der Praxis geschieht dies durch Anfrage der LVA beim zuständigen Landesarbeitsamt – danach scheinen für leichte Pförtnertätigkeiten in der Regel immer Stellen verfügbar zu sein.

Sollte dies zu bejahen sein, ist *A* nicht erwerbsgemindert, und zwar auch nicht teilweise. Fraglich ist nur, was im Falle einer negativen Feststellung gilt. Hier könnte argumentiert werden, daß es der Regelung in § 43 Abs. 3 SGB VI entspräche, wenn in Fällen, in denen entgegen der Regel ein Verweis erforderlich ist, überhaupt dem Versicherten zumutbare Tätigkeiten existieren. Andererseits spricht für eine konkretere Betrachtung, daß in diesen Fällen von üblichen Bedingungen eines allgemeinen Arbeitsmarkts kaum mehr gesprochen werden kann. Zumindest ist unklar, ob es hinreichende Arbeitsmöglichkeiten tatsächlich gibt. *R* muß i.ü. immer mögliche Entwicklungen im Verfahren bedenken: Da die LVA auf eine Tätigkeit verweisen muß (sofern der konkreten Betrachtungsweise gefolgt wird), obliegt ihr der entsprechende Nachweis. Allerdings darf sich *R* nicht darauf verlassen, daß dieser Nachweis nicht gelingen wird. Er kann auch noch im Gerichtsverfahren erbracht werden; dabei würde es sich dann um ein zulässiges Nachschieben von Gründen halten: Das legt nach überw. M. schon der entscheidungserhebliche Zeitpunkt für den Anspruch nahe.

Das ist bei einem Leistungsanspruch die letzte mündliche Verhandlung. Denkbar wäre allerdings, insoweit auf materielles Recht abzustellen und zu fragen, ob bei einer Dauerleistung nicht verschiedene erhebliche Zeitpunkte in Betracht kommen müßten.

---

⁸ Vgl. zu den Voraussetzungen nur von Wulffen/*Wiesner*, SGB X, 4. Aufl. 2002, § 41 Rn. 5; *Meyer-Ladewig*, SGG, 7. Aufl. 2002, § 54 Rn. 35 ff. m. w. N.; allgemein *Pietzner*/*Ronellenfitsch*, Das Assessorexamen im Öffentlichen Recht, 10. Aufl. 2000, § 38 Rn. 11 ff.

⁹ Vgl. *Schenke*, Verwaltungsprozeßrecht, 8. Aufl. 2002, Rn. 813.

Entscheidend bleibt, daß die Rentenzahlung keine Ermessensleistung darstellt und durch die weitere Begründung der VA nicht in ihrem Wesen geändert wird.

Vgl. bereits oben allgemein zum Nachschieben von Gründen.

Ergebnis: Je nach Argumentation und dann auch abhängig von dem noch klärungsbedürftigen Vorhandensein der Pförtnerarbeitsplätze steht *A* Rente wegen voller Erwerbsminderung zu oder nicht zu.

Rente wegen teilweiser Erwerbsminderung scheidet dagegen aus; auch insofern gilt das zu BU und EU bereits bekannte Phänomen des „Durchschlagens" besonderer Leistungseinschränkungen.

4. Höhe der Rente

Die Höhe ist nicht zu berechnen; ein Hinweis auf § 67 SGB VI ist deshalb nicht erforderlich, aber positiv zu berücksichtigen.

5. Zuständigkeit der LVA (Anspruchsgegner)

Zuständig für die Erfüllung eines evtl. Anspruchs ist die LVA Niederbayern-Oberpfalz, denn diese ist Trägerin der Versicherung nach §§ 125 Nr. 1, 127 Nr. 1, 128 S. 1 Nr. 1 SGB VI und örtlich zuständig nach § 130 Abs. 1 S. 1 SGB VI.

Die gesetzl. Grundlage für die konkrete LVA ist nicht anzugeben; das SGB VI enthält insofern, anders als die RVO, keine Bestimmungen mehr.

II. Rente wegen teilweiser Erwerbsminderung bei Berufsunfähigkeit

1. Anwendbarkeit

Mit dem Gesetz zur Reform der Renten wegen verminderter Erwerbsfähigkeit v. 20. 12. 2000[10] ist grundsätzlich die Unterscheidung zwischen EU- und BU-Renten entfallen. Allerdings enthält § 240 SGB VI insofern eine wichtige Übergangsvorschrift, die zumindest für die nächsten Jahre der Sache nach bei leicht veränderten Voraussetzungen die BU-Renten aufrechterhält.

Die Anwendbarkeit der Norm setzt voraus, daß ein Versicherter vor dem 2. 1. 1961 geboren ist (§ 240 Abs. 1 Nr. 1 SGB VI). Dies ist bei *A* der Fall.

2. Voraussetzungen

a) Die versicherungsrechtlichen Voraussetzungen entsprechen den vorstehend geprüften. Auch für die übrigen allgemeinen Aspekte kann auf oben verwiesen werden.

b) Zu prüfen ist nur ein möglicher Berufsschutz.

---

[10] BGBl. I S. 1827.

aa) Hauptberuf der *A* war Maschinenarbeiterin als Stanzerin, ohne daß diese Feststellung problematisch wäre. Dieser Beruf wird von *A* nicht mehr ausgeübt.

Insofern spielt hier die neue 6-Stunden-Grenze keine Rolle.

bb) Der Beruf der Stanzerin ist, ausgehend von dem durch die Rspr. entwickelten 4-Stufen-Schema, auf der untersten Stufe der ungelernten Tätigkeiten anzusiedeln. Das wird durch den Sachverhalt hinreichend klar. Auf eine weitere Differenzierung kommt es nicht an, weil damit jedenfalls Verweisbarkeit auf den gesamten Arbeitsmarkt gegeben ist. Zudem ist § 240 Abs. 2 S. 4, Hs. 2 SGB VI erwähnenswert. Damit hatte der Gesetzgeber – noch im Rahmen des § 43 SGB VI a. F. – die Rspr. des *BSG* z. T. korrigieren wollen, ohne jedoch auf Erfolg gestoßen zu sein;[11] die Bearbeiter können dies aber als allgemeine Festlegung einer abstrakten Betrachtungsweise interpretieren.

cc) Grundsätzlich wäre bei vollschichtiger Einsatzfähigkeit die Nennung eines Verweisberufs nicht erforderlich. Hier gilt aber wieder anderes wegen des Vorliegens der schweren spezifischen Leistungsbehinderung.

dd) Die Pförtnertätigkeit ist objektiv und subjektiv zumutbar (vgl. § 240 Abs. 2 S. 2 SGB VI), weil sie von *A* laut Sachverhalt ausgeübt werden kann und im vorliegenden Fall mit ihr kein beruflicher Abstieg verbunden wäre.

ee) Wiederum stellt sich das Problem, ob hinreichende Arbeitsmöglichkeiten vorhanden sind oder der Arbeitsmarkt verschlossen ist – wenn davon auszugehen wäre, daß Pförtnerarbeitsplätze nicht existieren. Das ist auch eine Frage, wie konkret der Verweis erfolgen muß, was wiederum von der genauen Beurteilung der Leistungseinschränkungen abhängt. Schon wegen der Schwierigkeit, die relevanten Kriterien genauer abstrakt zu umschreiben, ist hier jedes schlüssig begründete Ergebnis vertretbar.

III. Klagemöglichkeiten

I. Sachurteilsvoraussetzungen

1. Rechtsweg

Der Sozialrechtsweg ist gem. § 51 Abs. 1 SGG eröffnet, da die von *A* erhobene Klage eine Streitigkeit auf dem Gebiet des Rechts der gesetzlichen Rentenversicherung, nämlich einen Anspruch aus dem auf öffentlich-rechtlichen Normen, insbesondere §§ 43, 240 SGB VI, beruhenden Rechtsverhältnis zwischen Versichertem und Versicherungsträger und damit eine öffentlich-rechtliche Streitigkeit in Angelegenheiten der Sozialversicherung betrifft.

---

[11] Vgl. *BSG* (GrS) SozR 3–2600 § 44 Nr. 8.

2. Zuständiges Gericht

a) Die sachliche Zuständigkeit ergibt sich aus § 8 SGG.
b) Örtlich zuständig wäre gem. § 57 Abs. 1 S. 1 SGG das SG des Wohnorts oder des Beschäftigungsorts, das ist das SG Regensburg.[12]

3. Beteiligtenbezogene Voraussetzungen

A ist gem. § 70 Nr. 1, 1. Alt. SGG parteifähig. *R* kann als Prozeßbevollmächtigter bestellt werden, wobei die Vollmacht schriftlich zu erteilen ist (§ 73 Abs. 1, 2 SGG).

Interessant ist dabei, was von den Bearbeitern aber nicht zu erwähnen ist, daß im Sozialgerichtsprozeß § 88 Abs. 2 ZPO mangels Verweisung in § 73 SGG keine Anwendung findet, also auch beim RA das Fehlen der Vollmacht v. A. w. zu beachten ist ().[13]

Die LVA Niederbayern/Oberpfalz ist als Körperschaft des öffentlichen Rechts (§ 29 Abs. 1 SGB IV) gem. § 70 Nr. 1, 2. Alt. SGG parteifähig und wird nach § 71 Abs. 3 SGG i. V. m. § 35 Abs. 1 SGB IV durch den Vorstand vertreten.

4. Statthafte Klageart

a) A muß zunächst Aufhebung der ablehnenden Entscheidung der ErsK beantragen, die einen VA gem. § 31 S. 1 SGB X darstellt, da sie im Einzelfall den Leistungsanspruch versagt und insofern auf das Setzen einer Rechtsfolge gerichtet ist. Damit ist die Anfechtungsklage gem. § 54 Abs. 1 S. 1 SGG statthaft. Streitgegenstand ist insofern der Ausgangsbescheid in der Form des Widerspruchsbescheids, § 95 SGG.
b) Zugleich verlangt *A* die Zahlung einer Erwerbsminderungsrente. Unabhängig davon, ob der Anspruch auf § 43 oder 240 SGB VI i. V. m. §§ 99, 101 SGB VI gestützt wird, besteht ein Anspruch auf die Zahlung (kein Ermessen des Trägers). Zu erheben ist deshalb eine Leistungsklage, die gem. § 54 Abs. 4 SGG mit der Anfechtungsklage zu verbinden ist (kombinierte Anfechtungs- und Leistungsklage).
c) Der Anspruch muß nicht beziffert, sondern kann auch als Antrag auf ein Grundurteil erhoben werden, § 130 SGG. Anders als bei der isolierten Leistungsklage ergeht ein Grundurteil aber nicht als Zwischenurteil, sondern erledigt den Rechtsstreit.[14]

In der Geltendmachung eines Anspruchs auf Rente wegen voller Erwerbsminderung muß zugleich ein Antrag auf Rente wegen teilweiser Erwerbsminderung gesehen werden.

---

[12] Vgl. zu den in Bayern errichteten Sozialgerichten Art. 1 AGSGG, *Ziegler/Tremel* Nr. 720.

[13] Str., vgl. *Meyer-Ladewig*, SGG, § 73 Rn. 14 a m. w. N.

[14] Vgl. *Krasney/Udsching*, Handbuch des sozialgerichtlichen Verfahrens, 3. Aufl. 2002, IV Rn. 67.

5. Klagebefugnis

A ist klagebefugt, wenn es möglich erscheint, daß sie durch die Ablehnung ihres Antrags in ihren Rechten verletzt ist, § 54 Abs. 1 S. 2 SGG. Das ist deshalb zu bejahen, weil sie möglicherweise einen Anspruch auf Erwerbsminderungsrente nach §§ 43 oder 240 SGB VI hat.

6. Durchführung des Vorverfahrens

Das gemäß § 78 Abs. 1 SGG erforderliche Vorverfahren wurde ordnungsgemäß, aber erfolglos durchgeführt.

7. Klagefrist

a) Grundsätzlich beträgt die Klagefrist einen Monat, und zwar beginnend mit der Bekanntgabe des Widerspruchsbescheids, § 87 Abs. 1 S. 1 i. V. m. Abs. 2 SGG. Die Berechnung der Monatsfrist erfolgt nach § 64 SGG. Regelmäßig endet die Frist mit dem Tag des nächsten Monats, der den fristauslösenden Tag bezeichnet.

b) Wäre die Bekanntgabe des Widerspruchsbescheids am 27. 2. 2003 erfolgt, würde die Frist mit Ablauf des 27. 3. 2003 enden.

Das wäre – da der Februar genau vier Wochen hat – wiederum ein Donnerstag.

aa) Hier wurde allerdings durch eingeschriebenen Brief zugestellt. Zwar schreibt § 85 Abs. 3 S. 1 SGG seit einer 1998 erfolgten Änderung keine Zustellung mehr vor, sondern nur die Bekanntgabe. Jedoch kann die Behörde förmliche Zustellung wählen. Tut sie dies, muß sie die einschlägigen Vorschriften, d. h. die §§ 2 ff. des VwZG, beachten, § 85 Abs. 3 S. 2 SGG.[15]

bb) Anwendung findet deshalb die 3-Tages-Fiktion in § 4 Abs. 1 VwZG. Dritter Tag ist Sonntag, der 2. 3. 2003, da der 27. 2. nicht mitgerechnet wird. Ob sich dann gem. § 64 Abs. 3 SGG der Fristbeginn verschiebt, ist str., wird aber von der Rspr. und dem Schrifttum wohl überwiegend verneint. Entscheidend soll sein, daß § 4 Abs. 1 VwZG nicht das Fristende betrifft, sondern eine Fiktion aus Gründen der Rechtssicherheit enthält;[16] wird hingegen eine Vergleichbarkeit betont, ist zumindest die analoge Anwendung (weil keine Frist i. e. S.) vertretbar.[17]

cc) Fraglich ist zudem, ob die Monatsfrist überhaupt lief. Voraussetzung wäre eine zutreffende Rechtsmittelbelehrung nach § 66 Abs. 1 SGG. Die obligatorischen Angaben sind, das muß unterstellt werden (vgl. Sachverhalt: „u. a.“), richtig erteilt – hinsichtlich der Form der Erhebung ergibt sich das aus § 90 SGG, für die zuständige Stelle ist es anzunehmen.

---

15 Nicht ganz unstr., vgl. *Peters/Sautter/Wolff*, SGG, § 85 Rn. 54a.

16 Vgl. nur *Kopp/Schenke*, VwGO, 12. Aufl. 2000, § 73 Rn. 22b.

17 So etwa *Stelkens/Stelkens*, in: Stelkens/Bonk/Sachs, VwVfG, 6. Aufl. 2001, § 41 Rn. 66.

Sonst muß von einer unrichtigen Belehrung ausgegangen werden mit der Folge des § 66 II SGG.

Allerdings enthält die Belehrung auch einen Hinweis auf das Erfordernis einer schriftlichen Begründung einschließlich ärztlicher Gutachten.[18] Dieser Hinweis ist nicht nur überflüssig, sondern auch − das erst macht ihn problematisch − falsch. Denn zur Fristwahrung muß die Klage nicht begründet werden, vgl. § 92 SGG. Entscheidend ist dann, ob der Fehler den Empfänger so in die Irre führt, daß für ihn nach einer Gesamtbetrachtung nicht erkennbar war, bis wann und wie der Rechtsbehelf zu erheben ist. Im Ergebnis meint das *BSG:*

„Danach muß eine Rechtsbehelfs- oder Rechtsmittelbelehrung nicht nur richtig und vollständig sein. Sie darf auch nicht durch weitere Informationen überfrachtet werden, durch Umfang, Kompliziertheit, Hervorhebung des Unwichtigen uä Verwirrung stiften oder gar den Eindruck erwecken, die Rechtsverfolgung sei schwieriger, als dies in Wahrheit der Fall ist; bei derartigen Unklarheiten kann eine Gesamtwertung ergeben, daß die Rechtsbehelfs- oder Rechtsmittelbelehrung als unrichtig anzusehen, möglicherweise − was genügt − für fristbezogene Irrtümer ursächlich und daher zum Ingangsetzen der Monatsfrist ungeeignet gewesen ist."[19]

Letztlich können die Bearbeiter im Ergebnis sowohl von der Unbeachtlichkeit des Fehlers oder − was nicht zuletzt wegen des Hinweises auf die ärztlichen Gutachten und die strikte Formulierung näher liegt − von dessen Beachtlichkeit ausgehen. Im letztgenannten Fall findet die Jahresfrist des § 66 Abs. 2 SGG Anwendung. Ein Rechtsanwalt sollte allerdings zur Vermeidung von Unsicherheiten die Monatsfrist in jedem Fall einhalten.

Teil II: Ansprüche der *B*

Aufbauhinweis: Die Bearbeiter werden durch den Sachverhalt dazu verleitet, zuerst die Ansprüche gegen die Pflegekasse zu prüfen. Das ist der wohl leichtere Weg, weil dann im Rahmen der einzelnen Ansprüche das Verhältnis zwischen den verschiedenen Versicherungszweigen nicht allgemein, sondern nur im Hinblick auf bestimmte Voraussetzungen geklärt werden muß. Allerdings ist natürlich ohne weiteres ein anderer Aufbau möglich. Wenn die Bearbeiter dem vorgeschlagenen Weg folgen, sollten sie aber nicht vergessen, das Verhältnis der Ansprüche zueinander − entweder bei den Ansprüchen oder wie hier zur Verdeutlichung des Problems gesondert − zu behandeln.

I. Ansprüche gegen die Pflegekasse

1. Versicherteneigenschaft und Mitgliedschaft

a) *B* müßte zum versicherten Personenkreis gehören. Das ist vorliegend nicht problematisch: Sie ist Rentnerin und damit pflichtversichert nach § 20 Abs. 1 S. 1 SGB XI i.V. m. § 5 Abs. 1 Nr. 11 SGB V, da sie auch Mitglied

---

[18] Vgl. zu einem Parallelfall − bezogen auf die Widerspruchsfrist − *BSG* v. 31. 8. 2000, B 3 P 18/99 R.

[19] Vgl. *BSG* a.a.O.

in der GKV nach § 186 Abs. 10 SGB V ist. Nichts anderes ergibt sich aus § 20 Abs. 1 S. 2 Nr. 11 SGB XI. Die Vorschriften sind zwar komplizierter gefaßt (Erfüllung der Rentenvoraussetzungen u. Antragstellung), um den Beginn der Versicherung klarzustellen, finden aber auf Rentenbezieher in jedem Fall Anwendung.

Nicht geklärt werden muß das Verhältnis zwischen den ersten beiden Sätzen des § 20 Abs. 1 SGB XI. Richtig dürfte sein, daß S. 1 die Versicherungspflicht regelt, S. 2 nur die Zugehörigkeit zur sozPflV.

b) Ferner ist *B* mit Beginn der Versicherung auch Mitglied einer Pflegekasse geworden, § 49 Abs. 1 S. 1 SGB XI.

c) Geklärt werden kann dann gleich (oder aber auch später) die Zuständigkeit der H&M-BKK, die sich aus § 48 Abs. 1 S. 1 SGB XI ergibt.

2. Versicherungsfall

a) *B* ist krank i. S. v. § 14 Abs. 1 SGB XI, da sie offensichtlich an Funktionsstörungen des Bewegungsapparats leidet, § 14 Abs. 2 Nr. 1 SGB XI.

Das kann ohne weiteres aus dem Sachverhalt geschlossen werden.

b) Die Störungen bestehen auch auf Dauer, jedenfalls für mehr als sechs Monate, § 14 Abs. 1 SGB XI.

c) Der Hilfebedarf (§ 14 Abs. 3 SGB XI) bezieht sich auf in § 14 Abs. 4 SGB XI genannte Verrichtungen, nämlich das Waschen (Nr. 1), das An- und Auskleiden (Nr. 3) und die hauswirtschaftliche Versorgung (Nr. 4).

d) Problematisch ist allein, ob *B* mindestens erheblich pflegebedürftig i. S. v. § 15 SGB XI ist, vgl. § 14 I SGB XI.

Dabei kommt offensichtlich nur die Pflegestufe I in Betracht.

aa) Der Hilfebedarf bezieht sich auf mindestens zwei Verrichtungen aus zwei Bereichen und die hauswirtschaftliche Versorgung, vgl. oben. Insofern sind die Voraussetzungen des § 15 Abs. 1 S. 1 Nr. 1 SGB XI erfüllt.

bb) Fraglich ist der zu berücksichtigende Zeitaufwand, der in der Pflegestufe I insgesamt mindestens 90 Minuten täglich betragen muß, wobei mehr als 45 Minuten auf die Grundpflege entfallen müssen, § 15 Abs. 3 Nr. 1 SGB XI. Die Mindestgesamtzeit wird sicher überschritten (105 Minuten). Die Hilfen beim Waschen sowie An- und Auskleiden erfordern aber zunächst nur einen Zeitaufwand von 45 Minuten täglich; das würde nicht genügen. Seit Januar 2003 muß *B* allerdings Kompressionsstrümpfe tragen und täglich mit einer Salbe eingerieben werden. Wäre die dafür erforderliche Zeit zu berücksichtigen, würden die Voraussetzungen des § 15 Abs. 3 Nr. 1 SGB XI erfüllt.

(1) Zunächst ist zu fragen, ob beide Verrichtungen zur Grundpflege zählen. Abzugrenzen ist diese von der Behandlungspflege. Welche Kriterien für diese Abgrenzung gelten und welche Definitionen zugrunde liegen,

wird im SGB XI leider nicht geregelt. Daß es überhaupt zwei verschiedene Kategorien pflegerischer Tätigkeit gibt, läßt sich aber verschiedenen Normen entnehmen: so § 43 Abs. 2 SGB XI, klarer vor allem § 37 Abs. 2 SGB V. Daraus ergibt sich auch eine zumindest ungefähre Umschreibung: Die Behandlungspflege ist eine Tätigkeit, die zur Krankenbehandlung zählt.

(2) Legt man die Begriffe der Krankheit (regelwidriger Körperzustand i. S. einer funktionalen Abweichung vom Normalzustand) und der Behandlungsfähigkeit (vgl. § 27 Abs. 1 S. 1 SGB V) zugrunde,[20] so ergibt sich, daß *B* zwar auf Dauer unter Durchblutungsstörungen leidet, die als solche nicht mehr gebessert werden können. Jedoch sollen sowohl die Kompressionsstrümpfe als auch die Salbe, deren Kosten i. ü. von der Krankenkasse als Arznei- bzw. Hilfsmittel (§§ 31, 33 SGB V) übernommen werden, zur Verhinderung von Thrombosen und damit von neuen organischen Schäden dienen. Insofern ist es nicht zweifelhaft, daß sie zur Krankenbehandlung gehören – dieser Schluß gilt gerade auch für das Anziehen der Kompressionsstrümpfe.

(3) Das eigentliche Problem besteht deshalb auch in der Frage, ob sich im konkreten Fall die Behandlungspflege von der Grundpflege trennen läßt.[21]

Insofern dürfen von den Bearbeitern keine Einzelheiten erwartet werden; die Differenzierung läßt sich dem Gesetz nicht entnehmen, sondern entstammt der Rspr.; sie kann allerdings erahnt werden, weil hier zur Verdeutlichung zwei verschiedene Varianten zu beurteilen sind, die zwar nicht unbedingt zu unterschiedlichen Ergebnissen führen, aber deren eine relativ eindeutig, deren andere hingegen schwerer zu entscheiden ist.

Hierzu äußerte sich das *BSG* zuletzt wie folgt: „Für Maßnahmen der Behandlungspflege außerhalb eines Pflegeheimes ist nach § 37 Sozialgesetzbuch Fünftes Buch (SGB V) aber die gesetzliche Krankenversicherung zuständig, ohne daß es darauf ankommt, mit welchen Leistungen diese im konkreten Fall eintritt (zur Leistungspflicht der Krankenkasse auch bei sog einfacher Behandlungspflege vgl. Urteile des Senats vom 30. März 2000 – B 3 KR 23/99 R – BSGE 86, 101 = SozR 3–2500 § 37 Nr 2 und B 3 KR 11/99 R – nicht veröffentlicht). Bei der Feststellung des Pflegebedarfs nach den §§ 14, 15 SGB XI sind Maßnahmen der Behandlungspflege nur zu berücksichtigen, wenn sie entweder Bestandteil einer Maßnahme der Grundpflege sind (BSGE 82, 27 = SozR 3–3300 § 14 Nr 2) oder wenn sie aus medizinisch-pflegerischen Gründen in unmittelbarem zeitlichen und sachlichen Zusammenhang mit einer Maßnahme der Grundpflege erforderlich werden (BSGE 82, 276 = SozR 3–3300 § 14 Nr 7; BSG SozR 3–3300 § 14 Nr 11). Daran fehlt es hier; die Spaziergänge stehen mit keiner anderen Verrichtung der Grundpflege (§ 14 Abs 4 Nrn 1 bis 3 SGB XI) in unmittelbarem Zusammenhang."[22]

(a) Für das Einreiben mit der Salbe läßt sich keinerlei Zusammenhang zu einer Verrichtung der Grundpflege erkennen.[23] Deshalb kann die dafür erforderliche Zeit nicht im Rahmen von § 15 SGB XI berücksichtigt werden.

---

[20] Vgl. im Zusammenhang mit dem Krankheitsgeschehen zuletzt etwa *BSG* v. 11.7. 2000, B 1 KR 43/99 B.
[21] Grundl. *BSGE* 82, 27; 82, 276.
[22] So zuletzt *BSG* SozR 3–3300 § 14 Nr. 16.
[23] Vgl. dazu auch (im konkreten Fall: Einreiben der Gelenke bis dreimal täglich): *BSG* SozR 3–3300 § 14 Nr. 15.

(b) Anders sieht es wohl aus beim An- und Ausziehen der Kompressionsstrümpfe. Das *BSG*[24] erkennt insofern jedenfalls einen notwendigen zeitlichen Zusammenhang zum An- und Auskleiden i. S. v. § 14 Abs. 4 Nr. 3 SGB XI. Das führt im Ergebnis zur Bejahung der Pflegestufe I. Bedenkt man, daß das *LSG*[25] noch zu einem anderen Ergebnis gekommen war, läßt sich auch die Gegenansicht vertreten.

Das *LSG* hatte argumentiert: „Das An- und Ausziehen von Kompressionsstrümpfen steht nicht in einem solchem Zusammenhang mit dem An- und Auskleiden. Kompressionsstrümpfe sollen zwar unmittelbar nach dem Aufstehen angezogen werden, um Schwellungen des Beines zu verhindern und sie müssen auch vor dem Zubettgehen ausgezogen werden, da der Druck zu lokalen Druckschäden führen kann (s. insoweit Nr. 31 der Häuslichen Krankenpflege-Richtlinien). Das An- und Auszien von Kompressionsstrümpfen ist damit aber nicht untrennbar mit der Katalogverrichtung An- und Auskleiden verbunden, wie dies etwa bei der Sondennahrung (Aufnahme der Nahrung) oder der Stomaversorgung (Darmentleerung) der Fall ist, denn diese Maßnahme ist nicht auf das gleiche Ziel ‚Anlegen der Kleidung‘ gerichtet wie das An- und Ausziehen sonstiger Kleidungsstücke. Kompressionsstrümpfe treten nicht an die Stelle ‚üblicher‘ Strümpfe. Es mag zwar entsprechend der Behauptung der Beklagten zutreffen, daß Kompressionsstrümpfe von Frauen an Stelle üblicher Strumpfhosen getragen werden können. Andererseits ist es aber nicht möglich, den Versicherten darauf zu verweisen, nur noch mit fleischfarbenen Kompressionsstrümpfen bekleidet zu sein. Es muß ihm überlassen bleiben, auch andersfarbene Strümpfe tragen zu wollen, so daß ggf. über die Kompressionsstrümpfe ‚normale‘ Socken oder Strümpfe angezogen werden müssen. Damit tritt in vielen Fällen im Rahmen der Grundverrichtung An- und Auskleiden zu dem An- und Ausziehen von Kompressionsstrümpfen das An- und Ausziehen von Strümpfen als Teil der Bekleidung.“[26]

3. Weitere Leistungsvoraussetzungen

a) B muß einen Antrag auf Leistungen stellen, vgl. § 33 Abs. 1 S. 1 SGB XI.
b) Sie muß ferner die Vorversicherungszeit erfüllen, die in § 33 Abs. 2 S. 1 Nr. 5 SGB XI festgelegt ist. *B* ist seit 1996 Rentnerin. Sie war deshalb in den letzten zehn Jahren mehr als fünf Jahre als Mitglied (vgl. oben) versichert.

Vgl. i. ü. zum Verhältnis zu den Ansprüchen gegenüber der Krankenkasse unten, III.

4. Leistungen

B kann häusliche Pflegehilfe nach § 36 SGB XI als Sachleistung, aber auch Pflegegeld (§ 37 SGB XI) oder eine Kombination von beidem (§ 38 SGB XI) in Anspruch nehmen.

Hingegen sind die Kompressionsstrümpfe keine Pflegehilfsmittel i. S. v. § 40 SGB XI, denn sie dienen nicht nur der Erleichterung der Pflege oder der Linderung von Beschwerden, sondern der medizinischen Behandlung einer Krankheit.

Insofern genügt auch ein Hinweis darauf, daß die Krankenkasse bereits leistet.

---

[24] *BSG* SozR 3–2500 § 37 Nr. 3 = NZS 2002, S. 484 ff.
[25] *LSG* NRW v. 31. 10. 2000, L 5 KR 127/00.
[26] *LSG* NRW, a. a. O.

Teil- und vollstationäre Pflege (§§ 41, 43 SGB XI) würden voraussetzen, daß eine häusliche Pflege nicht möglich ist. Dafür enthält der Sachverhalt keine Hinweise.

II. Ansprüche gegen die Krankenkasse

1. Grundsätzliches

Die meisten der allgemeinen Anspruchsvoraussetzungen wurden oben bereits angesprochen; hier genügen einige knappe Hinweise.

a) Versicherungspflicht und Mitgliedschaft (vgl. zur Relevanz § 19 Abs. 1 SGB V) ergeben sich aus § 5 Abs. 1 Nr. 11, 186 IX SGB V.

b) Der Versicherungsfall der Krankheit wurde bereits oben definiert. Sowohl die Salbe als auch die Kompressionsstrümpfe dienen der Krankenbehandlung und gehören nach §§ 31, 33 SGB V zu den von der Krankenkasse zu übernehmenden Leistungen.

2. Häusliche Krankenpflege

a) Zu prüfen bleibt noch, ob die Krankenkasse auch für das Auftragen der Salbe und das Anziehen der Kompressionsstrümpfe aufkommen muß.

Bei den Tätigkeiten handelt es sich nicht um Teile einer ärztlichen Behandlung (als ärztliche oder von einem Arzt angeordnete Tätigkeit, § 28 Abs. 1 SGB V) oder um Bestandteile einer Therapie (i. S. v. § 32 SGB V; hinsichtlich des letztgenannten Punktes könnte man sich i. ü. über das zutreffende Abgrenzungskriterium streiten).[27] Für die Hilfsmittel i. S. v. § 33 SGB V wird grundsätzlich nur eine Ausbildung in dem Gebrauch übernommen, soweit diese erforderlich ist.

b) In Betracht kommt aber die Leistung häuslicher Krankenpflege, und zwar – weil Krankenhausbehandlung nicht geboten ist – nach § 37 Abs. 2 SGB V. Wie schon geprüft, zählen Auftragen der Salbe und Anziehen der Kompressionsstrümpfe als medizinische Hilfeleistungen zur Behandlungspflege, die nach der ärztlichen Verordnung auch erforderlich ist (§ 37 Abs. 2 S. 1 SGB V). Daß der Anspruch nach § 37 Abs. 3 SGB V ausgeschlossen wäre, ist nicht ersichtlich. Die Pflegeleistungen sind als Sachhilfe zu erbringen; vgl. zur Ausnahme § 37 Abs. 4 SGB V.

---

[27] Vgl. *Krauskopf/Wagner*, Soziale KV, PflV, § 32 Rn. 5.

III. Entstehen der Ansprüche und deren Verhältnis zueinander

1. Entstehen der Ansprüche

a) Anspruch auf Pflegeleistungen

Allgemein entstehen Sozialleistungsansprüche, sobald deren gesetzliche Voraussetzungen vorliegen, § 40 Abs. 1 SGB I. Für Pflegeleistungen bestimmt § 33 Abs. 1 S. 2 SGB XI, daß neben dem Vorliegen der Anspruchsvoraussetzungen die Antragstellung erforderlich ist. Ab Januar 2003 lagen die in §§ 14, 15 SGB XI normierten Voraussetzungen vor; die erforderliche Dauer der Pflegebedürftigkeit ist aufgrund einer Prognose zu bestimmen, es sind also keinesfalls sechs Monate abzuwarten.

B kann damit den Beginn der Leistungen durch die Antragstellung steuern, wobei § 33 Abs. 1 S. 3 SGB XI zu beachten ist. Wird der Antrag noch im März gestellt, wären die Leistungen ab dem 1. 3. zu gewähren.

b) Anspruch auf KV-Leistungen

Auch Leistungen aus der Krankenversicherung werden auf Antrag erbracht, § 19 S. 1 SGB IV.[28] Da die Leistungen als Sachleistungen zu gewähren sind (§ 2 Abs. 2 S. 1 SGB V, vgl. auch § 37 Abs. 4 SGB V), kommt grundsätzlich – unabhängig vom Zeitpunkt des Entstehens des Anspruchs – aber eine Zahlung für die Vergangenheit nicht in Betracht.

Jedoch ist zu bedenken, daß *B* möglicherweise die Leistungen bereits beantragt hatte, weil die Krankenkasse ja eine Übernahme der häuslichen Krankenpflege abgelehnt hat. Das wäre evtl. näher von *R* zu klären. Er müßte prüfen, ob eine Kostenerstattung nach § 13 Abs. 3 SGB V verlangt werden kann. Wie sich aus dem Vorstehenden ergibt, wurden die Leistungen, die ärztlich verordnet wurden, – zumindest zum Teil (vgl. nachfolgend) – zu Unrecht abgelehnt; der Einhaltung einer bestimmten Form für die Beanspruchung der Leistung (und i.ü. auch für den Antrag) bedarf es mangels entsprechender Vorschriften nicht. Sollte *B* selbst eine Pflegekraft für die von der Krankenkasse zu übernehmenden Leistungen, auf die nach § 37 Abs. 2 S. 1 SGB V ein Rechtsanspruch besteht, gezahlt haben, könnte sie für diese notwendigen Ausgaben Erstattung in der entstandenen Höhe verlangen. Möglicherweise fehlt es aber an der erforderlichen Kausalität zwischen Ablehnung und Leistungsausgaben.

2. Konkurrenzen

a) Soweit Leistungen aus der Pflegeversicherung beantragt werden, ist das Verhältnis zwischen den Ansprüchen klar: Die Pflegekasse übernimmt

---

[28] Ohne daß dies eine materielle Voraussetzung wäre, KassKomm/*Seewald*, § 19 SGB IV Rn. 4.

mit der Grundpflege die Behandlungspflege für das Anziehen der Kompressionsstrümpfe, die Ruhensvorschrift in § 34 Abs. 2 SGB XI findet keine Anwendung. Die Krankenkasse muß dann nur noch für die Behandlungspflege zum Auftragen der Salbe aufkommen.

Daß insoweit nicht die Pflegekasse eintritt, zeigt auch die abweichende Regelung in § 43 Abs. 2 SGB XI.

Einen Anspruch auf mehrfache Leistungen kann es, trotz der unklaren Formulierung in § 13 Abs. 2 SGB XI, nicht geben.[29]

b) Fraglich ist, was gilt, wenn *B* keine Leistungen aus der Pflegeversicherung beantragt (bzw. in welcher Höhe ein evtl. Anspruch auf Kostenerstattung, vgl. vorstehend, bestünde). Denn das Verhältnis zwischen Behandlungs- und Grundpflege ist weder im SGB V noch im SGB XI geregelt. Insbesondere § 13 Abs. 2 SGB XI gibt in diesem wichtigen Punkt keinen Aufschluß. Auch hilft hier eine systematische Betrachtung kaum weiter: Gerade die unterschiedlichen Funktionen sprächen für eine vollständige Zuordnung der Behandlungspflege zur GKV – der zum Teil bestehende, oben bejahte notwendige Zusammenhang aber umgekehrt für eine Zurechnung zur soz. PflV, soweit dieser Zusammenhang zu einer Grundpflege besteht, auf die *B* dem Grunde nach einen Anspruch hätte. Sicher ist richtig, daß Doppelleistungen ausscheiden (vgl. oben). Das besagt aber nichts für den Fall, in dem noch kein Antrag auf Pflegeleistungen gestellt ist. Das Fehlen einer eindeutigen gesetzlichen oder systematischen Zuordnung spricht eher für eine konkurrierende Zuständigkeit von Kranken- und Pflegekasse. Beide Ansichten sind jedenfalls gut vertretbar.

Wird die zweite Ansicht (keine strenge Zuordnung i. S. ausschließlicher Zuständigkeiten) vertreten, würde das im Ergebnis bedeuten, daß sich *B* aussuchen kann, ob sie die Pflegekasse oder die Krankenkasse in Anspruch nehmen will. Verzichtet sie auf einen Antrag i. S. v. § 33 SGB XI, stünden ihr Ansprüche gegen die Krankenkasse auch auf Behandlungspflege im Zusammenhang mit den Kompressionsstrümpfen zu, aber keinerlei Ansprüche gegen die Pflegekasse. Stellt sie den Antrag, erhält sie die vollen Leistungen für die Pflegestufe I nach dem SGB XI; von den gedeckelten Leistungen sind dann aber auch die Aufwendungen für das Anziehen der Kompressionsstrümpfe zu zahlen. Was wirtschaftlich sinnvoller ist, müßte *R* ausrechnen. Jedenfalls sollte er *B* auf die verschiedenen Möglichkeiten (auch im Hinblick auf § 38 SGB XI) hinweisen.

---

[29] So auch *Udsching*, SGB XI, 2. Aufl. 2000, § 14 Rn. 14.

Fall 8. Behindert und besonders hilfsbedürftig

Sachverhalt

Die 1965 geborene, bei der AOK Bayern als Ehefrau ihres berufstätigen Mannes versicherte Karla (*K*) erlitt im Jahr 1984 als aktive Teilnehmerin an einem Motorradrennen einen Unfall. Das linke Bein mußte ihr amputiert werden. Seitdem wurde sie mit einer Oberschenkelprothese versorgt, die bei Verschleiß stets nach dem jeweiligen Stand der Technik erneuert worden ist. Gegenwärtig besitzt Karla eine Prothese mit sog. Endolite-Gelenken und Mauchhydraulik. Mit ihr kann sich Karla ohne zusätzliche Hilfsmittel (Krücke, Stock) gut bewegen; es wird ein gutes Gangbild (so der Fachausdruck) erreicht.

Am 3. Juli 2002 legt Karla der AOK Bayern eine ärztliche Verordnung über eine Prothese mit einem elektronisch gesteuerten Hydrauliksystem, ein sogenanntes C-leg, vor. Nach dem Kostenvoranschlag soll es ca. 20.000 € kosten. Die bisherige Prothese hatte 10.000 € gekostet. Der Vorteil des C-leg besteht vor allem in einer höheren Gangsicherheit auf unebenem Gelände und beim Treppenabwärtslaufen. Eine „Umrüstung" der bisherigen Prothese in ein C-leg ist nicht möglich. Die AOK Bayern lehnt den Antrag auf Ausstattung mit diesem System jedoch zwei Wochen später als „Überversorgung" ab.

Daraufhin kauft sich Karla das C-leg auf eigene Kosten. Die AOK Bayern weigert sich allerdings auch, Karla die Kosten für diese Anschaffung in Höhe von 20.000 € zu erstatten. Zur Begründung hierfür führt die AOK Bayern u. a. an, es sei bereits ein Entgegenkommen der Kasse, daß Karla, die selbst keinerlei Beiträge für die Kasse aufbringe, jahrelang immer wieder eine Prothese nach dem jeweils neuesten Stand der Technik bekommen habe. Karla sei außerdem wohl nicht ganz schuldlos an ihrem Schicksal, dessen Folgen nur begrenzt von der Gemeinschaft getragen werden müßten. Das C-leg liege jedenfalls weit über den finanziellen Möglichkeiten der Kasse. Es sei bekannt, daß eine Krankenkasse nicht alles leisten müsse, was das Wohlbefinden der Versicherten fördere. Insbesondere seien die Kassen gegenüber dem Staat und ihren Beitragszahlern verpflichtet, die Ausgaben und damit die Beitragsverpflichtungen wirksam zu begrenzen. Sie dürften schon aus diesem Grunde keine „Überversorgung" leisten. Fraglich sei außerdem, ob Karla überhaupt noch krank i. S. d. gesetzlichen Krankenversicherung sei, so daß die grundsätzliche Leistungsvoraussetzung nach dem SGB V eventuell gar nicht vorliege. Vor allem seien die Gebote der Zweckmäßigkeit, der Wirtschaftlichkeit und Sparsamkeit zwingend zu beachten; die Leistungen dürften das Maß des Notwendigen nicht überschreiten. Das (neue) SGB IX habe an dieser Rechtslage nichts geändert. Außerdem könne schon angesichts der Ablehnung des Antrags auf Versorgung mit dem C-leg auch eine Erstattung der Kosten nicht gewährt werden.

Demgegenüber macht Karla u. a. geltend, die Kasse habe offensichtlich eine falsche Vorstellung von dem für sie geltenden Prinzip der „Wirtschaftlichkeit". Das C-leg sei aus ihrer Sicht (der Karla) durchaus notwendig; das werde von der Kasse offenbar verkannt. Hilfsmittel seien in der Qualität zu leisten, die nach dem Stand der Technik und der wissenschaftlichen Erkenntnisse möglich sei; Entsprechendes gelte schließlich auch für andere Bereiche der Krankenbehandlung. Außerdem dürfe die Kasse bei der Leistungsgewährung nicht „alles über einen Kamm scheren"; die individuellen Bedürfnisse und Gegebenheiten seien bei der Leistungserbringung zu berücksichtigen. Sie habe als Mutter bei der Betreuung ihrer drei kleinen Kinder ständig besondere Gefahrensituationen zu meistern. Schließlich könne sie sich nicht vorstellen, daß dem SGB IX keinerlei Bedeutung für die Leistungserbringung, insbesondere in ihrem Fall, zukomme.

Bearbeitervermerk: In einem Gutachten, das auf alle aufgeworfenen Rechtsfragen eingeht, sind folgende Fragen in der vorgegebenen Reihenfolge zu beantworten:
1. Kann Karla vom Träger der GKV grundsätzlich die Erstattung der Kosten für ein selbstbeschafftes Hilfsmittel verlangen?
2. Steht Karla gegen die AOK Bayern der von ihr geltend gemachte Anspruch auf Kostenerstattung für das beschaffte C-leg zu?
3. Hätte eine Klage Karlas gegen die AOK Bayern Aussicht auf Erfolg?

Hinweis: Ansprüche des allgemeinen Staatshaftungsrechts sind nicht zu erörtern.

Lösung

Die Bearbeitung der Fragen 1 und 2 erfordert Grundkenntnisse im Sozialversicherungsrecht und betrifft ein (immer wieder aktuelles) Standard-Problem der GKV: Gefragt ist nach dem Anspruch auf ein Hilfsmittel und dessen Regelung dem Grunde und dem Umfang nach, und zwar zunächst nach Maßgabe des SGB V; der Einfluß des SGB IX, das im Rahmen der Leistungen zur medizinischen Rehabilitation ebenfalls Hilfsmittel nennt und das – wie auch bereits das SGB V – allg. Regelungen zur Leistungserbringung enthält, muß den Bearbeitern zumindest in den Grundzügen bekannt sein. Die laut Sachverhalt von den Beteiligten vorgetragenen Argumente ermöglichen den Bearbeitern des Falles eine subtile Prüfung.

Die prozessuale Frage betrifft Grundzüge des sozialgerichtlichen Verfahrens.

Frage 1: Kostenerstattung durch die Träger der GKV – Grundsätzliches

I. Recht der gesetzlichen KV – SGB V

Nach § 2 Abs. 2 SGB V erhalten die Versicherten in der GKV Leistungen grundsätzlich als Sach- und Dienstleistungen, über deren Erbringung Verträge nach den Vorschriften des vierten Kapitels (§§ 69–140 h SGB V) zwischen den KK und den Leistungserbringern zu schließen sind („Naturalleistungsprinzip", „Sachleistungsprinzip"[1]).

Kostenerstattung ist nur zulässig, soweit sie ausdrücklich durch das SGB V (etwa §§ 13 Abs. 2; 13 Abs. 3; 17 Abs. 2; 18 Abs. 1, 2 und 3; 37 Abs. 4; teilweise gem. § 14 aufgrund entsprechender Satzungsregelung) oder das SGB IX vorgesehen ist (§ 13 Abs. 1 SGB V).

---

[1] Dazu *BSG* SozR 2200 § 184 Nr. 4, S. 9 f.; SozR 3–2500 § 29 Nr. 1; *BSGE* 69, 170, 172 ff.

II. „Rehabilitationsrecht" – SGB IX

1. Grundsätzlich gilt auch im Rehabilitationsrecht das Sachleistungsprinzip, vgl. §§ 17 Abs. 1 S. 1 Nr. 1–3, 18 S. 1, 20 und 21, 26 Abs. 2, 30, 31 sowie 32 SGB IX.

2. Abweichungen davon ergeben sich aus § 9 Abs. 2 SGB IX, wonach Leistungsberechtigte Geld- statt Sachleistungen beantragen können, wenn sie gleich wirksam und mindestens ebenso wirtschaftlich erbracht werden können (Ausnahme: stationäre Leistungen); nach § 17 Abs. 1 Nr. 4 SGB IX besteht dabei für die Rehabilitationsträger (§ 6 SGB IX) die Möglichkeit, anstelle der Sachleistung ein persönliches Budget einzurichten.[2]

Schließlich regelt § 15 SGB IX die Erstattung selbstbeschaffter Leistungen. Diese Vorschrift ähnelt § 13 SGB V, enthält aber in Abs. 1 S. 1–3 einen zusätzlichen Tatbestand, der zu einem Anspruch auf Kostenerstattung führen kann.

III. Rangverhältnis zwischen SGB V und SGB IX

Ausweislich § 13 Abs. 3 S. 2 SGB V richtet sich der Erstattungsanspruch für selbstbeschaffte Leistungen der medizinischen Rehabilitation allein nach § 15 SGB IX; er ist also insoweit vorrangig.

Zur Bedeutung des § 7 SGB IX in diesem Zusammenhang ist folgendes zu sagen: Die Bestimmung regelt das Verhältnis des SGB IX zu den anderen Bereichen des Sozialgesetzbuchs dahingehend, daß dessen Vorschriften für Leistungen zur Teilhabe aller betroffenen Rehabilitationsträger gelten, soweit nicht korrespondierende Leistungsgesetze (hier etwa das SGB V) etwas anderes regeln. Diese Norm ist vergleichbar mit § 37 SGB I, der Ähnliches über das Verhältnis von SGB I und SGB X zu den besonderen Teilen des SGB aussagt.[3]

Ausdrücklich spricht § 7 S. 1 SGB IX von den „Leistungen zur Teilhabe", die in §§ 4, 5 sowie 26 ff., 33 ff., 44 ff. und 55 ff. SGB IX geregelt sind.

Nach einem – denkbaren – engen Verständnis von „Leistungen zur Teilhabe" könnte die Kostenerstattung für selbstbeschaffte Leistungen tatbestandsmäßig keine „Leistung zur Teilhabe" sein, so daß § 7 SGB IX nicht einschlägig wäre. Danach hätte es mit der Vorrangregelung durch § 13 Abs. 3 S. 2 SGB V sein Bewenden.

Versteht man unter „Vorschriften... für die Leistungen zur Teilhabe" sämtliche leistungsrelevanten Regelungen[4] und als Leistung auch die Kostenerstattung gem. § 15 SGB IX,[5] dann ist § 7 S. 1 SGB IX anzuwenden

---

[2] Vgl. dazu insg. *Lachwitz/Welti,* in: Lachwitz/Schellhorn/Welti, Handkommentar zum SGB IX (HK-SGB IX), 2002, Einführung S. 22 f.

[3] *Welti,* in: Lachwitz/Schellhorn/Welti, HK-SGB IX, § 7, Rn. 2.

[4] *Welti,* in: Lachwitz/Schellhorn/Welti, HK-SGB IX, § 7, Rn. 5.

[5] *Welti,* a.a.O., a. E. ohne Begründung.

und zu prüfen, ob es eine von § 15 SGB IX abweichende Regelung im SGB V gibt. Eine einschlägige Regelung existiert, nämlich § 13 Abs. 3 S. 1 SGB V; diese weicht aber nicht zuungunsten des Versicherten vom SGB IX ab, so daß die durch § 7 S. 1 SGB IX normierte Anordnung des Vorrangs hier nicht greift. Praktisch ist der Vorrang in Fällen des § 15 Abs. 1 S. 4 SGB IX bedeutungslos, da dessen Anspruchsvoraussetzungen mit denen des § 13 Abs. 3 S. 1 SGB V übereinstimmen.

IV. Weitere denkbare Anspruchsgrundlage

1. Denkbar, d. h. nicht völlig ausgeschlossen, wäre ein Anspruch auf Kostenerstattung für Pflichtversicherte und deren Familienangehörige nach früherem Wahlrecht i. V. m. Art. 24 Abs. 1 des GKV-Solidaritätsstärkungsgesetzes[6] und aufgrund einer entsprechenden Entscheidung der *K*. Danach behalten Versicherte ein Recht auf Kostenerstattung, wenn sie von dieser – inzwischen weggefallenen – Wahlmöglichkeit vor dem 1. Januar 1999 Gebrauch gemacht haben. Hierzu gibt der Sachverhalt keinen Anhaltspunkt; im Gegenteil: Der Antrag auf Bewilligung legt nahe, daß *K* keinen derartigen Anspruch hat.

2. Auch § 13 Abs. 2 S. 1 SGB V könnte grundsätzlich in Betracht kommen; allerdings besagt der Sachverhalt auch hierzu nichts Einschlägiges. Damit erübrigt sich ebenso die Frage, ob eine freiwillige Versicherung nach § 9 SGB V im vorliegenden Fall überhaupt möglich ist.

§ 13 Abs. 2 SGB V ist demnach im vorliegenden Fall nicht zu prüfen. Das Fehlen diesbezüglicher Ausführungen wäre in einer Klausur nicht negativ zu bewerten.

V. Ergebnis

Für *K* kommt hier also ein Anspruch aus § 15 Abs. 1 S. 4 SGB IX in Frage.

§ 13 Abs. 3 S. 1 SGB V ist an sich nicht anwendbar; eine Prüfung, die in dieser Norm ihren Ausgangspunkt hat, müßte jedoch zum gleichen Ergebnis führen und ist kein schwerwiegender Mangel. Die nachfolgenden Lösungshinweise berücksichtigen beide Alt., die praktisch gleichwertig sind; allerdings müssen die besonderen, vom SGB V abweichenden Regelungen des SGB IX erkannt und berücksichtigt werden, soweit sie im vorliegenden Fall einschlägig sind.

---

[6] V. 19. 12. 1998, BGBl. I S. 3853, geändert BGBl. 1999 I S. 1654; abgedruckt in Aichberger, Anm. 4 zu § 13 SGB V.

Frage 2: Voraussetzungen des Erstattungsanspruchs

Ein Anspruch aus § 15 Abs. 1 S. 4 SGB IX (oder § 13 Abs. 3 S. 1 SGB V) besteht unter folgenden Voraussetzungen:

I. (Selbstbeschaffte) Leistung zur medizinischen Rehabilitation

– Es muß sich um eine **Leistung** i. S. d. SGB V oder des SGB IX (zur Teilhabe, vgl. §§ 4, 5 Nr. 1 SGB IX – auch „medizinische Rehabilitation") handeln.
– Was das sein kann, ergibt sich für das SGB IX aus §§ 26 ff. SGB IX; § 26 Abs. 2 SGB IX erwähnt („insbesondere") in Nr. 6 **Hilfsmittel**. § 31 Abs. 1 SGB IX definiert **Körperersatzstücke** ausdrücklich als Hilfsmittel und nennt deren Funktionsziele, vgl. insb. § 31 Abs. 1 Nr. 3 SGB IX. Das C-leg dient genau dem Ziel, eine Behinderung (i. S. d. § 2 Abs. 1 SGB IX) bei der Befriedigung eines Grundbedürfnisses des täglichen Lebens (hier das sichere Gehen auch in unebenem Gelände und beim Treppenabwärtslaufen) auszugleichen.
– Zum gleichen Ergebnis führt der Weg über § 13 Abs. 3 S. 1 SGB V, vgl. §§ 27 Abs. 1 S. 2 Nr. 3 Alt. 4, 33 Abs. 1 SGB V.

II. Selbstbeschaffung

Nachdem die **AOK Bayern** die beantragte **Leistung abgelehnt** hat, hat *K* das C-leg privatrechtlich erworben, es also i. S. d. § 15 Abs. 1 SGB IX selbst beschafft.

III. Kosten für Versicherten

Auch diese Voraussetzung liegt vor: *K* hat das C-leg **vorfinanziert**, trägt also die Kosten zunächst selbst.

IV. Kausalität zwischen Ablehnung und Selbstbeschaffung

Die Kausalverknüpfung ist nur in § 13 Abs. 2 S. 1 SGB V ausdrücklich als Voraussetzung genannt („… **dadurch… entstandenen** …"). § 15 Abs. 1 SGB IX ist jedoch § 13 Abs. 3 SGB V nachempfunden, so daß nach dem Regelungszweck die dort entwickelten Grundsätze ins SGB IX übertragen werden können.[7] Auch der Wortlaut, wonach Kosten nach Fristablauf (S. 3) oder „auch" nach Ablehnung (S. 4) zu erstatten sind, legt das Erfor-

---

[7] *Welti*, in: Lachwitz/Schellhorn/Welti, HK-SGB IX, § 15 Rn. 13.

dernis eines Ursachenzusammenhangs nahe. Dieses Ergebnis untermauert schließlich die schadensersatzrechtliche Natur des Erstattungsanspruchs: Es handelt sich um einen verschuldensunabhängigen Schadensersatz aus Garantiehaftung,[8] der Kausalität zwischen haftungsbegründendem Umstand und Schaden voraussetzt.[9]

Hier sind *K* Kosten erst „nach" Ablehnung der Leistung durch die Kasse entstanden. Ein ursächlicher Zusammenhang[10] zwischen Ablehnung und eingeschlagenem Beschaffungsweg liegt demnach vor.

V. Erstattungsfähigkeit

Die selbstbeschaffte Leistung muß bestimmten Anforderungen genügen.[11]

1. Sie muß ihrer Art nach den Leistungen der GKV einschließlich der leistungserbringungsrechtlichen Bindungen entsprechen; so liegt es hier (vgl. §§ 27 Abs. 1 S. 2 Nr. 3, 33, 126–128 SGB V).

2. Die Leistung muß insbesondere den GKV-Restriktionen im Hinblick auf Wirtschaftlichkeit und Sparsamkeit genügen.

Das kann die Leistung und den Erstattungsanspruch insgesamt berühren; der Umfang des Erstattungsanspruchs kann ggf. durch eine Pflicht zur Zuzahlung sowie durch die Tragung von Kostenanteilen reduziert werden.[12] Die Kosten wären insoweit nicht erstattungsfähig.

– Nach § 13 Abs. 3 S. 1 SGB V werden Kosten erstattet, „… soweit die Leistung notwendig war …".

– § 15 Abs. 1 S. 3 SGB IX erfordert die „… Beachtung der Grundsätze der Wirtschaftlichkeit und Sparsamkeit …"; man wird die Ansicht vertreten können, daß diese Beschränkung auch für den Anspruch unter den (von § 15 Abs. 1 S. 1, 2 SGB IX abweichenden) Voraussetzungen des S. 4 gilt.

Der Sache nach geht es hierbei um Aspekte des Anspruchs auf die beantragte Leistung, und zwar teils dem Grunde, teils der Höhe nach. Diese Gesichtspunkte werden damit zugleich vom Aspekt der Unrechtmäßigkeit der Leistungsverweigerung erfaßt und sollten zweckmäßigerweise in dem dortigen Zusammenhang geprüft werden, vgl. VI.

VI. Zu Unrecht abgelehnt

Die Ablehnung ist zu Unrecht erfolgt, also rechtswidrig, wenn die AOK Bayern

---

[8] *Welti,* a.a.O. Rn. 14.
[9] *BSGE* 79, 125, 126.
[10] Vgl. auch *BSG* SozR 3–2500 § 13 Nr. 10.
[11] Vgl. KassKomm/*Höfler,* § 13 SGB V Rn. 7.
[12] Vgl. *Krauskopf,* § 13 SGB V Rn. 29.

– objektiv rechtswidrig entschieden hat und *K*
– dadurch in ihren Rechten verletzt worden ist.

Dieser Grundsatz ist z. B. dem § 113 Abs. 1 VwGO zu entnehmen; er ergibt sich davon abgesehen aus dem Wesen des Verwaltungsrechts und daraus, daß zwischen lediglich objektiv-rechtlichen Verpflichtungen der Verwaltung und (zusätzlichen) damit korrespondierenden subjektiv-rechtlichen Ansprüchen zu unterscheiden ist.

Diese Voraussetzungen fallen zusammen, wenn *K* – insb. durch Gesetz
– ein **Anspruch** eingeräumt worden ist (vgl. dazu § 38 SGB I) und dieser **nicht erfüllt** worden ist.

Soweit der Verwaltung **Ermessen** eingeräumt ist, besteht **kein strikter Anspruch** auf eine bestimmte Entscheidung, jedoch auf eine rechtlich zutreffende Bewertung der tatbestandlichen Entscheidungsvoraussetzungen sowie auf ermessensfehlerfreie Entscheidung (vgl. § 39 Abs. 1 SGB I).

Im folgenden wird bei der Prüfung der Voraussetzungen ein „anspruchsorientierter Aufbau" gewählt, der u. a. auch durch die Formulierung des § 13 Abs. 2 SGB V und des § 15 Abs. 1 S. 4 SGB IX sowie dadurch, daß es sich dabei um einen gleichsam verschuldensunabhängigen Schadensersatz- (oder Herstellungs-)Anspruch auf Naturalrestitution handelt[13] – vgl. § 249 Abs. 1 BGB –, nahegelegt wird.

1. Leistungsrechtliche Voraussetzungen

Für die Leistungsvoraussetzungen gilt das **SGB V** (vgl. § 7 S. 2 SGB IX).

a) Bestehen eines Versicherungsverhältnisses

Laut Sachverhalt ist *K* als „**Ehefrau**" versichert; daß sie selbst auch versicherungspflichtig beschäftigt ist, kann nicht unterstellt werden.

Das läßt darauf schließen, daß die Voraussetzungen des **§ 10 Abs. 1 SGB V** gegeben sind.

Als Versicherte hat sie damit eigene Ansprüche, auch wenn sie nicht Mitglied der AOK Bayern oder selbst beitragspflichtig ist (vgl. §§ 186 ff., 226 ff. SGB V).

b) Vorliegen eines Versicherungsfalls/Leistungsfalls

Wird von § 13 Abs. 3 S. 1 SGB V ausgegangen, hat die Prüfung direkt über das Leistungsrecht der GKV (SGB V) zu erfolgen; wird **§ 15 Abs. 1 S. 4 SGB IX** als maßgebliche Anspruchsgrundlage zugrunde gelegt, sind gleichwohl die „**Voraussetzungen**" für die Leistungen zur Teilhabe dem **SGB V** zu entnehmen (vgl. § 7 S. 2 SGB IX).

---

[13] S. o. IV.

Durch das **SGB IX** ist **kein neuer Zweig der Sozialversicherung** und sind somit keine neuen Versicherungsfälle (oder Leistungsfälle) geschaffen worden; es sind lediglich die Leistungen konkretisiert, angeglichen und ergänzt worden (vgl. § 7 S. 1 SGB IX). Demnach ist Leistungsvoraussetzung für medizinische Rehabilitation nach dem SGB V (und durch die gesetzlichen KK, vgl. § 6 Abs. 1 Nr. 1 SGB IX) das Vorliegen von **Krankheit** (vgl. § 27 Abs. 1 S. 1 SGB V); soweit damit eine **Behinderung** verbunden ist, gilt neben dem SGB V – ergänzend – das SGB IX.

Das Vorliegen einer Behinderung kann auch bereits bei der Wahl der Anspruchsgrundlage geprüft werden (s. o. Frage 2, vor I.).

aa) Krankheit. Versicherungsfall in der GKV ist das Vorliegen einer Krankheit, vgl. § 27 Abs. 1 SGB V. Weder in dieser zentralen leistungsrechtlichen Norm noch in anderen Vorschriften des SGB V ist der Krankheitsbegriff aber legaldefiniert.

– Die Rspr. definiert Krankheit als **regelwidrigen Körper- oder Geisteszustand**, der entweder die Notwendigkeit einer ärztlichen Behandlung oder Arbeitsunfähigkeit oder beides zugleich zur Folge hat.[14]

– Ein Körper- oder Geisteszustand ist dann regelwidrig, wenn er vom **Leitbild des gesunden Menschen**, der zur Ausübung normaler körperlicher und psychischer Funktionen in der Lage ist, abweicht.[15] Angesichts des fehlenden, amputierten Beines ist *K*s Körperzustand regelwidrig.

– Ein **Problem** könnte sich hier jedoch daraus ergeben, daß nach der Rspr.[16] zur Behandlungsbedürftigkeit auch die Behandlungsfähigkeit gehört. Unmittelbar nach dem Motorradunfall lag diese Voraussetzung sicherlich vor.

Fraglich ist aber, ob *K* im Jahre 1999, nachdem die **Amputation verheilt** ist (entgegenstehende Angaben enthält der Sachverhalt nicht), insoweit noch behandlungsfähig ist.

Verblieben ist „nur" eine (erhebliche) **Funktionseinbuße**; diese ist jedenfalls als Behinderung im herkömmlichen Verständnis und auch i. S. d. § 2 Abs. 1 S. 1 SGB IX zu bewerten.

Traditionell wird im KV-Recht aber auch im Zusammenhang mit einer (auch drohenden) **Behinderung** vom Vorliegen einer **Krankheit** ausgegangen.[17] Ein solches Verständnis wird **begründet**

– durch einen **Rückschluß** daraus, daß die Regelungen des **Leistungsrechts** und des Leistungserbringungsrechts Hilfsmittel vorsehen, die ge-

---

[14] *BSGE* 13, 134, 136; 16, 177, 180; 19, 179, 181; 35, 10, 12; 39, 167, 168; 48, 258, 265; 59, 119, 121.

[15] Vgl. KassKomm/*Höfler*, § 27 Rn. 12 m. w. N.

[16] Nachweise bei KassKomm/*Höfler*, § 27 Rn. 19.

[17] Bsp. aus der Rspr. z. B. bei *Krauskopf*, § 27 SGB V Rn. 7, KassKomm/*Höfler*, § 11 SGB V Rn. 9.

rade (nur) in solchen Fällen zum Einsatz kommen (§§ 33, 34, 36; 126–128 SGB V) und die in der Praxis stets angewendet werden (insbesondere die wohl selbstverständliche Versorgung mit Beinprothesen, wie es sich auch aus dem Sachverhalt entnehmen läßt).

– durch eine Schlussfolgerung aus § 11 Abs. 2 SGB V, der Aufschluß über den **Umfang** der medizinischen Rehabilitation gibt. Danach hat der Versicherte u. a. Anspruch auf Leistungen, die notwendig sind, um **Folgen** einer **Behinderung**[18] zu mildern (S. 1). Außerdem müssen diese Leistungen „unter **Beachtung**" des SGB IX erbracht werden (S. 3). Dazu zählen insbesondere die §§ 26 ff. SGB IX; nach § 26 Abs. 2 Nr. 6 i. V. m. § 31 SGB IX besteht ein Anspruch auf Hilfsmittel, mit denen u. a. eine „Behinderung bei der Befriedigung der Grundbedürfnisse des täglichen Lebens auszugleichen ist. Ebenfalls liegt die (negative) Voraussetzung vor, daß das SGB V diesbezüglich „nichts anderes bestimmt". Das ergibt sich bereits aus § 33 SGB V, der auch auf die Ausgleichsfunktion des Hilfsmittels abzielt (s. o. I.).

– durch **historische Aspekte**: Praktisch ist der Begriff der Krankheit bereits durch die Vorgängerregelung des ersten Teils des SGB IX, das Rehabilitations-AngleichungsG,[19] in dieser Weise weiterentwickelt worden.[20]

bb) Behinderung. Eine Legaldefinition des Behinderungsbegriffs findet sich in § 2 Abs. 1 SGB IX. Danach sind Menschen u. a. behindert, wenn ihre körperliche Funktion mit hoher Wahrscheinlichkeit länger als sechs Monate von dem für das Lebensalter typischen Zustand abweicht und ihre Teilhabe am Leben in der Gesellschaft beeinträchtigt ist.

Dieser Tatbestand ist bei *K* gegeben, und zwar als unmittelbare Folge einer Krankheit i. S. d. GKV. Der Anwendungsbereich des SGB IX ist somit auch auf diesem Wege eröffnet.

cc) Ursache und Mitverschulden. Die **Ursache** der Krankheit (bzw. Behinderung) ist grundsätzlich unerheblich (vgl. insb. § 4 Abs. 1 SGB IX). Es kann hier deshalb dahinstehen, ob *K* als aktive Teilnehmerin an einem Motorradrennen ihren Unfall i. S. d. § 254 BGB selbst (oder mit-)verschuldet hat.

Das gilt unzweifelhaft hinsichtlich der tatbestandlichen Voraussetzungen einer Krankheit.

Davon zu trennen und ggf. an anderer Stelle zu prüfen ist die Frage nach einem Leistungsausschluß wegen (Mit-)Verschuldens.[21]

dd) Zwischenergebnis. Krankheit (sowie Behinderung) liegen vor.

---

[18] Diese liegt vor, s. o.
[19] V. 7. 8. 1974, BGBl. I S. 1881.
[20] *Krauskopf*, a.a.O., Rn. 4.
[21] Vgl. die diesbezüglich abschließende Regelung in § 52 SGB V; in diesem Zusammenhang auch § 4 Abs. 1 SGB IX.

2. Umfang der (abgelehnten) Leistung: Anspruch auf ein C-leg?

a) Unproblematisch ist die Frage, ob Prothesen zum Katalog der Leistungen zur medizinischen Rehabilitation gehören.

aa) Traditionell fallen (auch) nach dem SGB V **Prothesen als Hilfsmittel** in den Leistungsbereich der Krankenversorgung:

- Gem. § 27 Abs. 1 S. 2 Nr. 3 SGB V umfaßt die Krankenbehandlung i. S. d. SGB V auch die Versorgung mit Hilfsmitteln.
- § 33 Abs. 1 SGB V konkretisiert den Hilfsmittelbegriff; darunter fallen u. a. auch Körperersatzstücke (Prothesen).
- § 33 Abs. 2 S. 1 und 2 SGB V bestimmen, daß ein Anspruch nur bis zur Höhe eines Festbetrags (§ 36 SGB V) oder eines vertraglich vereinbarten Preises (§ 127 SGB V) besteht.
  Daß hier für das beantragte C-leg ein **Festbetrag** gem. § 36 SGB V festgesetzt oder eine vertragliche **Preisvereinbarung** getroffen worden wäre (§ 127 SGB V) oder daß etwa der betreffende **Leistungserbringer nicht zugelassen** gewesen wäre (vgl. § 126 SGB V), läßt sich aus dem Sachverhalt nicht entnehmen. Diese Regelungen wirken sich demnach nicht negativ auf den Anspruch der *K* aus. Denn gibt es weder eine Festbetragsregelung noch einen entsprechenden Vertrag mit den Leistungserbringern, so kommt es auf den Einzelverkaufspreis oder einen von der KK gebilligten Kostenvoranschlag an.[22]

bb) Für das SGB IX gilt folgendes:

- Hier kommen als **Leistungen** solche **zur medizinischen Rehabilitation** (§§ 26 ff. SGB IX) in Betracht; andere Ansprüche (z. B. gem. §§ 33, 44, 54 SGB IX) werden nicht geltend gemacht.
- Wenn es wie hier um ein **Körperersatzstück** (Prothese) geht, sind die §§ 26 Abs. 2 Nr. 6 und 31 SGB IX einschlägig.
- Zuständig ist – auch aus dem Blickwinkel des SGB IX – die AOK Bayern als Träger der gesetzlichen KV (vgl. § 6 Abs. 1 Nr. 1 SGB IX). Zwar ist z. B. in § 6 Abs. 1 Nr. 3 auch die gesetzliche UV als Leistungsträger für die medizinische Rehabilitation genannt. Das SGB IX bildet aber gleichsam (nur) ein **Dach über die verschiedenen Sozialleistungsbereiche**, in denen Rehabilitation stattfindet. Die spezielle Zuständigkeit richtet sich nach wie vor nach den leistungsauslösenden Umständen, wie sie in den besonderen Leistungsgesetzen (im vorliegenden Fall das SGB V) normiert sind. Letztlich ist damit § 6 Abs. 1 SGB IX für die Zuständigkeit **deklaratorisch**.[23]
- Hinsichtlich des **Umfangs** ist § 31 Abs. 2 und 3 **SGB IX** zu beachten. **Daneben** (und wegen § 7 SGB IX vorrangig) sind die einschlägigen Regelungen (betr. Hilfsmittel) im **SGB V** anzuwenden; das diesbezügliche

---

[22] KassKomm/*Höfler*, § 33 Rn. 55.
[23] *Welti*, in: Lachwitz/Schellhorn/Welti, HK-SGB IX, § 6 Rn. 2.

Zusammenwirken von SGB IX und SGB V soll nach den gesetzgeberischen Vorstellungen wohl im Sinne einer **Meistbegünstigung** dergestalt funktionieren, daß die Bestimmungen des vierten Kapitels in erster Linie eine ergänzende Funktion wahrnehmen, um Lücken in einzelnen Gesetzen zu schließen und um bei deren Auslegung zu helfen[24] (vgl. insb. § 11 Abs. 2 S. 3 SGB V).

3. Abweichungen vom SGB V

Nach § 31 Abs. 2 S. 2 Nr. 1 SGB IX soll der Rehabilitationsträger vor einer Ersatzbeschaffung prüfen, ob eine Änderung oder Instandsetzung bisher benutzter Hilfsmittel wirtschaftlicher und trotzdem ebenso wirksam ist.

Eine „Um- oder Aufrüstung" der bisher bewilligten und benützten Prothese ist jedoch laut Sachverhalt **nicht möglich**, so daß diese – möglicherweise den Anspruch auf das C-leg ausschließende – Alternative nicht in Frage kommt.

Gem. § 31 Abs. 3 SGB IX sind Mehrkosten für ein (gleich) geeignetes Hilfsmittel, das lediglich aufwendiger ist, vom Leistungsempfänger selbst zu tragen. Laut Sachverhalt ist diese, den Erstattungsanspruch möglicherweise reduzierende **Voraussetzung tatbestandsmäßig** aber **nicht** gegeben; denn das C-leg ist nicht nur gleich geeignet und lediglich aufwendiger, sondern – unstreitig – besser geeignet.

cc) **Zwischenergebnis:** Der Anspruch umfaßt damit „**dem Grunde nach**" die neue Prothese der *K.*

b) Unproblematisch ist außerdem die **wiederholte Versorgung** mit einer Prothese, solange die Behinderung andauert (§ 31 Abs. 2 S. 1 SGB IX, § 33 Abs. 1 S. 2 SGB V).

Grundsätzlich **endet** ein **Leistungsanspruch** nach dem SGB V mit dem Ende der Mitgliedschaft (§ 19 SGB V). § 19 Abs. 2 SGB V gilt dabei auch für „Familien-Versicherte" (§ 10 SGB V), die nicht Mitglied der KK sind.[25] Der Sachverhalt besagt allerdings hierzu weiter nichts.

Die Bemerkungen der AOK Bayern zur Leistungsdauer liegen somit neben der Sache.

c) Eine **Begrenzung des Anspruchs** auf bestimmte Hilfsmittel **durch** Normen des **Leistungserbringungsrechts** (§§ 69 ff. SGB V) kann grundsätzlich erwogen werden. Nach inzwischen st. Rspr. des *BSG* können sich nämlich Entscheidungen auf der Grundlage des Leistungserbringungsrechts auf den leistungsrechtlichen Anspruch des Versicherten auswirken (sog. **Rechtskonkretisierungskonzept** des *BSG*[26]).

---

[24] *Welti,* in: Lachwitz/Schellhorn/Welti, HK-SGB IX, § 26 Rn. 4.
[25] KassKomm/*Höfler,* § 19 SGB V Rn. 25.
[26] Z. B. *BSGE* 81, 54, 59 = SozR 3–2500 § 135 Nr. 4.

Der Sachverhalt enthält allerdings **keinerlei Hinweise** darauf, daß Entscheidungen

- gem. § 126 SGB V (Abgabe des C-leg durch zugelassenen Leistungserbringer)
- gem. § 127 SGB V (C-leg als Vertragsleistung)
- gem. § 128 SGB V (Hilfsmittelverzeichnis)

getroffen worden sind, so daß auch kein Anlaß zur Prüfung besteht, welche Rechtsfolgen sich daraus für den von *K* geltend gemachten Anspruch ergeben könnten.

Insofern sind eingehende Ausführungen, beispielsweise im Hinblick auf ein denkbares „Systemversagen"[27] im Hilfsmittelbereich, nicht möglich; allenfalls sind Bemerkungen in abstrakter Form denkbar und sollten vom Korrektor – ggf. – positiv bewertet werden.

d) Neben der Frage, ob Leistungen auf einzelne Hilfsmittel beschränkt sind (vgl. o. c)) stellt sich das Problem, inwiefern umgekehrt ein Anspruch auf ein bestimmtes Hilfsmittel (hier: C-leg) bestehen kann.

Der Anspruch wird konkretisiert durch

- spezielle **Regelungen** zur Erbringung und Leistung von **Hilfsmitteln**
- **allg. Regeln** des Leistungs- und des Leistungserbringungsrechts.

aa) Rechtsdogmatisch stellt sich die Frage, ob

- in den einschlägigen Anspruchsgrundlagen oder
- in den Vorschriften, auf die in den Anspruchsgrundlagen Bezug genommen wird,

Ermessen[28] eingeräumt wird oder **unbestimmte Rechtsbegriffe**[29] auszulegen sind.

(1) Nach dem Wortlaut des § 27 Abs. 1 S. 1 SGB V besteht auf Krankenbehandlung ein „Anspruch...", wenn sie notwendig ist...". Das bezieht sich auch auf die „Versorgung mit... Hilfsmitteln" (Abs. 1 S. 2 Nr. 6).

(2) Gem. § 33 Abs. 1 S. 1, 2 SGB V haben Versicherte „... Anspruch auf... Körperersatzstücke(n)..., die im Einzelfall erforderlich sind..."; dabei umfaßt der „... Anspruch... die... Ersatzbeschaffung...".

(3) Zwischenergebnis zum SGB V: In diesen Vorschriften ist den Trägern der GKV **kein Ermessen** eingeräumt. Die Merkmale der „Notwendigkeit" und „Erforderlichkeit" stehen vielmehr auf deren Tatbestandsseite, was (grundsätzlich, vgl. (4)) Wesensmerkmal unbestimmter Rechtsbegriffe ist. Ermessen ist dagegen nur im Rahmen der Rechtsfolge einer Norm möglich.

Die Regelungstechnik im SGB V entspricht damit ganz dem sozialen Gehalt des § 38 SGB I, wonach **grundsätzlich** auf die Sozialleistungen

---

[27] Zu den Richtlinien der Bundesausschüsse der Ärzte und KK vgl. insoweit *Wannagat/Lindemann,* SGB V, § 92 SGB V Rn. 78.

[28] *Maurer,* Allgemeines Verwaltungsrecht, 14. Aufl. 2002, § 7 Rn. 7 ff.

[29] *Maurer,* Allgemeines Verwaltungsrecht, § 7 Rn. 26 ff.

(und nicht nur auf ermessensfehlerfreie Entscheidung darüber) ein **Anspruch** besteht.

(4) Laut **§ 26 Abs. 1 SGB IX** werden „Leistungen… erbracht"; wegen § 38 SGB I handelt es sich auch hier wieder um einen gebundenen Anspruch.

Das Merkmal der „erforderlichen" Leistungen ist nach dieser Rechtsstruktur (des SGB IX) ein **unbestimmter Rechtsbegriff auf der Rechtsfolgenseite**, der – anders als Ermessen – justiziabel ist. Grund für diese Annahme ist, daß er zwar formal einen Teil der Rechtsfolge bildet (Rechtsfolge: erforderliche Leistung), materiell betrachtet jedoch eine Voraussetzung der Leistungsnorm darstellt (wenn erforderlich, dann Anspruch).

Einbezogen in diesen Anspruch sind dabei auch Hilfsmittel gem. § 26 Abs. 2 Nr. 4 SGB IX (vgl. o.).

§ 31 SGB IX eröffnet aus denselben Gründen (ebenfalls) kein Ermessen.

Dagegen räumt **§ 17 Abs. 1 S. 1 SGB IX** Ermessen ein; damit ist ein Gestaltungsspielraum jedoch nur hinsichtlich der Art und Weise (der „Ausführung") der Leistungserbringung eröffnet; der (gesetzliche) Anspruch wird davon nicht berührt.

(5) Als Zwischenergebnis läßt sich festhalten, daß auch in den hier maßgeblichen Vorschriften des SGB IX den Rehabilitationsträgern kein Ermessensspielraum zugebilligt wird.

bb) Insgesamt bleibt also für die AOK Bayern im vorliegenden Fall keine Möglichkeit, nach eigenem Ermessen zu handeln.

Vielmehr handelt es sich bei den allg. Bestimmungen des Leistungsrechts um **Kriterien**, die in z.T. unbestimmter Weise, gleichsam i. S. einer Feinsteuerung, den konkreten **Anspruch regeln**; hier mußte die KK das Recht auslegen hinsichtlich der Frage, ob das C-leg „notwendig", erforderlich, wirtschaftlich oder aus sonstigen rechtsgestützten Erwägungen als Hilfsmittel geschuldet ist.

e) Einschränkung des Anspruchs-„Rahmens"

Nach den bisherigen Feststellungen hat *K* einen Anspruch auf eine Prothese „dem Grunde nach" (**Rahmen-Recht**).

Ob sich dieser Anspruch auch auf das beantragte C-leg erstreckt, hängt von **weiteren** rechtlichen **Erwägungen** ab, die teils für, teils auch gegen den konkreten Anspruch zu sprechen scheinen. Die diesbezüglichen Erwägungen werden im Sachverhalt genannt; sie sind den einschlägigen Normen zuzuordnen und zunächst „analytisch" gesondert, später – im Ergebnis – zusammenfassend und u. U. „abwägend" zu bewerten.

aa) Kein Anspruch auf Leistung von „allg. Gebrauchsgegenständen des täglichen Lebens". Gleichlautend schließen § 31 Abs. 1 Nr. 3 SGB IX und § 33 Abs. 1 S. 1 SGB V allg. Gebrauchsgegenstände des täglichen Lebens von der Leistung aus.

Die Regelung folgt aus dem **Leitgedanken,** daß z. B. die **GKV** nur für gezielte Mittel einer Krankheitsbekämpfung (sowie der Milderung ihrer Folgen) aufzukommen hat, **nicht** jedoch für Mittel, die in der **Eigenverantwortung der Versicherten**[30] liegen.

Nach der Rspr. handelt es sich um einen **Typusbegriff,** der nicht durch bestimmte unverzichtbare Kriterien gebildet wird; maßgebend ist die **Gesamtwürdigung** verschiedener Merkmale.[31]

Als wesentliche Merkmale[32] gelten

– Die **Verbreitung des Gegenstandes:** Zu fragen ist, ob der Gegenstand für jedermann zugänglich ist und ob er üblicherweise von einer großen Anzahl von Menschen benutzt wird; in diesem Fall spricht mehr für einen Gebrauchsgegenstand des täglichen Lebens (z. B. Autokindersitz, elektrisches Heizkissen, PC).

– Der **Zweck und die Funktion des Gegenstands:** So soll trotz u. U. geringen Werts und weiter Verbreitung kein Gebrauchsgegenstand des täglichen Lebens vorliegen, wenn er für den Betroffenen schlechterdings **unentbehrlich** ist (z. B. Gummieinlagen bei Inkontinenz).

Bei **Prothesen** wird wohl allg. angenommen, daß es sich **nicht** um einen allg. **Gebrauchsgegenstand des täglichen Lebens** handelt.[33]

bb) Zweckmäßigkeit, Funktionsgerechtigkeit. Hierbei handelt es sich um den – mit anderen Worten umschriebenen – Begriff der Geeignetheit.

Für das Leistungsrecht ist dieses Prinzip normiert in § 12 Abs. 1 S. 1 SGB V, für das Leistungserbringungsrecht in § 70 Abs. 1 S. 2 sowie in § 139 Abs. 1 S. 1 SGB V.

Ob das C-leg aus diesem Gesichtspunkt geschuldet ist, hängt von der Zielsetzung ab, auf die sich die Zweckmäßigkeit (Geeignetheit) bezieht: Geht es bei Hilfsmitteln um den bestmöglichen, also optimalen Ausgleich von Behinderungen, oder genügt ein darunter liegender Standard?

Allgemein läßt sich formulieren, daß eine Behandlung zweckmäßig ist, wenn sie auf eines der in § 11 Abs. 1, 2 und § 27 Abs. 1 S. 1 genannten Ziele **objektiv ausgerichtet** und auch **hinreichend wirksam** ist.[34] **Leitender Maßstab** ist dabei § 2 Abs. 1 S. 3 SGB V,[35] der Qualität und Wirksamkeit der Leistungen an den allg. anerkannten Stand der medizinischen Erkenntnisse bindet.

In jedem Fall genügt das C-leg dem optimalen Standard und ist demnach unter allen denkbaren Alternativen „zweckmäßig", funktionsgerecht und geeignet.

---

[30] Vgl. dazu § 1 S. 2, § 2 Abs. 1 S. 1 SGB V; *BSG* Rspr., Nachweise bei KassKomm/*Höfler,* § 33 SGB V Rn. 21.

[31] *BSGE* 77, 209, 214 = SozR 3–2500 § 33 Nr. 19 S. 100.

[32] *Höfler,* a.a.O. (Fn. 32), Rn. 22 a, 22b.

[33] *Höfler,* a.a.O., Rn. 32–47.

[34] KassKomm/*Höfler,* § 12 SGB V Rn. 23.

[35] *Höfler,* a.a.O., Rn. 28.

cc) Erforderlichkeit (zum Ausgleich der Behinderung) unter Berücksichtigung des Einzelfalls. Nach §§ 31 Abs. 1, 26 Abs. 1, 1. Hs. SGB IX, 33 Abs. 1 S. 1 SGB V muß das Hilfsmittel erforderlich sein, um die Behinderung der *K* auszugleichen.

Bei der Prüfung sind das konkrete **Hilfsmittel** und der damit angestrebte **Zweck** einander gegenüberzustellen.

Gelegentlich wird die „Erforderlichkeit" in Fällen angenommen, in denen das Hilfsmittel ausreichend, zweckmäßig, wirtschaftlich und notwendig ist;[36] damit allerdings wird diesem Prinzip letztlich eine **eigenständige rechtliche Bedeutung** abgesprochen.

Nach der **Rspr.** muß das Hilfsmittel für den angestrebten Zweck **unentbehrlich** (oder unvermeidlich) sein.[37] Dieser Maßstab für „Erforderlichkeit" läßt wiederum offen, ob der Zweck optimal gesetzt werden darf oder insoweit eine generalisierende Betrachtung zulässig ist.

Die vom *G* angeordnete **Berücksichtigung des Einzelfalls** (§ 31 Abs. 1, 1. Hs. SGB IX, § 33 Abs. 1 S. 1 SGB V) kann wohl dahingehend verstanden werden, daß – entsprechend dieser individualisierenden Bewertung – **nicht** eine gleichsam **durchschnittliche Eignung** maßgebend ist, sondern die **Unentbehrlichkeit** für *K.*; dabei ist ihre **spezifische Situation**, z. B. als behinderte Mutter von kleinen Kindern, zu berücksichtigen.

Die **Rspr.** entnimmt der „Erforderlichkeit" **auch** die Befugnis, zwischen **Kosten** und **Nutzen abzuwägen**, und verlangt eine begründbare Relation zwischen beiden Gesichtspunkten; eine Behinderung muß in nicht nur unwesentlichem Umfang ausgeglichen werden.[38]

Diese Erwägung muß auch für den „**Mehr-Nutzen**" gelten, den das C-leg für *K* bringt: Der damit erreichte zusätzliche Nutzen kann als „nicht unwesentlich" bewertet werden, ist aber mit hohen Kosten verbunden.

Allerdings ist dieses Verständnis von „Erforderlichkeit" praktisch identisch mit dem Verständnis von „Wirtschaftlichkeit" (vgl. unten).

Es ist deshalb unschädlich, wenn der Bearbeiter auf diese Probleme erst an anderer Stelle eingeht.

dd) Qualität der Versorgung mit Leistungen der medizinischen Rehabilitation. Hinweise auf das **Maß** der von der KK geschuldeten **Leistung** – im Einzelfall – lassen sich auch aus den Bestimmungen zur **Qualität** und zur **Qualitätssicherung** entnehmen. Es handelt sich hierbei zwar um Vorschriften, mit denen die Rechtsbeziehungen zwischen Leistungsträgern und Leistungserbringern geregelt werden sollen. Nach dem „**Rechtskonkretisierungskonzept**" des *BSG* stehen das Leistungserbringungsrecht und das Leistungsrecht jedoch grundsätzlich-rechtssystematisch nicht (innerlich) unverbunden nebeneinander.[39]

---

[36] Z. B. KassKomm/*Höfler*, § 33 SGB V Rn. 17.
[37] Z. B. *BSG* SozR 2200 § 182 b Nrn. 25, 26, 30, 33.
[38] Nachweise bei KassKomm/*Höfler*, § 33 SGB V Rn. 18.
[39] Vgl. o. 2 c).

Somit scheint es zulässig zu sein, verbindliche Anordnungen des **Lei-stungserbringungsrechts** zumindest als rechtsverbindliche **Anhalts-punkte** (vgl. zu dieser Rechtsfigur § 7 Abs. 1 S. 2 SGB IV) zur **Auslegung** von leistungsrechtlichen Anspruchsgrundlagen herzunehmen.

Nach § 2 Abs. 1 S. 3 SGB V hat u. a. die Qualität der Leistungen der GKV dem „**medizinischen Fortschritt**" zu entsprechen; die **Medizintech-nik** ist ein Teil davon.

Die Versorgung der Versicherten muß in der „**fachlich gebotenen Qua-lität**" erbracht werden (vgl. § 135 a Abs. 1 S. 2 SGB V).

Im Rahmen der „Qualitätssicherung bei Hilfsmitteln" sind zudem „Qualitätsstandards" zu entwickeln (§ 139 SGB V), und nach **§ 135 a Abs. 1 SGB V** sind die Leistungserbringer u. a. zur Weiterentwicklung der Qualität der von ihnen erbrachten Leistungen verpflichtet; die Leistungen müssen dem **jeweiligen Stand der wissenschaftlichen Erkenntnisse** ent-sprechen. Diese gesetzlichen Vorgaben (des § 135 a SGB V) gelten für alle Leistungserbringer;[40] daraus läßt sich die Verpflichtung im Hilfsmittelbe-reich entnehmen, die **beste verfügbare Medizintechnik** einzusetzen.

ee) Wunsch- und Wahlrecht. Zugunsten des Anspruchs auf das C-leg läßt sich auch das **Individualisierungsprinzip** im Sozialrecht, insb. im SGB V und SGB IX, heranziehen.

§ 33 SGB I normiert in S. 1 eine objektiv-rechtliche Verpflichtung, wonach bei der Ausgestaltung von Rechten (hier: Konkretisierung des Anspruchs auf Hilfsmittel) die persönlichen Verhältnisse (hier der *K* als behinderte Mutter von kleinen Kindern) zu berücksichtigen sind. Entgegenstehende Rechts-vorschriften sind nicht ersichtlich.

Nach § 33 S. 2 SGB I muß im Regelfall („soll") Wünschen des Berechtig-ten (hier: der *K* hinsichtlich des C-leg) entsprochen werden, soweit sie „**angemessen**" sind.

Diese Voraussetzung soll nach der Rspr. **nicht** vorliegen, **wenn** zur Er-füllung dieses Wunsches ein **besonderer Verwaltungsaufwand** des Lei-stungsträgers nötig ist, der in keinem **vernünftigen Verhältnis** zu den ob-jektiven Vorteilen für den Berechtigten steht.[41]

Anschaffungskosten sind zwar kein Verwaltungsaufwand. Man könnte aber diese Erwägung auch für den „Leistungs-Aufwand" gelten lassen; da-nach wäre der doppelt so hohe **Anschaffungspreis** ins Verhältnis zur **Ver-besserung der Gehfähigkeit** zu setzen.

§ 9 SGB IX regelt das Wunsch- und Wahlrecht des Leistungsberechtig-ten konkreter; diese Vorschrift gilt auch für die Versorgung mit Hilfsmit-teln nach dem SGB V, dessen Regelungen sie nicht widerspricht.

Die Verpflichtung des Leistungsträgers ist im Licht dieser Vorschrift aus-zulegen. I. ü. werden damit die Leistungsanforderungen auch im Hinblick

---

[40] *Krauskopf,* § 135 a SGB V Rn. 2.
[41] *BSG* SozR 1200 § 47 Nr. 1 S. 3.

auf **§1 S. 2 SGB IX** (**behinderte Frauen**) verdeutlicht, und es ergeben sich entsprechende Folgen für die Konkretisierung des Anspruchs der *K*.

Die AOK Bayern hat danach nicht nur auf die persönliche Lebenssituation (behinderte Erzieherin kleiner Kinder), Familie (Mutter) Rücksicht zu nehmen, sondern es muß vielmehr nach **§9 Abs. 1 S. 2 SGB IX** (stets) den **besonderen Bedürfnissen** von **behinderten Müttern Rechnung** getragen werden.[42]

Diese Situation liegt bei *K* vor; sie muß im Umgang mit ihren Kindern u. a. möglichst gut laufen können − diesbezüglich ist das **C-leg** eine **deutliche Verbesserung**, der die AOK Bayern Rechnung zu tragen hat. Diese **Kalkulation** muß **notwendigerweise** zu einem **höheren Kostenaufwand** kommen und spricht zugunsten der Versorgung mit dem C-leg.

ff) Bedarfsgerechtigkeit. Humane Krankenbehandlung. Gem. **§70 Abs. 1 S. 1 SGB V** muß die Versorgung der Versicherten bedarfsgerecht sein. Im Kommentar-Schrifttum wird diesem Merkmal wohl keine besondere Bedeutung beigemessen.[43]

Ein **objektiv** verstandener Bedarf an Leistungen könnte in der Tat übereinstimmen mit der „**Erforderlichkeit**" der Leistungserbringung; eine **subjektiv** interpretierte Bedarfsgerechtigkeit würde wohl dem **Wunsch- und Wahlrecht** des Versicherten entsprechen.

Im Zusammenhang mit **§70 Abs. 2 SGB V** läßt sich der Bedarfsgrundsatz in einem eher subjektiv-individuellen Sinne verstehen. Wenn **humane Krankenbehandlung** − dazu gehört auch die Versorgung mit Hilfsmitteln − eine eigenständige Bedeutung haben soll, dann wohl dahingehend, daß **spezifisch menschlichen Bedürfnissen** in spürbarer Weise Rechnung getragen wird.

So verstanden wird man den Ausgleich eines verlorenen Beines durch eine **optimale** − statt einer suboptimalen − **Prothese** als Maßnahme der **Humanität** verstehen können und damit als rechtsverbindliche Pflicht der AOK Bayern gegenüber der *K*.

gg) Notwendigkeit. Ausreichende Leistungen. Das SGB V verlangt verschiedentlich, daß Leistungen ausreichend sein müssen, das Maß des Notwendigen jedoch nicht überschreiten dürfen (vgl. **§2 Abs. 4, §12 Abs. 1 S. 1, 2, §70 Abs. 1 S. 2, §139 Abs. 1 S. 1 SGB V**). Diese Formulierungen legen es nahe, daß der Gesetzgeber damit gewisse **normative Grenzen** setzen wollte.

„**Ausreichend**" ist eine Leistung, die einen **Mindeststandard** (genügende Zweckerreichung) garantiert,[44] was im vorliegenden Fall kein Problem ist.

---

[42] Vgl dazu *Welti,* in: Lachwitz/Schellhorn/Welti, HK-SGB IX, §9 Rn. 24.
[43] Vgl. z. B. KassKomm/*Krauskopf/Hess,* jeweils zu §70 SGB V.
[44] KassKomm/*Höfler,* §12 SGB V Rn. 7. m. w. N.

Der Grundsatz der „**Notwendigkeit**" soll hingegen gewisse – vorstellbare – **Leistungsausweitungen verhindern**, wie man bereits der Formulierung des § 70 Abs. 1 S. 2 SGB V entnehmen kann.

Allgemein hat die Rspr. als „notwendig" nur solche Maßnahmen bewertet, die als **unentbehrlich, unvermeidbar** und **unverzichtbar** betrachtet werden können.[45] Mit diesem Maßstab kann die Notwendigkeit des C-leg für *K* gleichwohl nicht verneint werden; denn unentbehrlich und unverzichtbar ist für sie nicht die Hilfe für eine irgendwie geartete Fortbewegung, sondern für eine Bewegungsmöglichkeit, die der eines **gesunden Menschen möglichst nahe** kommt.

Im Hinblick auf **behinderungsbedingte Funktionsausfälle** steht der Grundsatz der Notwendigkeit nicht dem Ausgleich der Behinderung oder sonstigen Auswirkungen im Rahmen eines **elementaren Lebensbedürfnisses** entgegen; nur allg. gesellschaftliche, berufliche oder private Nachteile werden nicht erfaßt;[46] auch mit dieser Erwägung ist der Anspruch auf ein C-leg begründet.

Eine **Klarstellung** zu diesem Problem läßt sich zudem aus **§ 31 Abs. 3 SGB IX** entnehmen; **nicht notwendig** sind danach offensichtlich Hilfsmittel, die lediglich in einer **aufwendigeren Ausführung** – jedoch ohne zusätzlichen Nutzen – angeboten werden. Diese Situation liegt hier nicht vor.

hh) Wirtschaftlichkeitsgrundsatz. Auch dieser Grundsatz ist im Gesetz verschiedentlich als rechtsverbindliches Prinzip normiert (§ 2 Abs. 1 S. 1, Abs. 4, § 12 Abs. 1 S. 1, § 70 Abs. 1 S. 2, § 126 Abs. 1 S. 2, § 127 Abs. 2, § 139 Abs. 1 S. 1 SGB V; § 69 Abs. 2 SGB IV).

In der **Rspr.** wird „Wirtschaftlichkeit" z. T. als **Oberbegriff** betrachtet, der die übrigen Einzelkriterien (ausreichend, zweckmäßig, notwendig, erforderlich) in einer gleichsam summarischen Prüfung inhaltlich umfaßt;[47] dieser Ansicht wird hier nicht gefolgt.

(1) Die Prüfung der **Wirtschaftlichkeit** erfordert zumindest einen **Kosten-Nutzen-Vergleich**, bei dem das günstigste Verhältnis zwischen Kosten auf der einen Seite und Erfolg (hier eines Hilfsmittels) auf der anderen Seite betrachtet werden muß.[48]

Mit dieser Erwägung läßt sich das C-leg rechtfertigen, auch wenn man berücksichtigt, daß der zusätzliche **Nutzen** nur mit einem beträchtlichen finanziellen **Mehraufwand** erreicht werden kann.

(2) Eine **genauere Betrachtung des Wirtschaftlichkeitsgrundsatzes** hat zu unterscheiden zwischen zwei (auch rechtlich) gleichwertigen Aspekten dieses Prinzips:

---

[45] *BSG* SozR 2200 § 182 b Nr. 26; ebenso *Krauskopf*, § 12 SGB V Rn. 8.

[46] Vgl. *BSG* SozR 2200 § 182 Nr. 93 m. w. N.

[47] Z. B. *BSGE* 26, 16, 20; *BSG* USK 8312.

[48] *BSGE* 52, 70, 75 und *BSGE* 52, 134, 139 – jeweils zur **Reittherapie**.

- Wirtschaftlichkeit als **Maximalprinzip** – mit vorgegebenen Mitteln oder Kosten muß ein größtmöglicher Erfolg erzielt werden.
  Hier ist eine derartige **Kostenvorgabe** – wie z. B. in §§ 36 Abs. 3, 37 Abs. 1 SGB XI, § 20 Abs. 3 sowie Abs. 4 S. 5 SGB V **nicht** gegeben. Somit ergeben sich aus diesem Gesichtspunkt keine Bedenken.
- Wirtschaftlichkeit als **Minimalprinzip** – ein vorgegebenes Ziel muß mit dem geringsten Kostenaufwand erreicht werden.

Dieser (Teil-)Grundsatz läßt sich hier anwenden: Die **Zielsetzung** ergibt sich aus den Regelungen des **Leistungsrechts** (SGB V, SGB IX) und – wie o. ebenfalls gezeigt – des Leistungserbringungsrechts. Bei den diesbezüglichen Überlegungen hat sich ergeben, daß das C-leg in diesem Fall eine geschuldete Leistung der GKV ist; Ziel der Leistungserbringung ist somit – unter diesen konkreten Umständen – die Versorgung mit dem C-leg.

Es gibt im Sachverhalt **keinen Anhaltspunkt** dafür, daß sich das C-leg zu einem **günstigeren Preis** erwerben läßt. Es handelt sich damit um eine wirtschaftliche Leistung.

ii) Beitragsstabilität. Hierzu sind unmittelbar die **Vertragspartner**, also KK und Leistungserbringer, verpflichtet (§ 71 SGB V); **mittelbar** läßt sich auch eine solche **Pflicht der Versicherten** sehen (vgl. § 1 S. 2 SGB V).

Für die **Hilfsmittelversorgung** wird dieser Grundsatz umgesetzt durch die §§ 36 (Festbeträge), 126 (Zulassung), 127 (Verträge) und 128 (Hilfsmittelverzeichnis) SGB V; hierzu gibt der Sachverhalt keine Hinweise.

I.ü. macht § 71 Abs. 1 S. 1 SGB V deutlich, daß die Vermeidung von **Beitragserhöhungen** unter dem **Vorbehalt** einer medizinischen Versorgung steht, die imstande ist, die **Ansprüche der Versicherten** zu befriedigen;[49] somit wird der Anspruch der *K* von diesem Grundsatz nicht berührt.

jj) Sparsamkeit. Dieses Prinzip ist ebenfalls verschiedentlich normiert (§ 17 Abs. 2, § 18 S. 1 SGB IX; § 69 Abs. 2 SGB IV).

Eine – dem Wirtschaftlichkeitsgrundsatz gegenüber – rechtlich **eigenständige Bedeutung** kann diesem Grundsatz wohl insoweit beigemessen werden, als damit Festlegungen im **Ausgabenbereich** vorzunehmen sind, die **absolut** (also unabhängig von u. U. festgelegten Leistungen) getroffen werden; so betrachtet ergeben sich **Budgetierungen** aus dem Prinzip der Sparsamkeit und sind „Ausgangspunkt" für Überlegungen zur Wirtschaftlichkeit i. S. d. Maximalprinzips.

Der vorliegende Sachverhalt gibt **keine Anhaltspunkte** für derartige Festlegungen, insbesondere nicht im Hilfsmittelsektor.

f) Zwischenergebnis

Somit hat *K* Anspruch auf das C-leg.

---

[49] Vgl. *Krauskopf*, SGB V § 71 Rn. 4.

4. Ergebnis

Die Ablehnung dieser Leistung ist demnach rechtswidrig, also zu Unrecht erfolgt.
Der Erstattungsanspruch ist gegeben.

Frage 3: Erfolgsaussichten einer Klage der *K* vor dem Sozialgericht

I. Prozeßvoraussetzungen

1. Rechtsweg. Zuständigkeit der Sozialgerichtsbarkeit

§ 51 SGG normiert eine abdrängende Sonderzuweisung[50] von der Verwaltungs- zur Sozialgerichtsbarkeit. Denn nach der Generalklausel des § 40 Abs. 1 VwGO ist der Verwaltungsrechtsweg grundsätzlich in allen öffentlich-rechtlichen Streitigkeiten nichtverfassungsrechtlicher Art eröffnet, soweit sie nicht durch Bundesgesetz einem anderen Gericht ausdrücklich zugewiesen sind. Ein solches Gesetz ist § 51 SGG.
Der Rechtsweg zu den SG könnte hier nach § 51 Abs. 1 Nr. 2 SGG eröffnet sein.
Dazu müßte es sich zunächst um eine **öffentlich-rechtliche Streitigkeit** nichtverfassungsrechtlicher Art handeln, was der Fall ist, wenn die **streitentscheidenden Normen** solche des **öffentlichen Rechts** sind. Insoweit ergibt sich kein Unterschied zum Verwaltungsrechtsweg (vgl. § 40 VwGO). Mit Hilfe der **Subordinationstheorie**[51] und der **modifizierten Subjektstheorie**[52] gelangt man ohne weiteres zur Annahme einer öffentlich-rechtlichen Streitigkeit, da die einschlägigen Vorschriften des SGB (§§ 11 Abs. 1 S. 1 Nr. 4, 27 Abs. 1 S. 2 Nr. 3, 33, 13 Abs. 3 S. 1 SGB V; §§ 26, 31, 15 Abs. 1 S. 4 SGB IX) zwischen der AOK Bayern als **Körperschaft des öffentlichen Rechts** (§§ 29 Abs. 1 SGB IV, 4 SGB V) und der Bürgerin *K* ein Über- und Unterordnungsverhältnis begründen und außerdem auch einen Träger hoheitlicher Gewalt in seiner Eigenschaft als solchen verpflichten.
Der Streit ist auch **nichtverfassungsrechtlicher Art**, da nicht unmittelbar am Verfassungsleben Beteiligte um ihre sich aus der Verfassung selbst ergebenden Rechte und Pflichten streiten.
I.ü. ist es **unstreitig**, daß die Vorschriften des SGB öffentlich-rechtlicher, aber nicht verfassungsrechtlicher Natur sind. Eine derart breite Darstellung ist in Klausuren also regelmäßig nicht erforderlich.

---

[50] Vgl. *Schulin/Igl*, Sozialrecht, 7. Aufl. 2002, Rn. 1121.
[51] *Maurer*, Allgemeines Verwaltungsrecht, § 3 Rn. 16.
[52] *Maurer*, Allgemeines Verwaltungsrecht, § 3 Rn. 17.

Unproblematisch geht es hier um „Angelegenheiten" der gesetzlichen KV (§ 51 Abs. 1 Nr. 2 SGG) d. h. um **Rechtsbeziehungen, die insbesondere durch Ansprüche auf der Grundlage von SGB V und SGB IX geprägt sind.**

Die hier in Frage kommenden **Ansprüche** haben ihre Grundlage im **SGB V**; das gilt sowohl für den

- **Anspruch** auf ein **Hilfsmittel**, hier das C-leg (§§ 11 Abs. 1 S. 1 Nr. 4, 27 Abs. 1 S. 2 Nr. 3, 33 SGB V) sowie für den
- **Erstattungsanspruch** bei rechtswidriger Versagung der Leistung (§ 15 Abs. 1 S. 4 SGB IX, § 13 Abs. 3 S. 1 SGB V); hierbei handelt es sich um einen **eigenständigen** öffentlich-rechtlichen **Anspruch,** der in dogmatischer Hinsicht[53] nahe beim sozialrechtlichen Herstellungsanspruch[54] steht.

Die Ausnahmen des § 51 Abs. 1 Nr. 2 Hs. 2 SGG liegen nicht vor.

2. Zuständiges Gericht

a) Im ersten Rechtszug sind die Sozialgerichte **sachlich zuständig,** soweit durch *G* nichts anderes bestimmt ist (§ 8 SGG).

b) Die örtliche Zuständigkeit richtet sich nach dem Wohnsitz (§ 7 BGB) oder dem Beschäftigungsort (§ 57 Abs. 1 S. 1 SGG i. V. m. Art. 1 Abs. 1 S. 1 AGSGG [Bayern]).

3. Parteifähigkeit, Prozeßfähigkeit, Prozeßvertretung

- **Parteifähigkeit:** – *K* ist als natürliche Person gem. §§ 70 Abs. 1 Nr. 1, 1. Alt. SGG, 1 BGB parteifähig. Dasselbe ergibt sich für die AOK Bayern als juristische Person (und Körperschaft des öffentlichen Rechts) aus §§ 70 Abs. 1 Nr. 1, 2. Alt. SGG, § 29 Abs. 1 SGB IV.
- **Prozeßfähigkeit,** § 71 SGG – *K* kann den Prozeß selbst führen (§§ 71 Abs. 1 SGG, 2, 104 ff. BGB); für die AOK handelt der Vorstand (§ 71 Abs. 3 SGG i. V. m. § 35 a SGB IV).
- Eine Vertretung durch **Prozeßbevollmächtigte** (§ 73 SGG) ist für beide Beteiligte möglich.

4. Statthafte Klageart. Besondere Prozeßvoraussetzungen

Maßgeblich ist das **Ziel,** das *K* mit ihrer Klage anstrebt; danach richtet sich die zulässige Klageart. Deshalb sollte *K* ihr Ziel in der **Klagschrift** (§ 92 SGG) und dabei insbesondere in ihrem **Antrag** bezeichnen. Das Gericht ist an die **Fassung des Antrags** nicht gebunden, wobei allerdings

---

[53] *Wannagat/Mrozynski,* SGB V, § 13 SGB Rn. 16.
[54] Vgl. dazu KassKomm/*Seewald,* vor §§ 38–47 Rn. 30 ff.

(spätestens bis zum Schluß der mündlichen Verhandlung[55]) **klar** sein muß, welches **Ziel** sie verfolgt.

a) **Ursprünglich** ging es der *K* um die **Versorgung** mit einem C-leg als **Sachleistung** der KK.

Die **Ablehnung** des Antrags ist ein (belastender) VA (§ 31 S. 1 SGB X), der trotz Rechtswidrigkeit **wirksam** ist; das wäre nur dann anders, wenn der VA nach § 40 SGB X nichtig wäre, was jedoch offensichtlich nicht der Fall ist.

Ohne Einlegung eines Rechtsbehelfs erwächst dieser Bescheid in **Bestandskraft** (§ 77 SGG); freilich kann er aber jederzeit rückwirkend **aufgehoben** werden (§ 44 Abs. 1 S. 1 SGB X).

K **hätte** sich gegen die Versagung wenden können mit dem Ziel, doch noch das C-leg als **Sachleistung** zu erhalten.

Dazu wäre die statthafte Klageart wie folgt zu bestimmen:

– Der ablehnende Bescheid hätte **angefochten** werden müssen, mit dem Ziel, diese Entscheidung aufheben zu lassen und das Eintreten der Bestandskraft sowie eine spätere Klage auf Rücknahme (aus § 44 Abs. 1 S. 1 SGB X) zu vermeiden.

– Damit hätte eine Klage auf **Leistung** des C-leg verbunden werden müssen, was nach § 54 Abs. 4 SGG möglich ist, wenn – wie hier (§ 38 SGB I) – ein Rechtsanspruch auf die begehrte Leistung besteht. Man spricht von einer **kombinierten Anfechtungs- und Leistungsklage** gem. § 54 Abs. 4 SGG (auch als „unechte Leistungsklage" bezeichnet[56]).

Weiterhin müßte ein **Vorverfahren** erfolglos geblieben sein (§ 78 SGG); *K* hätte zudem ihre **Klagebefugnis** gem. § 54 Abs. 1 S. 2 SGG[57] sowie das Bestehen eines Anspruchs auf das C-leg geltend machen müssen.

b) **Mittlerweile** hat sie sich das C-leg selbst auf eigene Kosten beschafft. Es ist **nicht** ersichtlich, daß sie von der Kasse **noch ein weiteres** Exemplar einer solchen **Prothese** erhalten möchte. Vielmehr dürfte offensichtlich sein, daß es ihr **allein** um die **Erstattung** der aufgewendeten **Kosten** geht.

Im Hinblick **auf dieses Ziel** ist weder eine kombinierte noch eine echte (isolierte) Leistungsklage (gem. § 54 Abs. 5 SGG) **auf Versorgung mit einer (weiteren) Prothese** statthaft.

c) Die **isolierte Leistungsklage** gem. § 54 Abs. 5 SGG, gerichtet auf die Erstattung der Kosten für die selbstbeschaffte Prothese, kommt wohl nicht in Betracht.

Es ist nämlich anzunehmen, daß auch die Ablehnung der Kostenerstattung ein VA ist, der erst beseitigt werden muß. Eine (echte) Leistungsklage

---

[55] *Meyer-Ladewig*, SGG, § 92 Rn. 5.
[56] *Meyer-Ladewig*, SGG, § 54 Rn. 38.
[57] Eine Beschwer ist unzweifelhaft gegeben, wenn sich der Kläger gegen einen VA wendet, der ihm eine Verbindlichkeit auferlegt oder ihm Rechte entzieht, vgl. *Meyer-Ladewig*, SGG, § 54 Rn. 10.

setzt aber voraus, daß ein VA nicht zu ergehen brauchte und auch nicht ergangen ist.[58]

Wenn der Bearbeiter die Ablehnung der Kostenerstattung als VA i. S. d. § 31 S. 1 SGB X wertet,[59] ist demnach

aa) **kombinierte Anfechtungs- und Leistungsklage** nach § 54 Abs. 4 SGG statthaft, mit der zugleich der rechtswidrige (aber wirksame, vgl. o.) VA aufgehoben und die AOK zur Zahlung verurteilt werden soll.

bb) Geht man davon aus, daß hinsichtlich der Erstattung ein (Leistungs-) Bescheid zu ergehen hat, ist an die **kombinierte Anfechtungs- und Verpflichtungsklage** (§ 54 Abs. 1 S. 1, 2. Alt. SGG) als richtige Klageart zu denken. Allerdings ist diese nach wohl allg. Meinung **unzulässig**, wenn − wie hier − ein **Leistungsanspruch** besteht:[60] Das Interesse des Klägers ist dann leichter durch die kombinierte Anfechtungs- und Leistungsklage zu erreichen. Man kann sich insoweit vorstellen, daß der − ansonsten unter Umständen notwendige − Leistungsbescheid durch das Urteil ersetzt wird.

cc) Wird das Vorliegen eines VA sowohl hinsichtlich der Versagung der Erstattung als auch im Hinblick auf die begehrte Zahlung (und vorangegangenem Bewilligungsbescheid) verneint, ist die (echte) Leistungsklage, die auf Erstattung der Kosten für die selbstbeschaffte Prothese gerichtet ist, die richtige Klageart.

5. Klagebefugnis

Im Rahmen der kombinierten Anfechtungs- und Leistungsklage ist *K* beschwert, da die Ablehnung der begehrten Leistung rechtswidrig ist (§ 54 Abs. 1 S. 2 i. V. m. Abs. 2). Es würde hier genügen, daß die Rechtsverletzung zumindest möglich erscheint.

Voraussetzung ist bei der isolierten Leistungsklage die schlüssige Behauptung eines Anspruchs, hier auf Erstattung der Kosten für ein selbstbeschafftes Hilfsmittel.[61] Diese kann *K* unproblematisch erfüllen.

6. Fristen

Bei der kombinierten **Anfechtungs- und Leistungsklage** ist das **Vorverfahren** nach §§ 78 ff. SGG zu durchlaufen und die **Klagefrist** gem. § 87 SGG zu beachten.

Im Rahmen der isolierten Leistungsklage sind Fristen nicht einzuhalten; eines **Vorverfahrens** bedarf es hier nicht.[62]

---

[58] *Meyer-Ladewig*, § 54 Rn. 41.
[59] So etwa *LSG* Brandenburg, Urt. v. 28. 1. 2003 (L 4 KR 12/01).
[60] *Meyer-Ladewig*, § 54 Rn. 39 a m. w. N.
[61] *Bley*, Grundzüge der Sozialgerichtsbarkeit, 1976, S. 80.
[62] *Bley*, a.a.O.

7. Rechtsschutzinteresse

a) Jede Rechtsverfolgung setzt ein Rechtsschutzbedürfnis (**Rechtsschutz-interesse**) voraus;[63] wird ein Anspruch auf eine bestimmte Leistung geltend gemacht, ist das Rechtsschutzbedürfnis regelmäßig zu bejahen; es **fehlt** hingegen,

– wenn die begehrte Entscheidung die rechtliche oder **wirtschaftliche Stellung** des Klägers **nicht verbessern** würde oder
– wenn das **angestrebte Ziel** auf **einfachere Weise** erreicht werden kann.

Diese Einschränkungen liegen hier nicht vor:

– *K* würde mit der Erstattung der Kosten ihre **Vermögenssituation** (wesentlich) verbessern;
– auf andere Weise ist dieses Ziel **nicht** zu erreichen, insbesondere nicht durch eine (im vorangegangenen in Erwägung gezogene) Klage **im Hinblick auf die Sachleistung** (C-leg). Dabei ist vor allem auch zu bedenken, daß die *K*, nachdem sie sich das C-leg selbst beschafft hat, nach dem derzeitigen Stand der Medizintechnik **optimal versorgt** ist und ein **Anspruch nicht mehr** besteht, weil ein weiteres C-leg unter Berücksichtigung des konkreten Falles (die *K* ist nunmehr versorgt) wohl nicht als „erforderlich" und „notwendig" erscheinen dürfte.

Somit gehen zumindest in diesem Fall **Überlegungen** dahin, daß vor der Geltendmachung des „verschuldensunabhängigen Schadensersatzanspruchs aus Garantiehaftung"[64] zunächst der **Primärrechtsschutz** in Anspruch genommen werden müsse fehl, weil dieser Rechtsschutz – wie dargelegt – **nicht zielführend** ist.

Zum gleichen Ergebnis kommt das Schrifttum mit dem Hinweis, daß bei **unrechtmäßiger Ablehnung** einer Leistung der Abschluß des Widerspruchsverfahrens nicht abgewartet werden muß.[65]

b) *K* muß allerdings einen **Antrag** auf **Erstattung** gegenüber der AOK Bayern **erfolglos** gestellt haben; das war laut Sachverhalt der Fall.

c) Somit ist **die kombinierte Anfechtungs- und Leistungsklage** auf Kostenerstattung (oder die **isolierte Leistungsklage**) **zulässig.**

II. Begründetheit

Die Klage ist auch **begründet.** *K* hat einen Anspruch, hinsichtlich dessen der AOK Bayern keinerlei Entscheidungsspielraum eingeräumt ist.

K muß so gestellt werden, als hätte die Kasse die beantragte Prothese rechtzeitig zur Verfügung gestellt. Da **keine Zuzahlungen oder Kosten-**

---

[63] *Meyer-Ladewig,* SGG, vor § 51 Rn. 16a.
[64] *BSGE* 73, 271, 274.
[65] *Krauskopf,* § 13 SGB V Rn. 28.

anteile in Abzug zu bringen sind, hat die AOK Bayern die tatsächlich entstandenen **Kosten** in **voller Höhe** zu erstatten.

Wenn man davon ausgeht, daß es sich bei der **Erstattung** gem. § 13 Abs. 3 SGB V oder § 15 Abs. 1, S. 4 SGB IX um eine **Sozialleistung** handelt, weil ein **Vorteil** bewirkt wird, der nach den Regelungen des SGB zur Verwirklichung sozialer Rechte beiträgt,[66] dann ist der Erstattungsanspruch auch **entstanden** und **fällig** (§§ 40, 41 SGB I), so daß auch unter diesen Gesichtspunkten dem **Erfolg der Klage** nichts entgegensteht.

---

[66] Vgl. KassKomm/*Seewald*, § 11 SGB I Rn. 3.

Fall 9. Vorläufig geleistet

Sachverhalt

Teil I: Der Sportclub Regensburg e.V. betreibt in Regensburg ein Sportstudio. Dort führt die Diplomsportlehrerin Sandra Sand (S) montags nach einem vorgegebenen Stundenplan für jeweils drei Stunden auf der Grundlage einer mündlichen Vereinbarung Gymnastikkurse durch, die sie nach eigenen Vorstellungen inhaltlich gestaltet. Für diese Tätigkeit erhält Sand ein monatliches Honorar von 600 Euro, das auch bei Krankheit und Urlaub, der mit dem Sportclub abgestimmt werden mußte, bezahlt wird. Sand wird bei der B-Ersatzkasse als freiwillig Versicherte geführt und versteuert ihr Honorar als Einkunft aus selbständiger Tätigkeit.

Am 24. 6. 2002 begab sich Sand wie üblich mit ihrem Motorrad nach Ende des Kurses auf den Heimweg zu ihrer vom Sportstudio 7 km in westlicher Richtung gelegenen Wohnung. Noch auf dem Parkplatz vor dem Sportstudio bemerkte sie, daß ihr Fahrzeug nicht ordnungsgemäß funktionierte. Sie kehrte in das Sportstudio zurück und rief von dort aus einen ihr bekannten Mechaniker an. Nach Schilderung der Umstände teilte ihr dieser mit, daß er die Reparatur noch am selben Tage ausführen könne, diese aber länger dauern würde; denkbar sei zwar, daß sich der Fehler innerhalb einer Stunde beheben lasse, wahrscheinlich müsse sie aber mit einer Reparaturdauer von über zwei Stunden rechnen. Sand wollte zwar nach Hause, hielt aber die Reparatur für dringlich und startete deshalb sofort zu der 9 km östlich des Sportstudios befindlichen Werkstatt. Auf dem Weg dorthin geriet völlig unerwartet ein Kind auf die Fahrbahn, weil dieses auf dem Gehweg ausgerutscht war. Sand wich reflexartig aus, geriet wegen des Ausweichmanövers ins Schleudern und prallte gegen einen entgegenkommenden Pkw. Sie zog sich, obwohl durch Helm und Lederkleidung geschützt, schwere Prellungen und mehrere Frakturen zu und mußte bis Ende Dezember 2002 stationär behandelt werden.

Die für den Sportclub zuständigen V-BG erfuhr am 26. 6. 2002 von dem Sachverhalt, hielt sich aber für nicht zuständig und schaltete sofort die Bayerische Landesunfallkasse ein, die allerdings nicht reagierte. Am 23. 7. 2002 schrieb die V-BG der Sand, daß sie vorläufig für die Heilbehandlung aufkommen und Entgeltersatz für die Folgen des Arbeitsunfalls in genau bezeichneter Höhe leisten werde.

Nach erneuter Prüfung am 15. 10. 2002 gelangt die V-BG zum Ergebnis, ein Arbeitsunfall habe gar nicht vorgelegen: Sand habe sich auf einem Abweg befunden, ebenso sei ein Ausweichen im Straßenverkehr nicht gesetzlich unfallversichert, zudem habe sich Sand durch das Fahren mit dem defekten Motorrad selbst gefährdet. Denn es habe tatsächlich ein Vergaserschaden vorgelegen, der die Beschleunigungsfähigkeit des Motorrads beeinträchtigt habe und dessen Reparatur regelmäßig zweieinhalb Stunden in Anspruch nehme.

Der Sachbearbeiter Braun (B) wird im März 2003 angewiesen zu prüfen, ob der V-BG ein Erstattungsanspruch im Hinblick auf die schon an Sand erbrachten Leistungen besteht und wie sich die V-BG im Oktober 2002 hätte verhalten sollen, um Konsequenzen aus ihren damaligen Annahmen zu ziehen und die Gewährung von Leistungen einzustellen.

Teil II: Abwandlung: Die V-BG hat sich für zuständig gehalten und Sand Leistungen gewährt. Im Verlaufe der stationären Behandlung stellt sich heraus, daß Sand in ihrer Bewegungsfähigkeit eingeschränkt ist. Ein ärztliches Gutachten bringt die Annahme zum Ausdruck, durch den Unfall am 24. 6. 2002 könne die Erwerbsfähigkeit der Sand dauerhaft um 30 % gemindert sein. Sand wendet sich nach Abschluß der Heilbehandlung im Dezember 2002 mit dem Gutachten an die V-BG und bittet um einen „Abschlag auf die zu erwartende Rente zur Überbrückung der durch den Erwerbsausfall eingetretenen finanziellen Schwierigkeiten". Die V-BG schreibt der Sand am 8. 1. 2003, sie könne zwar über den Leistungsanspruch noch nicht abschließend entscheiden, erwarte aber, daß Leistungen zu erbringen seien und gewähre deshalb vorbehaltlich späterer Korrektur auf den der Höhe nach noch nicht bestimmbaren Rentenanspruch einen Vorschuß von 5.000 Euro. Bei einer Untersuchung Mitte Januar 2003 stellt sich heraus, daß die Einschränkungen in der Bewegungsfähigkeit auf einen angeborenen Hüftschaden zurückzuführen sind. Der Sand geht am 23. 1. 2003 ein formell ordnungsgemäßer Bescheid der V-BG zu, mit der die Gewährung von Leistungen mangels Schäden aus einem Arbeitsunfall abgelehnt wird. Mit Schreiben vom 28. 2. 2003 fordert die V-BG von Sand die 5.000 Euro zurück, weil ein Rentenanspruch nie bestanden habe. Sand möchte nicht zahlen; nach ihrer Ansicht besteht für die Rückforderung keine Rechtsgrundlage, zudem fehle es an einer Aufhebung des ohnehin rechtswidrigen Leistungsbescheids, mit dem der Anspruch dem Grunde nach schon verbindlich festgestellt worden sei; schließlich habe sie den Vorschuß verbraucht. Sie wendet sich deshalb an den Rechtsanwalt Rabel mit der Bitte, die Rechtmäßigkeit des Bescheids der V-BG vom 28. 2. 2003 umfassend zu prüfen.

Bearbeitervermerk: Unter Eingehen auf alle aufgeworfenen Rechtsfragen und auf die von den Beteiligten vorgebrachten Argumente sind die Gutachten von Braun im Teil I und Rabel im Teil II anzufertigen und dabei in der angegebenen Reihenfolge folgende Fragen zu beantworten:
1. Kann die V-BG von der Landesunfallkasse oder der B-Ersatzkasse Erstattung der Kosten für die an Sand gewährten Leistungen verlangen?
2. Was hätte die V-BG im Oktober 2002, ausgehend von der Richtigkeit ihrer damaligen Annahmen, unternehmen sollen, um die Gewährung von Leistungen an Sand zu beenden?
3. Ist in der Abwandlung der Bescheid der V-BG vom 28. 2. 2003 rechtmäßig?
Auf die Verordnung über die Organisation der gesetzlichen Unfallversicherung im Kommunal- und Landesbereich (*Ziegler-Tremel* Nr. 726) wird hingewiesen.

Lösung

Die Klausur verknüpft weitgehend bekannte Fragen des Unfallversicherungsrechts, die zugleich Gegenstand einiger neuerer Entscheidungen waren, mit der vorläufigen und vorschußweisen Gewährung von Leistungen. Die Bearbeiter sollten die im Bearbeitervermerk vorgesehene Reihenfolge einhalten. Dann müssen sie bei der ersten Frage die Erstattungsansprüche der V-BG prüfen; in diesem Rahmen ist auf die Leistungsansprüche dem Grunde nach und insbesondere auf das Vorliegen eines Versicherungsfalles einzugehen, während die Höhe der Leistungen im Sachverhalt nicht näher bestimmt wird und deshalb von den Bearbeitern nicht angesprochen werden muß. Zu der zweiten Frage genügt es weitgehend, den vorläufigen Charakter der Regelung zu erkennen und zu überlegen, ob evtl. eine Leistungsverpflichtung der V-BG (= erstangegangener Unfallversicherungsträger) fortbesteht und wie sich die V-BG davon befreien kann. Im dritten Teil ist die Rechtmäßigkeit der Rückforderung zu untersuchen, wobei es um die Zulässigkeit der Vorschußgewährung und das Bestehen eines Rentenanspruchs geht.
Frage 1 bewegt sich in relativ üblichen Bahnen und sollte die Bearbeiter nicht vor allzugroße Probleme stellen; unbekannt sein könnten allerdings die §§ 135, 139 SGB VII. Ungewöhnlich sind hingegen Fragen 2 und 3; hier kommt es darauf an, daß die Bearbeiter auf der Grundlage verwaltungsrechtlicher Kenntnisse eine vertretbare Lösung suchen, ohne daß Einzelwissen erwartet werden kann.

Frage 1: Ansprüche der V-BG

Aufbauhinweis: Ganz offensichtlich ist an den §§ 102 ff. SGB X anzusetzen. Bei welcher Norm die Bearbeiter beginnen und wie sie die Prüfung im einzelnen aufbauen, ist ohne Bedeutung. Klar ist in jedem Fall, daß hier ein Schwerpunkt der Klausur liegt, weil die Voraussetzungen für einen Arbeitsunfall in zwei Varianten und das Verhältnis dieser Varianten zueinander zu prüfen sind.

I. Grundlage eines Anspruchs gegen die Unfallkasse

1. Abgrenzung

a) In Betracht käme ein Anspruch nach § 105 SGB X, wenn die V-BG als unzuständiger Träger geleistet hätte. Allerdings scheidet diese Anspruchsgrundlage aus, soweit die V-BG vorläufige Leistungen erbracht hat, wie sich ausdrücklich aus § 105 Abs. 1 S. 1 SGB X ergibt.

b) Zu prüfen ist demnach ein Anspruch auf der Grundlage des § 102 SGB X, der – anders als die §§ 103–105 SGB X – in der Sache einen Aufwendungsersatzanspruch darstellt.

2. Allgemeine Voraussetzungen

Sowohl der berechtigte als auch der verpflichtete Träger müssen Leistungsträger sein, die Sozialleistungen erbracht haben bzw. zu erbringen hätten. Die V-BG ist (offensichtlich) eine gewerbliche Berufsgenossenschaft und Trägerin der Unfallversicherung, §§ 12, 22 Abs. 2 SGB I; gleiches gilt für die Landesunfallkasse, die Unfallkasse des Landes Bayern ist (vgl. § 1 der VO über die Organisation der gesetzlichen Unfallversicherung im Kommunal- und Landesbereich, *Ziegler-Tremel* Nr. 726). Auch die evtl. verpflichtete B-Ersatzkasse ist nach §§ 12, 21 Abs. 2 SGB I Leistungsträgerin. Es geht um die Gewährung von Behandlungsleistungen und Entgeltersatz, jeweils Sozialleistungen der gesetzlichen Kranken- und Unfallversicherung, vgl. §§ 11, 21 Abs. 1, 22 Abs. 1 SGB I.

II. Vorläufige Leistungsgewährung und Anspruch gegen die V-BG

1. Vorläufigkeit

Die V-BG müßte die Leistungen aufgrund einer gesetzlichen Vorschrift vorläufig gewährt haben (§ 102 Abs. 1 SGB X). In ihrem Bescheid vom 4. 3. 2002 hat sie ausdrücklich und klar erkennbar auf die Vorläufigkeit ihres Einstehens für die Sozialleistungen hingewiesen.

2. Voraussetzungen

a) Rechtsgrundlage für die vorläufige Leistung ist hier nicht § 43 SGB I, sondern § 139 Abs. 1 SGB VII i. V. m. § 43 SGB I.

Sollten die Bearbeiter diese Sonderbestimmung nicht erkennen, ist dies für die Lösung nicht weiter problematisch und dürfte weniger als ein Verstoß gegen den Vorbehalt spezieller Regelungen gem. § 37 SGB I zu werten, als vielmehr der Unkenntnis der speziellen Norm geschuldet sein.

b) Die V-BG ist ein Unfallversicherungsträger (s. o.), der nach erster Prüfung des Sachverhalts offensichtlich von dem Vorliegen eines Versicherungsfalls ausgegangen war (vgl. näher im folgenden), aber die Landesunfallkasse für zuständig hielt, was sich aus dem Umstand ergibt, daß die BG die Unfallkasse informiert hat. Da die Unfallkasse nicht innerhalb von 21 Tagen reagiert hat, war die V-BG zur Leistung verpflichtet, ohne daß es dafür eines speziellen Antrags bedurft hätte. Lediglich hinsichtlich der Leistungshöhe bestand, wie der Verweis auf § 43 SGB I zum Ausdruck bringt, ein Ermessensspielraum.

3. Vorläufige Leistungspflicht der V-BG

a) Versicherteneigenschaft der S (personenbezogene Voraussetzungen)

An sich muß dieser Aspekt nicht gesondert geprüft werden, da die Unfallversicherung an bestimmte versicherte Tätigkeiten anknüpft, § 8 Abs. 1 S. 1 SGB VII. Aber der Sachverhalt legt eine gesonderte Prüfung vor jener des Versicherungsfalls nahe.

Fraglich ist nach dem Sachverhalt, ob *S* beim SC Regensburg beschäftigt war, § 2 Abs. 1 Nr. 1 SGB VII. Zu fordern ist dafür eine unselbständige Erwerbstätigkeit, § 7 Abs. 1 S. 1 SGB IV, d. h. eine Tätigkeit nach Weisung des SC und eine Eingliederung in dessen Arbeitsorganisation, § 7 Abs. 1 S. 2 SGB IV. Dieser Punkt ist deshalb von Bedeutung, weil eine selbständige oder ehrenamtliche Tätigkeit nicht versichert wäre, da § 2 Abs. 1 Nr. 9– 11 SGB VII nicht eingreifen.

Grundsätzlich gilt, daß die Qualifikation einer Tätigkeit nicht von der Bezeichnung der Parteien abhängt und von der steuerrechtlichen Beurteilung unabhängig ist; beides kann höchstens indiziellen Charakter haben. Ebenso spielt es keine Rolle, daß *S* – zumindest vermeintlich – freiwillig krankenversichert ist (vgl. aber auch § 191 Nr. 2 SGB V, dazu unten V.). Zu nennen sind die Indizien, die jeweils für oder gegen ein Beschäftigungsverhältnis sprechen (Würdigung aller Umstände des Einzelfalls); überwiegen erstere, ist von einer unselbständigen Tätigkeit auszugehen. Gegen diese sprechen die Gestaltungsfreiheit hinsichtlich des Kursinhalts, wohl auch die Pauschalvergütung. Für diese sprechen die Vorgabe der Kurszeiten (im Sachverhalt nicht näher beschrieben), die Abstimmungspflicht hinsichtlich des Urlaubs und die Zahlung der Vergütung auch bei Krankheit und Urlaub. Das *BSG* hat über den in der Klausur verwendeten, aber knapper umschriebenen Sachverhalt unlängst entschieden[1] und sich dabei grundsätzlich auch dazu geäußert, daß für Übungsleiter in Sportvereinen kein Sonderrecht gilt; es hat u. a. ausgeführt:

„Entgegen der Ansicht der Revision brauchte das LSG eine abhängige Beschäftigung nicht deshalb zu verneinen, weil die Beigeladene zu 1) ihre Übungsstunden eigenverantwortlich gestaltete. Nach ständiger Rechtsprechung kann das Weisungsrecht des Arbeitgebers vornehmlich bei Diensten höherer Art eingeschränkt und „zur dienenden Teilhabe am Arbeitsprozeß" verfeinert sein, wenn der Versicherte nur in den Betrieb eingegliedert ist (BSG SozR 2400 § 2 Nr 19 S 26 f mwN). Dieses trifft hier zu: Die Klägerin bediente sich der Beigeladenen zu 1) gerade deshalb, weil sie als Diplomsportlehrerin über die erforderlichen Kenntnisse zur eigenständigen Gestaltung und Durchführung der von der Klägerin angebotenen Kurse verfügte. Konkreter Einzelanweisungen, zB des Vereinsvorstandes, bedurfte es angesichts der beruflichen Qualifikation der Beigeladenen zu 1) nicht.

Die Höhe der vereinbarten Pauschalvergütung steht einer abhängigen Beschäftigung der Beigeladenen zu 1) ebenfalls nicht entgegen.... Der besondere Schutzzweck der Sozialversicherung und ihre Natur als eine Einrichtung des öffentlichen Rechts schließen es aus, über die rechtliche Einordnung allein nach dem Willen der Vertragsparteien, ihren Vereinbarungen oder ihren Vorstellungen hierüber zu entscheiden (vgl. BSGE 51, 164, 167 f = SozR 2400 § 2 Nr 16 S 19 f; BSG Urteil vom 25. Januar 2001 – B 12 KR 18/00 R, AuB 2001, 151, 154). Maßgeblich dafür, ob abhängige Beschäftigung oder selbständige Tätigkeit vorliegt, ist vielmehr die tatsächliche Rechtsnatur der Vertragsbeziehung bei Würdigung der gesamten Umstände, insbesondere auch der tatsächlichen Arbeitsleistung.

Aus demselben Grund hat das LSG dem Umstand, daß die Beigeladene zu 1) das Pauschalhonorar nach § 18 des Einkommensteuergesetzes (EStG) als Einkünfte aus selbständiger Tätigkeit versteuert hat, zu Recht keine entscheidende Bedeutung beigemessen. Auch hierin kommt nur die Vorstellung der Vertragsparteien über die rechtliche Einordnung ihrer vertraglichen Beziehungen zum Ausdruck (vgl. BSG Urteil vom 14. Mai 1981–12 RK 11/80, BB 1981, 1581, 1582; Urteil des Senats vom 25. Januar 2001 – B 12 KR 18/00 R, AuB 2001, 151, 154). Die Einschätzung der Vertragsparteien könnte allenfalls dann Bedeutung erlangen, wenn die tatsächliche Ausgestaltung ihrer Beziehungen gleichermaßen für Selbständigkeit wie für eine abhängige Beschäftigung spricht (vgl. BSG SozR 2200 § 1227 Nr 17 S 38 f)."

b) Zuständigkeit der V-BG

Im Sachverhalt wurde ausdrücklich erwähnt, daß die V-BG für den SC zuständig ist.

Die ohnehin mit dem Gesetz allein nicht durchführbare Prüfung der §§ 121, 122 SGB VII war insofern entbehrlich. Die Zuständigkeit für die S ergibt sich dann aus § 133 Abs. 1 SGB VII. Es empfiehlt sich, die Zuständigkeit der V-BG gesondert anzusprechen, evtl. am Ende der Prüfung.

c) Versicherungsfall

aa) Der Zusammenstoß mit dem Pkw stellt einen Unfall, d. h. ein zeitlich begrenztes, von außen auf den Körper einwirkendes Ereignis (vgl. § 8 Abs. 1 S. 2 SGB VII), dar.

---

[1] Vgl. *BSG* SozR 3–2400 § 7 Nr. 19.

bb) Er ist allerdings nicht bei der versicherten Tätigkeit, sondern während einer Fahrt erfolgt. In Betracht kommt deshalb nur das Vorliegen eines Wegeunfalls, § 8 Abs. 2 Nr. 1 SGB VII. *S* war nicht auf dem Weg zu ihrer Wohnung, sondern zur Werkstatt. Das ist grundsätzlich ohne Belang, denn gesetzlich wird als Ausgangs- oder Endpunkt des versicherten Wegs nur der „Ort der Tätigkeit" genannt. Hier war der zum Sportstudio gehörende Parkplatz Ausgangspunkt der Fahrt. Ein nicht dem häuslichen Bereich entsprechender dritter Ort ist aber nur dann anzunehmen, wenn nach der Handlungstendenz des Versicherten „der Weg noch von dem Vorhaben des Versicherten rechtlich wesentlich geprägt ist, sich zur Arbeit zu begeben oder von dieser zurückzukehren",[2] wenn er nach der Rechtsprechung wesentlich dazu dient, nach Beendigung der Tätigkeit in den privaten Bereich zu wechseln und wenn − bei einem Rückweg von der Arbeitsstätte − die Dauer des Aufenthaltes an dem anderen Ort so erheblich ist, daß der weitere Weg z. B. zur häuslichen Wohnung nicht mehr in rechtlich-erheblichem Zusammenhang mit der Beendigung der Arbeit an der Arbeitsstätte stand; dafür ist ein Aufenthalt am dritten Ort von mindestens zwei Stunden gefordert.[3]

Da der Unfall auf dem Weg zur Werkstatt und damit zum möglichen dritten Ort erfolgte, muß auf die hypothetische Aufenthaltsdauer in der Werkstatt abgestellt werden. Hier ist nach dem Sachverhalt − der Einlassung der V-BG − aus ex-post-Sicht klar, daß die geplante Reparatur über zwei Stunden gedauert hätte. Allerdings mußte dies für die *S* aus ex-ante-Sicht nach der Auskunft des Mechanikers zweifelhaft gewesen sein. Fraglich ist, welche Rolle diese subjektive Unsicherheit spielt. Es handelt sich dabei nicht um ein Beweisproblem − in diesem Zusammenhang wäre zu beachten, daß der innere rechtliche Zusammenhang fraglich ist und für dessen Vorliegen nach st. Rspr. die Nachweislast der *S* nicht herabgesetzt ist. Es kann nämlich sicher davon ausgegangen werden, daß *S* zumindest mit einem möglichen Aufenthalt von über zwei Stunden rechnen mußte.

Vgl. zu diesem Problem das *BSG:*[4]

„Ereignet sich der zu beurteilende Unfall − wie hier − nicht auf dem Weg von einem dritten Ort zur Arbeitsstätte, sondern auf dem Weg von dem Ort der Tätigkeit, bereitet die Feststellung des − beabsichtigten − zweistündigen Aufenthalts am dritten Ort naturgemäß Schwierigkeiten, weil er sich durch den Unfall nicht realisiert hat. Gleichwohl sind auch in diesem Fall dieselben Beweismaßstäbe anzulegen, die nach der ständigen Rechtsprechung des BSG für die Feststellung der tatsächlichen Grundlagen für das Vorliegen versicherter Tätigkeit (...) erforderlich sind. Für die Absicht des Versicherten, sich für eine gewisse Zeitspanne an dem dritten Ort aufhalten zu wollen, bedeutet dies, daß der Versicherte die Absicht haben muss, an diesem Ort mindestens zwei Stunden zu verweilen. Von dieser Absicht muß sich der Unfallversicherungsträger oder das Tatsachengericht mit an Sicherheit grenzender Wahrscheinlichkeit überzeugen.

---

[2] *BSG* SozR 3–2700 § 8 Nr. 6.
[3] Grundl. *BSGE* 82, 138 = SozR 3–2200 § 550 Nr. 18 = NJW 1998, 3292, 3293.
[4] SozR 3–2700 § 8 Nr. 14.

Entgegen der Auffassung der Beklagten ist es dabei nicht erforderlich, daß der Versicherte selbst eine bestimmte Vorstellung über eine konkrete zeitliche Länge seines Aufenthalts in Minuten und Stunden haben muß. Es reicht insoweit aus, wenn er konkrete Handlungen (...) beabsichtigt, die – bei objektiver Überprüfung – einen Zeitraum von mindestens zwei Stunden in Anspruch genommen hätten."

cc) Zu überlegen bleibt, welche Rolle es spielt, daß der Weg zum dritten Ort länger war als der übliche Heimweg (9 statt 7 km). Der Weg zum dritten Ort ist nur versichert, wenn sein Befahren rechtlich wesentlich von dem Vorhaben des Versicherten geprägt ist, sich zur Arbeit zu begeben oder von dieser zurückzukehren. *S* wollte nach dem Werkstattbesuch nach Hause fahren, die Reparatur als solche sollte aber aus eigenwirtschaftlichen Gründen vorgenommen werden. Am inneren Zusammenhang könnte es deshalb fehlen, wenn der Weg zum dritten Ort gegenüber dem direkten Heimweg als nicht angemessen erscheint.[5] Dabei kommt es nach der neueren Rspr. nicht nur auf den Mehrweg bzw. das Verhältnis der Streckenlängen zueinander an, sondern auch darauf, ob der dritte Ort aus betriebsbezogenen Gründen aufgesucht wurde.[6] Nach allen Kriterien können hier an der Angemessenheit des Weges kaum Zweifel bestehen: Der Weg zum dritten Ort war nur unwesentlich länger (2 km, weniger als ein Viertel des üblichen Heimwegs),[7] zudem benötigte *S* das Motorrad, um am nächsten Tag zur Arbeit zu fahren (das würde zwar für einen eigenständigen inneren Zusammenhang nicht reichen, begründet aber doch einen mittelbaren Betriebsbezug).

dd) Schließlich ist auf den Einwand einzugehen, *S* habe sich einer besonderen Gefahr durch Führen des defekten Motorrads ausgesetzt. In diesem Zusammenhang sind zwei Aspekte von Bedeutung:

(1) Zum einen ist auf die Gefahrerhöhung einzugehen (sog. selbstgeschaffene Gefahr). Das ist im wesentlichen eine Frage des inneren Zusammenhangs. Das *BSG* faßt diese Ausnahme aber sehr eng und läßt sie überhaupt erst zur Anwendung kommen, wenn dem Handeln „betriebsfremde Motive" zugrunde liegen.[8] Dafür ist hier nichts ersichtlich, zumal die *S* auch nicht in hohem Maße sorglos bzw. unvernünftig handelte, als sie mit dem defekten Motorrad zur Werkstatt fuhr.

(2) Der Defekt verursachte zwar den Unfall mit, wesentlich bleibt aber das Ausweichmanöver auf dem versicherten Weg. An der haftungsbegründenden Kausalität bestehen deshalb keine ernsthaften Zweifel.

(3) Erwähnt werden könnte auch § 7 Abs. 2 SGB VII, sofern ein Bearbeiter Zweifel daran haben sollte, daß der Zustand des Motorrads noch dem Straßenverkehrsrecht entsprach.

---

[5] *BSG* SozR 3–2700 § 8 Nr. 6.

[6] *BSG* a.a.O., und *BSG* SozR 3–2700 § 8 Nr. 13.

[7] Verneint hat das *BSG* das angemessene Verhältnis beim 10fachen des üblichen Weges (*BSG* SozR 3–2700 § 8 Nr. 13).

[8] Vgl. nur *BSG* SozR 3–2700 § 8 Nr. 10.

ee) Schon hier könnte — dogmatisch völlig zutreffend im Rahmen der Prüfung des inneren Zusammenhangs — ein Lösen von der versicherten Tätigkeit durch Nothilfe geprüft werden, wenn auch insofern ein eigener Prüfungspunkt geschickter erscheint, vgl. nachfolgend.

III. Sozialleistungsanspruch gegen die Landesunfallkasse

1. Versicherte Tätigkeit

In Betracht kommt im Verhältnis zur Unfallkasse nur eine Versicherung der *S* als Nothelferin gemäß § 2 Abs. 1 Nr. 13 lit. a SGB VII. Voraussetzung dafür ist zunächst das Vorliegen eines Unglücksfalls. Gemeine Gefahr oder Not scheiden aus. Unter einem Unglücksfall zu verstehen ist eine plötzlich eintretende Situation mit der naheliegenden Möglichkeit eines Schadens für einzelne oder mehrere Personen oder auch Sachen.[9] Dadurch, daß das Kind die Fahrbahn betreten hatte, war eine solche Situation eingetreten. Unproblematisch zu bejahen ist auch eine erhebliche Gefahr für das Kind.

Zweitens muß *S* Hilfe geleistet bzw. das Kind aus einer erheblichen gegenwärtigen Gefahr gerettet haben. Das erfordert eine bewußte, aktive Handlung, hier das Ausweichen vor dem Kind. Auf die Ursache für den Unglücksfall und den Erfolg der Hilfeleistung kommt es nicht an. Entscheidend ist aber, ob *S* mit ihrem Ausweichmanöver die Leistung von Hilfe bezweckte (innerer Zusammenhang).

2. Innerer rechtlicher Zusammenhang

Zwischen der versicherten Tätigkeit und dem Unfallgeschehen muß ein innerer rechtlicher Zusammenhang bestehen, d. h. nach Würdigung aller Umstände muß das unfallverursachende Verhalten der versicherten Tätigkeit gemäß der objektiv erkennbaren Handlungstendenz des Versicherten gedient haben (vgl. schon vorstehend).

Für den inneren Zusammenhang gelten — anders als für den Nachweis der Kausalität — keine Beweislasterleichterungen.

Daran bestehen deshalb Zweifel, weil *S* der Fußgängerin reflexartig ausgewichen ist und sich deshalb keine Gedanken über den Zweck ihres Verhaltens machen konnte. Nach der Rspr. des *BSG* schließt dies allerdings das Vorliegen eines inneren Zusammenhangs nicht aus, sofern die „innere Absicht der Hilfeleistung" gegeben ist, es der *S* also nicht ausschließlich um Selbstschutz ging.[10] Es muß also die automatische Handlung auf einer Ret-

---

[9] Letzteres ist str., spielt aber hier keine Rolle, vgl. nur KassKomm/*Ricke*, § 2 SGB VII Rn. 64 m. w. N.
[10] Vgl. z. B. *BSGE* 64, 218.

tungsabsicht beruhen, und diese muß zumindest wesentlich, wenn auch nicht überwiegend sein: Insofern gelten die allgemeinen Voraussetzungen für sog. gemischte Tätigkeiten. In diesem Zusammenhang spielt eine entscheidende Rolle, in welchem Umfang die S selbst bei einem Zusammenstoß gefährdet war. Für einen Fall, in dem eine Fahrradfahrerin einer Fußgängerin ausgewichen ist, hat das *LSG Mainz* unlängst[11] folgendes festgestellt:

„Inwieweit die Reaktion wesentlich von dem Bestreben, sich selbst zu schützen, mitbestimmt ist, kann nur anhand der besonderen Umstände des Einzelfalls bestimmt werden. Eine Rettungsabsicht ist eher anzunehmen, wenn die Beteiligten höchst unterschiedlich gefährdet sind, wie zB bei einer unmittelbar bevorstehenden Kollision zwischen einem Pkw und einem Fußgänger, wohingegen ein Mofafahrer im Allgemeinen nicht in Rettungsabsicht, sondern in Selbstschützungsabsicht handelt, wenn er einem entgegenkommenden LKW auszuweichen versucht (BSG aaO). Ist die Gefährdung für die beteiligten Verkehrsteilnehmer annähernd gleich groß, müssen zusätzliche Anhaltspunkte vorliegen, um eine Ausweichreaktion nicht lediglich als ein instinktives Abwehrverhalten oder eine automatische Fluchtreaktion zu qualifizieren."

Entscheidend ist die ex-ante-Einschätzung der S. Der Fall ist nicht ganz eindeutig, denn S hätte auch durch den Zusammenstoß mit einer Fußgängerin wegen der Sturzgefahr – anders als beim Führen eines Pkw – selbst gefährdet sein können. Andererseits ist die Gefährdung des Kindes unter Beachtung von Gewicht und Bauweise von Motorrädern höher einzuschätzen, jedenfalls höher als bei einem möglichen Zusammenstoß mit einem Fahrrad (das *LSG*, a.a.O., nahm keine erheblich stärkere Gefährdung einer Fußgängerin im Vergleich zu einer Fahrradfahrerin an), zumal hier S Schutzkleidung und einen Helm trug. Die Gefahr, nach oder bei dem Sturz mit einem anderen Verkehrsteilnehmer zusammenzustoßen, spielt hingegen eine untergeordnete Rolle, denn sie besteht wohl auch im Falle des Zusammenstoßes mit dem Kind, also wenn S nicht ausgewichen wäre; i.ü. enthält der Sachverhalt insofern keine Präzisierung.

Die a. A. ist bei entsprechender Argumentation gut vertretbar.

Im Ergebnis ist ein Arbeitsunfall der S als Nothelferin zu bejahen.

Vgl. zur Gefahrerhöhung bereits oben, II. 3. c); a. A. vertretbar; dann bleibt es bei der Leistungspflicht der V-BG, sofern nicht auch insofern das Vorliegen eines Wegeunfalls verneint wurde: zu einem Anspruch gegen die BEK unten, V.

3. Zuständigkeit der Landesunfallkasse

Die Zuständigkeit des Landes für die gesetzliche Unfallversicherung von Nothelfern folgt aus § 128 Abs. 1 Nr. 7 SGB VII. In Bayern wurde als Versicherungsträgerin die Bayerische Landesunfallkasse errichtet, vgl. VO über die Organisation der gesetzlichen Unfallversicherung im Kommunal-

---

[11] V. 13. 8. 2002, L 2 U 30/02. = Breith. 2002, S. 889.

und Landesbereich (*Ziegler-Tremel* Nr. 726); auf diese VO wurde im Bearbeitervermerk hingewiesen. Aus ihr ergibt sich auch, daß nicht der Gemeindeunfallverband zuständig ist, vgl. § 1 der VO.

4. Verhältnis zum Befahren des Wegs zum dritten Ort

a) Konkurrenzen zwischen verschiedenen Formen der gesetzlichen Unfallversicherung regelt § 135 SGB VII. Die Norm trifft keine abschließenden Aussagen zum Verhältnis zwischen der Tätigkeit als Beschäftigter und als Nothelfer, sondern bestimmt nur, daß die erstgenannte Versicherung der zweitgenannten vorgeht, wenn „die Hilfeleistung im Rahmen von Verpflichtungen aus dem Beschäftigungsverhältnis erfolgt" (§ 135 Abs. 1 Nr. 5 SGB VII). Die Bestimmung wird klarer, wenn ihr systematischer Hintergrund einbezogen wird.

b) In der kausal ausgerichteten Unfallversicherung kann keinesfalls von einem grundsätzlichen Vorrang der Versicherung nach § 2 Abs. 1 Nr. 1 SGB VII ausgegangen werden.[12] Ein solcher Ansatz wäre zu allgemein, da er echte und unechte Konkurrenzen nicht ausreichend zu unterscheiden hilft. Nothilfe und versicherte Beschäftigung bzw. versicherter Weg lassen sich grundsätzlich voneinander nach der Handlungstendenz des Versicherten abgrenzen: Wer Nothilfe leistet, verfolgt gerade nicht (mehr) den räumlichen Wechsel von der beruflichen in die private Sphäre; wird umgekehrt diese Hilfe nicht geleistet, bleibt der Schutz vor der Selbstgefährdung in der betrieblichen Sphäre. In gewisser Weise könnte man auch von einer speziellen (Nothilfe) und einer allgemeinen, alle Reaktionen auf Gefährdungen im Straßenverkehr auf einer bestimmten Strecke einschließenden Handlungstendenz sprechen. § 135 Abs. 7 Nr. 5 SGB VII regelt also nur ganz spezielle Fälle der unechten Konkurrenz,[13] nämlich diejenigen, in denen die Hilfeleistung (wesentlich) in einem betrieblichen Interesse, nicht aber (wesentlich) im Allgemeininteresse steht (etwa das Löschen eines Feuers auf dem Betriebsgelände).[14] Auch der Umstand, daß die Hilfeleistung wohl nur eine (an sich) unerhebliche Unterbrechung der versicherten Fahrt darstellt, läßt das hier wesentliche Motiv für das Ausweichmanöver nicht zurücktreten.

Die Gegenansicht erscheint allerdings nicht unvertretbar; Bearbeiter müssen dann einen Erstattungsanspruch ablehnen.

---

[12] So aber – ungenau und i.Erg. dann wie hier – *Richter*, in: LPK-SGB VII, 2000, § 2 Rn. 141.

[13] Terminologie nicht ganz einheitlich, für nur deklaratorische Wirkung auch *Schwerdtfeger*, in: Lauterbach, UV, § 135 SGB VII Rn. 9; *Leube*, in: Kater/Leube, SGB VII, 1997, § 135 Rn. 4.

[14] Vgl. näher KassKomm/*Ricke*, § 2 SGB VII, Rn. 70 ff.; für Anwendbarkeit beschränkt auf fehlende Feststellbarkeit der Handlungstendenz *Bereiter-Hahn/Mertens*, GUV, § 135 SGB VII Rn. 3.

c) Dementsprechend bestand für *S* Versicherungsschutz nach § 2 Abs. 1 Nr. 13 lit. a SGB VII, nicht aber nach § 2 Abs. 1 Nr. 1 SGB VII. Daß die V-BG unzuständig war, bleibt für den Erstattungsanspruch ohne Bedeutung. Denn die Gewährung der vorläufigen Leistung setzt naturgemäß eben keine Zuständigkeit des erstangegangenen Trägers voraus.[15]

IV. Umfang des Anspruchs

Der Umfang des Anspruchs richtet sich nach den Rechtsvorschriften, die für den vorläufig leistenden Träger gelten, § 102 Abs. 2 SGB X.

1. Die V-BG hat die Behandlungskosten übernommen und Lohnersatz gezahlt.

a) Stationäre Behandlung wird auf der Grundlage der §§ 27, 33 Abs. 1 SGB VII erbracht; daß diese erforderlich war, ergibt sich aus dem Sachverhalt.

b) Verletztengeld wird nach §§ 45 ff. SGB VII gezahlt; *S* wurde stationär behandelt, § 45 Abs. 1 Nr. 1 SGB VII, mit Beginn dieser Behandlung war auch die Geldleistung zu erbringen, § 46 Abs. 1 SGB VII; im Zeitpunkt des von *B* zu erstellenden Gutachtens dauerte die stationäre Behandlung an (vgl. § 46 Abs. 3 Nr. 1 SGB VII). Auf die Höhe (§ 47 SGB VII) ist nicht einzugehen.

2. Die Unfallkasse hätte grundsätzlich ebenfalls nach den Normen des SGB VII leisten müssen. Vorläufige Leistung und von der Unfallkasse geschuldete Leistung sind sachlich und zeitlich kongruent. Der genaue Umfang des Erstattungsanspruchs muß nicht bestimmt werden, weil zum Zeitpunkt der Prüfung durch *B* noch nicht feststeht, bis zu welchem Zeitpunkt die V-BG leisten wird bzw. muß (vgl. nachfolgend).

V. Sonstige Ansprüche

Daß ein Anspruch gegen die BEK ausscheidet, ergibt sich schon aus der Bejahung des Arbeitsunfalls. Denn soweit für die daraus resultierenden Leistungen die Unfallversicherungsträger aufkommen müssen, sind die Krankenkassen von vornherein unzuständig, § 11 Abs. 4 SGB V. Es ist deshalb nicht mehr zu prüfen, ob überhaupt ein Erstattungsanspruch gegen die BEK hätte bestehen können.

Angesprochen werden kann aber evtl., daß *S* pflichtversichert ist nach § 5 Abs. 1 Nr. 1 SGB V und demnach keine freiwillige Mitgliedschaft bei der BEK mehr bestand, § 191 Nr. 2 SGB V, es sei denn, *S* wäre versicherungsfrei, etwa gem. § 6 Abs. 1 Nr. 1, Abs. 3 S. 1 SGB V. Kaum als Anspruchsgrundlage in Betracht kommt § 102 SGB X, denn gegenüber der BEK konnte nicht nach § 139 SGB VII vorläufig geleistet werden, und die Anwendung des § 43 SGB I scheitert hier wohl an der fehlenden Einschaltung der BEK, weil die V-BG dieser gegenüber an ihrer Zuständigkeit (wegen Annahme eines Arbeits-

---

[15] Vgl. oben, III. 2.

unfalls) gerade nicht gezweifelt hat. Andererseits hatte S einen Anspruch auf die Leistungen nach §§ 11, 28, 44 ff. SGB V, so daß eine Aufhebung des Leistungsbescheids und ein Erstattungsanspruch gemäß § 50 SGB X ausscheiden, vgl. § 107 SGB X, da sich die V-BG auf der Grundlage des § 105 SGB X an die BEK halten könnte (die V-BG war unzuständig, nahm aber ohne groben Verstoß oder Mißachtung der Kompetenzordnung ihre Zuständigkeit an).

Frage 2: Möglichkeiten der Zahlungseinstellung

Vorbemerkung: Die Bearbeiter sollen hier eine Prüfung der Möglichkeiten vornehmen auf der Grundlage eines für richtig gehaltenen Sachverhalts, der allerdings von der zuvor geprüften objektiven Rechtslage abweicht. Daß es aber nur auf die Einschätzung der V-BG im Oktober 2002 ankommen sollte, wurde im Sachverhalt ausdrücklich klargestellt. Wie die Prüfung angelegt ist, bleibt den Bearbeitern überlassen.

I. Zulässigkeit einer Zahlungseinstellung

Die Einstellung der Zahlung ohne weitere vorbereitende Maßnahme (dazu nachfolgend) käme nur in Betracht, wenn für die V-BG keine Zahlungsverpflichtung (mehr) bestünde. Wie geprüft, ist zwar die Landesunfallkasse für die Gewährung unfallversicherungsrechtlicher Leistungen zuständig. Unabhängig davon konnte die V-BG aufgrund der Übernahme vorläufiger Leistungen aber verpflichtet sein.

Das ist ein für die Bearbeiter sicher unbekanntes und auch in der Kommentarliteratur nicht behandeltes Problem. Erwartet werden kann deshalb nur ein systematisch richtiger Ansatz, nicht aber eine alle Aspekte genau erfassende Lösung.

1. VA als Rechtsgrundlage für weitere Leistungen

Fraglich ist zunächst, ob die V-BG einen VA erlassen hat, als sie sich zur Gewährung vorläufiger Leistungen bereit erklärte. Einer näheren Prüfung bedarf es allerdings kaum: In der Bewilligung vorläufiger Leistungen liegt relativ unproblematisch ein VA (§ 31 S. 1 SGB X). Zu erwähnen ist aber, daß die damit angestrebte Rechtsfolge in der vorläufigen Gewährung der Leistungen bestand, und zwar auf der Rechtsgrundlage des § 139 Abs. 1 SGB VII i. V. m. § 43 SGB I (s. o., zu Frage 1).

2. Wegfall der Regelungswirkung?

Grundsätzlich wird die V-BG durch den VA gebunden. Etwas anderes würde gelten, wenn dieser nicht mehr wirksam wäre (vgl. § 39 Abs. 2 SGB X). In Betracht kommt insofern nur eine Erledigung des VA durch Wegfall der Rechtswirkungen. Dabei ist zu beachten, daß ein VA über die Gewährung vorläufiger Leistungen nicht zugleich eine bindende Feststellung der Leistungspflicht enthält.[16] Sofern die Umstände, die das vorläufige Eintreten begründen, wegfallen, erledigt sich vielmehr der VA. Das ist nach einhelliger Ansicht jedenfalls dann der Fall, wenn sich entweder der zweitangegangene Träger für zuständig erklärt oder seine Zuständigkeit wegen Nichtvorliegens eines Versicherungsfalls bindend ablehnt.[17]

Hier liegt der Fall aber anders: Nicht der andere Träger trifft eine Entscheidung, sondern der erstangegangene hat eine neue Prüfung angestellt, deren Ergebnis sich allerdings von der ersten Prüfung insofern unterscheidet, als sich die V-BG jetzt auch deshalb für unzuständig hält, weil gar kein Arbeitsunfall mehr vorliegen soll. In einem solchen Fall sind die Voraussetzungen des § 139 SGB VII nicht gegeben; die V-BG hätte – ihre Ansicht als richtig unterstellt – auch die Gewährung vorläufiger Leistungen zumindest aufgrund des § 139 SGB VII ablehnen dürfen. Fraglich ist allerdings, ob dies schon die Regelungswirkung des VA entfallen läßt. Einerseits beseitigt eine Rechtswidrigkeit, die nicht offensichtlich und schwerwiegend ist (vgl. § 40 Abs. 1 SGB X), die Wirksamkeit eines VA grundsätzlich nicht (vgl. § 39 Abs. 3 SGB X); andererseits bezieht sich die Regelungswirkung schon von vornherein nur auf die vorläufige Leistungsgewährung zur Vermeidung nachteiliger Folgen eines Zuständigkeitskonflikts. Für den Wegfall dieser Wirkung spricht immerhin: Wird der Versicherungsfall verneint, besteht keine Pflicht mehr zur Leistungsgewährung.

§ 43 SGB I würde als Rechtsgrundlage einen Antrag der S und eine Einschaltung des Krankenversicherungsträgers voraussetzen.

II. Herbeiführung der Unwirksamkeit des Leistungsbescheids

Dennoch erscheint es richtig, für das Ende der Pflicht zur Gewährung vorläufiger Leistungen eine bindende Entscheidung über die Zuständigkeit zu fordern. Will der erstangegangene Träger seine Leistungen vorher einstellen, muß er die Regelungswirkung des die vorläufige Leistungspflicht begründenden VAs beseitigen. Ein weiterer Schwebezustand zu Lasten der Versicherten soll ja gerade durch die Vorschriften über die vorläufige Leistungsgewährung vermieden werden.

1. Dementsprechend ist zunächst zu prüfen, ob die V-BG den Bescheid – mit Wirkung für die Zukunft – hätte zurücknehmen können. Als Rechtsgrundlage für eine Aufhebung kommt § 45 SGB X in Betracht, weil

---

[16] *BSGE* 59, 51; allg. M., vgl. nur *Krasney*, in: Brackmann, Handbuch der Sozialversicherung, § 139 SGB VII Rn. 9 m. w. N.

[17] *Leube*, in: Kater/Leube, SGB VII, § 139 Rn. 9, wobei die Frage sein kann, ob die Bestandskraft der Entscheidung Voraussetzung für die Erledigung ist, vgl. KassKomm/*Ricke*, § 139 SGB VII Rn. 6.

der Bescheid begünstigend war. Die Fristen wären eingehalten (§ 45 Abs. 3 S. 1, Abs. 4 S. 2 SGB X). Allerdings war der VA bei seinem Erlaß nicht rechtswidrig (vgl. oben, Frage 1). Denn Voraussetzung für dessen Rechtmäßigkeit ist nicht das objektive Vorliegen eines Versicherungsfalls, sondern die subjektive Annahme eines Versicherungsfalls durch den Träger. Insofern wäre also zu fragen, ob die nachträgliche Meinungsänderung rechtlich erheblich i. S. v. § 48 SGB X ist, weil auch der Bescheid über vorläufige Leistungen einen DauerVA darstellt. Allerdings haben sich die tatsächlichen und rechtlichen Verhältnisse seit Erlaß gerade nicht geändert, sondern nur die rechtliche Bewertung der bekannten Fakten.

2. Der V-BG bleibt aber eine viel einfachere Möglichkeit, um die Bindungswirkung zu beseitigen. Da sich diese nur auf die vorläufige Leistungserbringung bezieht, kann sie mit Bescheid gegenüber der S ihre Leistungspflicht endgültig unter Berufung auf den fehlenden Versicherungsfall ablehnen. Wird dieser feststellende VA bestandskräftig, erledigt sich zugleich der Bescheid über die vorläufigen Leistungen (vgl. vorstehend, I.). Nichts anderes hat das *BSG* gemeint, als es feststellte, der vorläufig leistende Träger sei berechtigt, ohne Vorliegen der Aufhebungsvoraussetzungen die Leistung einzustellen.[18]

Die schon erbrachten Leistungen müßte S gemäß §§ 43 Abs. 2, 42 Abs. 2 SGB I, § 50 SGB X erstatten, sofern die V-BG nicht einen Erstattungsanspruch gegen die B-EK hätte (vgl. Frage 1, V.).

3. Denkbar wäre aber auch zu fordern, daß die V-BG ihrerseits die Zuständigkeiten klären muß und sich bis dahin nicht von der vorläufigen Bindung durch eigenes Handeln lösen kann. Das liegt zwar dogmatisch gesehen nicht nahe, weil über den Leistungsgrund durch den vorläufigen VA gerade keine Entscheidung getroffen wurde; man könnte aber zugunsten des betroffenen Bürgers die Bindung durch diesen VA auch so interpretieren, daß sie erst nach positiver Klärung der Zuständigkeit (und nicht schon durch deren Verneinung) entfällt (obwohl damit die Vorläufigkeit im Ergebnis zu weit verfestigt wird). Dann könnte die V-BG gegen die B-EK nach deren endgültiger Leistungsverweigerung eine Feststellungsklage erheben (§ 55 SGG; S wäre beizuladen, § 75 Abs. 2 SGG) und damit deren Zuständigkeit gerichtlich klären lassen, womit wiederum im Ergebnis die Bindungswirkung der VA über die vorläufigen Leistungen entfiele (vgl. vorstehend I.).

---

18 E 59, 51.

Frage 3: Rechtmäßigkeit des Erstattungsbescheids (Abwandlung)

Vorbemerkung: Zu prüfen ist nur, ob der Bescheid, mit dem die V-BG Erstattung des Vorschusses verlangt, formell und materiell rechtmäßig ist, nicht aber, wie die S vorgehen müßte. Natürlich ist es aber kein Fehler, wenn die Bearbeiter auf die Zulässigkeit eines Widerspruchs hinweisen; diese sollte aber nicht im einzelnen geprüft werden.

I. Rechtsgrundlage

1. Die V-BG hat der S nach ihrem Bescheid ausdrücklich einen Vorschuß auf die zu erwartende Rente gewährt.[19] Da es an speziellen Normen im Unfallversicherungsrecht fehlt, kommt als Rechtsgrundlage dafür nur § 42 Abs. 1 SGB I in Betracht. Die S hatte die Zahlung eines Vorschusses auch beantragt, § 42 Abs. 1 S. 2 SGB I. Der Vorschußzahlung zugrunde liegt ein VA, § 31 SGB X, allerdings hat dieser wie der Bescheid über vorläufige Leistungen nur begrenzte Regelungswirkung (gesetzlich geregelter Fall eines speziellen Widerrufsvorbehalts, der bei gebundenen Entscheidungen einer Rechtsgrundlage bedarf oder notwendig für die Leistungsgewährung sein muß). Hierzu das *BSG*:

„Der Vorschuß ist eine eigenständige vorläufige Leistung und nicht etwa ein Teil der beanspruchten Leistung. Die spätere endgültige Entscheidung wird durch den Vorschußbescheid inhaltlich nicht präjudiziert (vgl. BSGE 55, 287, 290 f = SozR 1200 § 42 Nr 2; SozR 3–1200 § 42 Nr 2; SozR 3–4100 § 112 Nr 28 mwN). Der Vorschußbescheid verliert seine Wirkung mit dem endgültigen Bescheid (BSGE 67, 104, 110 = SozR 3–1300 § 32 Nr 2; BSG SozR 1200 § 42 Nr 4; SozR 3–4100 § 112 Nr 28). Er entfaltet nur für einen begrenzten Zeitraum Bindungswirkungen, und zwar höchstens bis zum Abschluß des Verwaltungsverfahrens."[20]

2. Gemäß § 42 Abs. 2 S. 2 SGB I sind die Vorschüsse vom Empfänger zu erstatten, soweit sie die zustehenden Leistungen übersteigen. Hier ist noch nicht zu klären, ob sie dies tun; die V-BG hat ihren Bescheid offensichtlich auf diese Rechtsgrundlage gestützt. Ob daneben bzw. als Voraussetzung für die Geltendmachung des Erstattungsanspruchs zuvor ein Aufhebungsbescheid ergehen muß, kann zunächst dahinstehen.

3. Der Erstattungsanspruch kann auch durch Leistungsbescheid geltend gemacht werden. Das legt schon § 42 Abs. 2 S. 3 SGB I nahe, der auf § 50 SGB X verweist. § 50 Abs. 3 SGB X enthält ausdrücklich eine VA-Befugnis für Erstattungsansprüche im Verhältnis zwischen Verwaltung und Bürger. Ob § 50 Abs. 2 S. 1 SGB X den Fall der Erledigung erfaßt, kann zwar zweifelhaft sein, weil anfänglich ein wirksamer VA vorlag. Offensichtlich soll aber § 50 den Erstattungsanspruch umfassend regeln. I.ü. spricht für die

---

[19] Zu strengen Anforderungen an die Bestimmtheit insofern vgl. *BSG* SozR 3–1200 § 42 Nr. 6.
[20] Vgl. *BSG* SozR 3–1200 § 42 Nr. 8.

Anwendung des § 50 Abs. 3 SGB X auch der Verweis in § 42 Abs. 2 S. 3 SGB I.[21]

II. Formelle Rechtmäßigkeit

1. Die Zuständigkeit der V-BG für die Rückforderung ergibt sich sachlich und örtlich bereits aus dem Umstand, daß die V-BG den Vorschuß geleistet hat.[22]

2. Da es hier an einem aufhebenden VA fehlte, war S vor Erlaß des Erstattungsbescheids nach § 24 SGB X anzuhören.[23] Die S wurde nicht angehört. Allerdings kann dieser formelle Fehler durch eine Anhörung im Widerspruchsverfahren geheilt werden (§ 41 SGB X, vgl. *BSGE* 69, 247). Darauf sollte Rabel seine Mandantin hinweisen.

III. Materielle Rechtmäßigkeit

1. Fehlender Anspruch der S

a) S war unfallversichert und hat einen Arbeitsunfall erlitten, insofern kann auf die Ausführungen zur Frage 1 verwiesen werden.

b) Die V-BG war allerdings nicht zuständig, sondern die Landesunfallkasse, vgl. ebenfalls oben; das spielt allerdings keine entscheidende Rolle (vgl. nachfolgend).

c) Der von S geltend gemachte Anspruch kann nur aus § 56 SGB VII folgen. Seit dem Arbeitsunfall waren mehr als 26 Wochen verstrichen, auch war die Erwerbsfähigkeit der S um 30 % gemindert, vgl. § 56 Abs. 1 S. 1, Abs. 2 SGB VII. Allerdings fehlt es an der haftungsausfüllenden Kausalität zwischen Unfallgeschehen und dem Schaden: Wie sich nämlich später ergeben hat, ist die Erwerbsminderung nicht auf den Unfall, sondern ein angeborenes Hüftleiden zurückzuführen, hatte ihre Ursache also in einer Krankheitsanlage der S.

d) Überzahlt ist damit der gesamte Vorschuß, da S keinerlei Rentenansprüche aus der GUV zustanden.

2. Bindungswirkung und Rechtswidrigkeit des Vorschußbescheids

a) Einiges spricht dafür, in der Gewährung der Heilbehandlung und des Verletztengeldes wegen der ausdrücklichen Bejahung eine Bindungswir-

---

[21] So auch *BSG* SozR 3–1300 § 42 Nr. 5; selbst nach allg. verwaltungsrechtlichen Grundsätzen würde eine VA-Befugnis bestehen, vgl. *Ossenbühl*, Staatshaftungsrecht, 5. Aufl. 1998, 12. Teil IV. 3.

[22] Vgl. zur Zuständigkeit in der Sache oben, zu Frage 1.

[23] Vgl. *Wiesner*, in: von Wulffen, SGB X, 4. Aufl. 2001, § 50 Rn. 11.

kung hinsichtlich der Zuständigkeit anzunehmen, so daß sich die V-BG auf ihre fehlende Zuständigkeit nicht ohne weiteres berufen kann. Denn in der Abwandlung hat die V-BG insofern nicht nur vorläufig geleistet.

b) Allerdings kann über den Rentenanspruch dem Grunde nach nur bindend durch den Vorleistungsbescheid entschieden worden sein.

aa) Zunächst ist grundsätzlich zu überlegen, ob für die Entstehung des Erstattungsanspruchs eine Aufhebung des Vorleistungsbescheids erforderlich ist. Der Wortlaut des § 42 Abs. 2 S. 2 SGB I fordert dies nicht, und wesentlich spricht dagegen, daß die Regelungswirkung begrenzt ist bis zum Erlaß des endgültigen Bescheids, sich der VA als Rechtsgrund für den Vorschuß durch Ablehnung der Leistungspflicht erledigt. Die V-BG hat das Vorliegen eines Arbeitsunfalls verneint; da der Bescheid formell ordnungsgemäß war, muß er auch eine korrekte Rechtsmittelbelehrung (§ 66 SGG) enthalten haben. *S* hat diesen nicht innerhalb der Monatsfrist mit einem Widerspruch angefochten; der Bescheid ist damit bestandskräftig. Damit bedurfte es einer Aufhebung des Vorschußbescheids nicht.[24]

bb) Denkbar wäre aber, daß trotz grundsätzlich vorläufiger Regelung im Vorschußbescheid schon bindende Feststellungen über den Leistungsgrund getroffen worden sind. Das hängt wesentlich vom Inhalt des Bescheids ab.[25] Hier hat die V-BG ausgeführt, sie könne noch nicht abschließend entscheiden. Damit sollten offensichtlich auch die Rentenvoraussetzungen dem Grunde nach nicht bindend bejaht werden, wenn auch die V-BG von deren Vorliegen zunächst ausging. Insofern stellt sich nicht mehr die Frage, ob durch den späteren Versagungsbescheid insofern Änderungen vorgenommen werden durften.

c) Allerdings weist *S* darauf hin, daß der Vorschuß rechtswidrig war. In der Tat setzt § 42 Abs. 1 SGB I voraus, daß der Anspruch dem Grunde nach feststeht und nur dessen Höhe unklar ist. Im nachhinein hat sich dies als unrichtig erwiesen. Daraus könnte man schließen, daß überhaupt kein Vorschußbescheid vorlag, sondern ein Leistungsbescheid, der zunächst hätte aufgehoben werden müssen.[26] Wenn das richtig wäre, würde ein dem Grunde nach zu Unrecht gezahlter Vorschuß zu einem Vertrauensschutz führen, ein zu Recht gezahlter hingegen nicht (vgl. unten, 3.). Das erscheint wenig überzeugend. Vielmehr ist davon auszugehen, daß es für die Zahlung eines Vorschusses auf der Grundlage des § 42 SGB I genügt, wenn der Träger im Zeitpunkt des Bescheiderlasses von dem Vorliegen der Anspruchsvoraussetzungen ausgeht (a. A. vertretbar). Das *LSG Schleswig-Holstein* führt dazu aus:

---

[24] Und es ist fraglich, ob dessen Widerruf, der ins Leere gehen würde, „zweckmäßig" sein kann, so aber KassKomm/*Seewald*, § 42 SGB I Rn. 15; sinnvoll ist wohl eher ein Hinweis an den Betroffenen.

[25] Vgl. *BSG* SozR 3–1200 § 42 Nr. 8.

[26] In diesem Sinne bei anfänglich offensichtlich fehlendem Leistungsgrund *BSG* SozR 3–1200 § 42 Nr. 5.

„Voraussetzung für den Erstattungsanspruch ist, daß es sich bei den gewährten Leistungen um Vorschüsse im Sinne des § 42 Abs. 1 SGB I handelt.... Sind diese Voraussetzungen erfüllt, spielt es für die Rückabwicklung nach § 42 Abs. 2 SGB I keine Rolle, wenn sich nach Gewährung des Vorschusses auf Grund des fortzuführenden Verwaltungsverfahrens nachträglich herausstellt, daß der Anspruch dem Grunde nach nicht bestand. Denn der Anwendungsbereich der genannten Vorschrift des § 42 SGB I hängt nicht von der Rechtmäßigkeit der vorgeschossenen Leistung ab, sondern ist vielmehr eröffnet, wenn der Leistungsträger für einen an Treu und Glauben orientierten Begünstigten hinreichend verdeutlicht hat, er treffe eine lediglich einstweilige Regelung vom Typ eines Vorschusses (BSG vom 29. April 1997 – 4 Ra 46/96 –). Dieser weiten Auslegung des § 42 SGB I nach ihrem Sinn und Zweck schließt sich der Senat nach eigener Prüfung der Problematik an. Würde man § 42 SGB I seinem Wortlaut nach eng auslegen, blieben kaum Fälle der Vorschussbewilligung übrig. Auf Vorschüsse besteht aber ein Bedarf auf seiten der Versicherten. Gerade im Recht der gesetzlichen Unfallversicherung können die Ermittlungen z. B. über den Kausalzusammenhang oder zu Berufskrankheiten besonders langwierig sein. Die Beklagte muß die Möglichkeit haben, auch nach der ersten Vorschußbewilligung den Sachverhalt zu erforschen und ggf. herauszufinden, daß der Anspruch doch nicht dem Grunde nach besteht. Bis zur sicheren Entscheidung über den Anspruch müssen bei sinnvoller Interessenabwägung Vorschusszahlungen möglich sein, zumal der Versicherte diese Leistungen nicht gegen seinen Willen erhält und über die Möglichkeit der Rückforderung informiert ist. Sein Vertrauen darauf, die Zahlungen endgültig zu behalten, kann sich nicht entwickeln."[27]

3. Einwand des Verbrauchs der Leistungen

Damit steht fest, daß grundsätzlich zugunsten der S kein Vertrauensschutz besteht. Weil die Leistung nur vorläufig in Form des Vorschusses gezahlt worden ist, muß mit einem Erstattungsanspruch gerechnet werden. Anders als bei der Aufhebung von Bescheiden wird das Vertrauen nicht geschützt,[28] ohne daß dagegen verfassungsrechtliche Einwände zu erheben wären.

Anders sähe die Situation allerdings aus, wenn S nicht auf die Möglichkeit einer Erstattungspflicht hingewiesen worden wäre. Zudem besteht nach § 42 Abs. 3 SGB I i. V. m. § 76 Abs. 2 SGB IV die Möglichkeit der Stundung im Härtefall oder des Erlasses bei Vorliegen einer unbilligen Härte. Für das Vorliegen dieser Voraussetzungen enthält der Sachverhalt keine Anhaltspunkte.

---

[27] Vgl. dazu *LSG Schleswig-Holstein* v. 27.9. 2001, Breithaupt 2002, S. 145 = SGb 2002, S. 51.

[28] Vgl. *BSG SozR* 3–1200 § 42 Nr. 8.